ASA 106高级巡航课程官方教材

美国帆船协会与North U. 联合出品

高级巡航与船艺

[美] 比尔·格莱斯顿 / 编
刘伟 / 译

AMERICAN SAILING

NORTH U.

中国海洋大学出版社
·青岛·

图书在版编目(CIP)数据

高级巡航与船艺 / (美) 比尔·格莱斯顿编；刘伟译. -- 青岛：中国海洋大学出版社, 2022.10

书名原文: Advanced Cruising and Seamanship

ISBN 978-7-5670-3285-9

Ⅰ. ①高… Ⅱ. ①比… ②刘… Ⅲ. ①帆船运动一教材 Ⅳ. ①G861.4

中国版本图书馆CIP数据核字(2022)第178869号

出版发行 中国海洋大学出版社

社　　址 青岛市香港东路23号　　邮政编码 266071

网　　址 http://pub.ouc.edu.cn

出 版 人 刘文菁

责任编辑 矫恒鹏　　电　　话 0532-85902349

电子信箱 2586345806@qq.com

印　　制 青岛海蓝印刷有限责任公司

版　　次 2022 年 10 月第 1 版

印　　次 2022 年 10 月第 1 次印刷

成品尺寸 210 mm×285 mm

印　　张 9.375

字　　数 317千

印　　数 1～2000

定　　价 189.00 元

审 图 号 GS鲁（2022）0163

订购电话 0532-82032573（传真）

发现印装质量问题，请致电 0532-88786655，由印刷厂负责调换。

目录

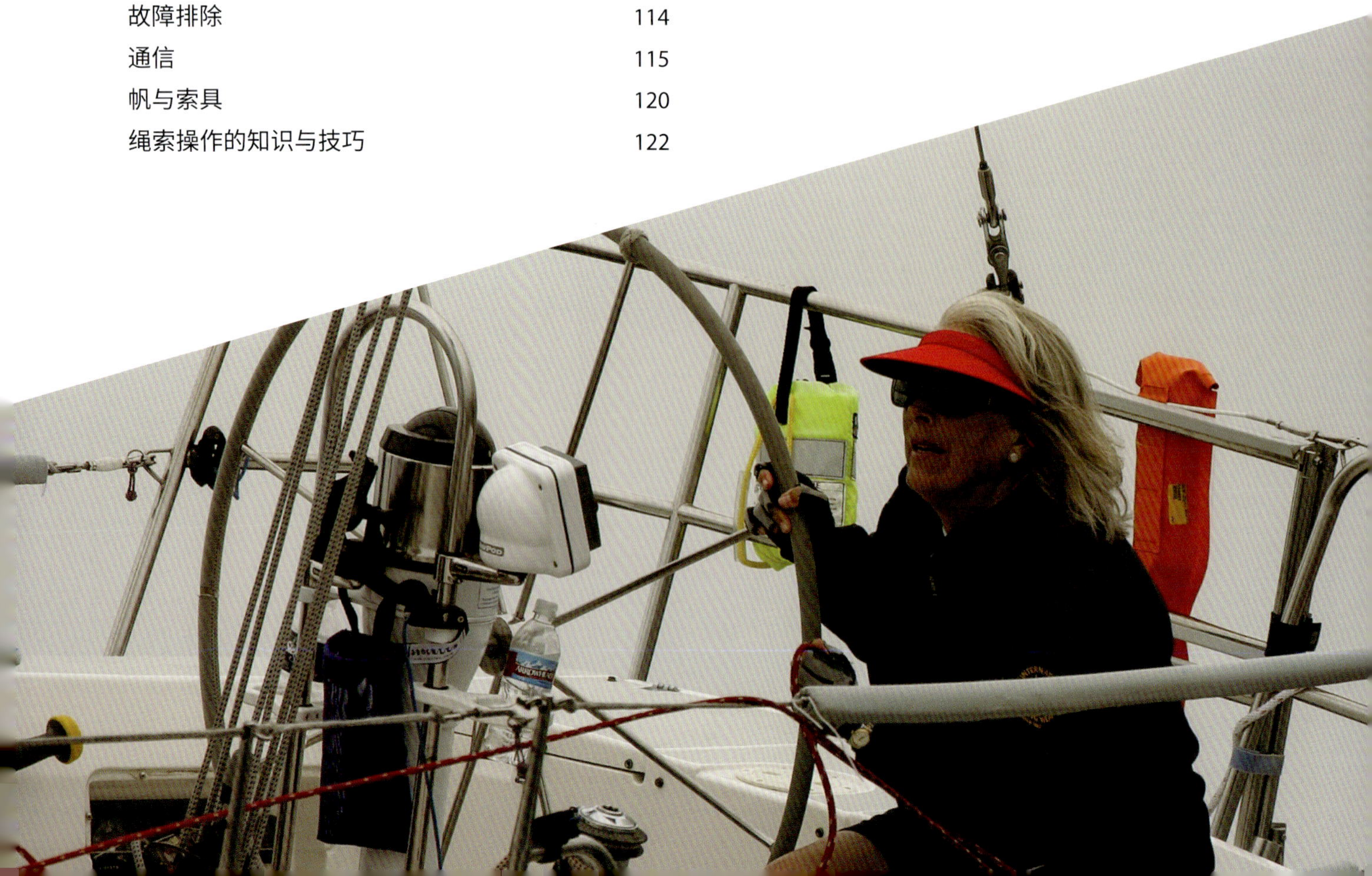

美国帆船协会

美国帆船协会（American Sailing Association，ASA）在大约40年前成立，有着富有雄心的使命：教授人们安全和自信地驾驶帆船。为了实现这个目标，ASA制订了一系列的标准，用来衡量水手的知识、经验和技能水平；这是全美第一套用于龙骨帆船水手的统一标准。

今天，ASA已经成长为在全球拥有400多家认证帆船学校的机构，其中包括加勒比海、欧洲、中美洲和亚洲。ASA认证学校向达到某个级别水平的水手颁发认证。截至现在，ASA学校已经向超过50万名的学生颁发了101 基础龙骨船驾驶认证，向大约100万名学生颁发了各个等级的认证！

学习帆船只是一个开始。利用在ASA学校里学到的知识，我们的会员正在开启在世界各地的帆船之旅。

帆船适合每一个人。

CINDY SHABES

美国帆船协会主席

NORTH U.

North U.是北帆（North Sails）的培训分支。北帆你可能已经听说过，从1957年以来，它就是世界上最好的制帆商，北帆从1980年起就开始提供世界上最好的帆船讲座。或许你已经知道北帆最著名的产品就是它的竞赛帆，但可能还没有意识到，北帆也是世界上最大和最好的巡航帆制造商！

我们知道，学习帆船不是只有一种方法。但是我们认为，学习的最佳方式，就是亲自去驾驶帆船！带上你在这里学到的知识，付诸应用。参加水上课程，去航海吧！

你可以花费一生的时间来学习成为一名更好的水手。有了North U.的帮助，你将学得更快！

BILL GLADSTONE

NORTH U.执行董事

本书的目标

欢迎来到North U.《巡航与船艺手册》的特别版，本书由美国帆船协会和North U.共同修订和更新，以ASA《高级巡航与船艺》的书名重新出版，这是一本面向高级水手的书。

自从第一版问世以来，世界的变化很大：帆船、帆、航行器材有了巨大的进步；当然电子仪表和电子导航更是带来了一场革命。然而，只有一样东西未曾改变，那就是水手的角色和责任——他/她要保证航行安全和（尽可能）快乐。

本书将会灌输这样的理念：凭借谨慎、合理的警惕，以及事先考虑，我们可以安全地下海航行，享受大海带来的快乐和神奇美景。欢迎登船，祝你航行愉快！

Bill Gladstone

BILL GLADSTONE
执行长
NORTH U.

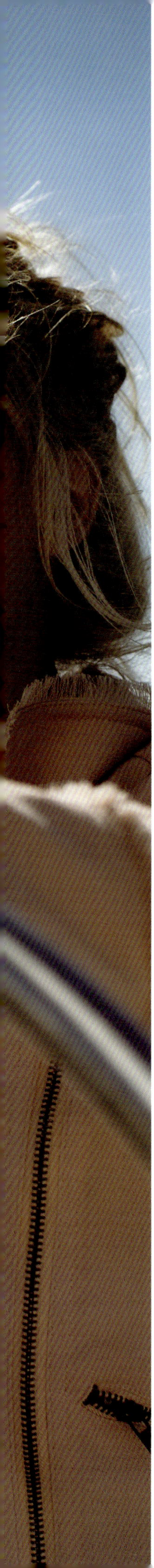

贡献者

作者

Bill Gladstone是《帆船竞赛调帆》和《帆船竞赛战术》两本书（及相关讲座）的作者（和开办者）。他已经从事航海教学和竞赛教学近50年。另外，Bill与John Rousmaniere一起，共同创作了《North U.巡航与船艺手册》和讲座。学过他的帆船驾驶、巡航和竞赛课程的学生遍布全世界。

贡献者

Andy Batchlor和Lisa Batchelor Frailey是终生的水手、巡航者、教练和灵魂伴侣。作为索罗门航海的创建者，他们多年被ASA认证为“杰出学校”和“杰出教练”。他们从事过帆船教练、租船运营者和巡航水手，他们还编写了《ASA光船巡航入门》和《巡航双体帆船入门》两本书。现在，作为Kinetic Sailing的拥有者，Lisa 和Andy在他们的Passport 47和Outbound 46型帆船上已经完成了众多次的沿岸航行和远洋航行，他们一面住在船上享受优美的风景，一面进行巡航和远洋航行。他们为本书带来了最及时的现时经验。

John Rousmaniere是船艺和航海安全领域的领先权威。他是*The Annapolis Book of Seamanship*和*Fastnet, Force 10* 两本书的作者。他还是海上安全研讨班的开办者，从20世纪80年代开始，他已经成了航海安全教育和考试的领先者。

出版者/编辑

Lenny Shabes是美国帆船协会的创始人，也是现任美国帆船协会主席。他是一名船舶中介、帆船教练和租船船长。他拥有一家航海学校和一家租船公司，有35年的航海行业从业经验。他和妻子当前拥有一条J/100帆船，经常在加利福尼亚的Marina del Ray码头参加竞赛和日间航行。

排版

Johnathan Payne是一名作家、设计师和水手。Johnathon在30岁的时候参加了ASA课程，之后就成为终生的水手。他一直从事广告行业，而且特意把家从盐湖城搬到了洛杉矶，就是为了离水更近。

致谢

出版者在此感谢John Rousmaniere、Billy Black、Cynthia Shabes（排版编辑）、Reed Freyermuth（排版编辑）、Elbert “Ash” Ashbaugh、Lenox Grasso、Jonathan Payne（排版与插图编辑）。

序言

我在1980年创建了自己的航海学校，然后在1982年创建了ASA。那时候还没有多少商业航海学校，当时全国只有一所学校在真正地教授竞赛航海，那就是North U.。North U.是一所流动的大学，在全国最负盛名的游艇俱乐部里教学。North U.教给水手怎样能比其他人跑得更快、怎样舀水更快、怎样更聪明地航行，它为全美国提供了最为独特的教学大纲，并由最受尊敬的竞赛帆船水手教课。

在North U.和ASA 40多年的运营时间里，这是我们的第一个合作项目。对于合作开发这本教材，我感到非常骄傲。ASA找不到比North U.更受尊敬、知识更加丰富的合作伙伴了。研读这本书，接受经验丰富的ASA教练的指导，这能帮助你成为一名ASA高级水手。我们在这本书上花费了很多时间和精力，希望你能喜欢它。

航行愉快！

LENNY SHABES

美国帆船协会创始人和董事会主席

前言

这本书是North U.专门为ASA编写的，是一本信息丰富、启迪思想的最新教材，它讲到了高级航行、巡航和海上安全；这让我回忆起了20世纪70年代我刚开始帆船记者生涯的时期，那时我们不怎么讨论或者报道安全方面的事情。但是1979年Fastnet竞赛出事之后（我当时参加了而且报导了这场比赛），水手、出版商和竞赛经理们开始认真地对待安全。然后有了海上安全研讨班，也开始对安全措施和安全器材进行测试，而且很多水手和供应商开始了严肃、有建设性的讨论，对一些实践方法进行了检验。

有两个词语变得格外重要。一是船艺（seamanship），它过去只是表示抗过一次偶然的风暴。现在，它代表着在海上把一条船从一个地方开到另一个地方的全部艺术。第二个词是谨慎地远虑（forehanded），它开始只是指应当制订旅行计划，但现在它是船员和船的安全器材，还有安全技术的总称。

要做到谨慎地远虑，就是要准备应对你可能遇到的所有情况，而不只是应付你计划中的航行。

船艺这门伟大艺术的基础，是从一开始就要避免自满情绪。所有的水手和他们的家人都应该感激这门艺术。

JOHN ROUSMANIERE

纽约，纽约州

The Annapolis Book of Seamanship

Fastnet, Force 10 **等很多本书的作者**

第一章
欢迎登船

高级巡航入门

在海上欣赏落日是高级巡航带来的福利之一。

巡航能够为一次期待已久的家庭旅行提供理由。

什么是巡航？

为了乐趣——而不是为了商业或者军事目的——而航海，现在已经成为了一种很常见的休闲方式。勇敢面对风险、应对大自然的挑战、支付不菲的费用、不图回报，航海的乐趣就来自于它的忍耐。这项运动并不是适合每一个人。

英格兰国王查理二世的帆船就印在对面一页上，他为了休闲而航行，这更多是反映了国家事务的沉重繁忙，而非是他多么喜欢海上的美景。当然，也有一些像我们一样的人，纯粹是热爱巡航带来的挑战和美丽风景。

巡航的定义是，在前往目的地的途中，生活在船上。你可能是出去航行一个周末；或者是沿着海岸巡航一两个星期，锚泊过夜或是回到码头过夜。或者你会进行一次连续数天的过夜航行。

那么我们巡航的理由又是什么呢？每个人都有自己的理由，有人是为了追求独立的生活方式，有人是为了亲近大自然，或者是想逃离“老鼠赛跑”。无论是哪种原因，巡航者们都有一个共同点——热爱大海。

巡航需要什么呢？这不像打包行李装车，然后去休年假这样简单。巡航需要更多的深思远虑。首先，你要有意愿去迎接一种全新的生活方式。热爱帆船，掌握广泛的船艺技能（包括导航、机械和领导力技能），这能让你成为一名更好的巡航者。巡航的持久魅力之一，就是它能够不断地为你提供全新的挑战和机会，让你学习和磨炼新的技能。

什么时间去巡航？

尽早去！能阻挡水手去巡航的因素只有时间、金钱和健康。这些都是人生最重要的元素，而全职巡航者有幸能在一定程度上同时拥有。

时间是否充裕是相对的，你的巡航计划可以根据可以利用的时间而做出调整。长途的巡航要求你离开孩子、年迈的父母、朋友和邻居，甚至还有宠物。当时间有限时，巡航计划要在时间和距离上进行调整。

对于我们所有人的生活，金钱都很重要，巡航可能不是一项优先的支出。你可能需要等到积攒了足够的资金时，才会把巡航计划付诸实施。预算还会决定你的生活方式，究竟是选择节俭还是选择舒适地巡航；但是这两种选择都有各自的好处，它们不应该限制你的快乐。

健康是一个重要的元素。巡航要求身体健康和行动敏捷，而且在瞭望值班时，你要在精神上保持长时间的警惕。糟糕的健康让你无法享受巡航的快乐；如果你需要定期寻求医疗帮助，这还会带来压力。

船艺

巡航要求具备的很多技能，都可以归类为船艺（seamanship）。这个宽泛的词汇是指操作一条船舶的所有手艺。它涵盖了很多的专业技能，包括导航、气象和天气预报、操船、操作甲板器材、锚泊和锚缆、通信技术、航行和机械技能，以及海上法律。

有经验的水手能够凭感觉预知到麻烦的到来——这种精神状态有时被称为远虑（forehandedness）。

船艺还包括设定好优先级。现代仪表和仪器系统很容易分散人的注意力，让人忽视安全和导航的重要性。水手一定要良好地感知四周的情况，后面的章节会详细讨论这一点，现在我们先看一下航行的优先事项。

结束了持续数天的高级沿岸巡航课程之后，船员们快乐地回到了港口。

航行的优先事项

保持船的平衡，这意味着倾斜不能太大，上风舵（船转向上风的趋势）不能太大，而且不存在下风舵（船转向下风的趋势）。过分的倾斜会让船跑得慢，而且令人感到不适，还会带来危险：因为一旦舵“抓”不住水流，船就会失控。

要让船受控制地前进。如果船没有运动，那么你就无法控制它（因为没有舵效）。你要让船有足够的速度来产生灵敏的舵效。

初见陆地是巡航中最大的快乐之一，看着远方模糊的轮廓和色彩，慢慢地变成清晰的陆地。

正确地调帆。在前帆的前缘和主帆的后缘上，细绳或丝带做成的气流线应该大部分时间都是向后飘。帆的形状要匹配风和海况。正确的调帆不仅可以改善速度，还可以改善船在海里的颠簸运动。

你要知道风从哪里来，可能会朝哪里摆。风向的线索既包括桅杆顶上的箭头和测风仪表，也包括水面上的风，还有你脸上感觉到的风。知道风可能朝哪个方向摆动，记下摆动的趋势，知道风的预报，并且从过往经历中总结经验，这能让你成为更好的水手。

了解你的船员和船。你的航行目标要与船员的能力和船的能力相匹配，这一点很重要。尽管挑战极限会很刺激，但是知道极限在哪里也很重要，我们不希望超过这个极限。

第二章我们在讨论帆的理论和帆的平衡时，会更深入地研究这些课题。

巡航帆船

常言道，最适合巡航的帆船，就是你当下拥有的帆船。这可能是因为，你现在就只能买得起这一条船。尽管事实或许就是这样，但是几乎所有帆船都可以改装用来巡航。然而，在当今的时代，大部分巡航者都更加追求船的舒适性，他们在探索更加遥远的巡航地点的同时，也在寻找自己认为最完美的帆船。

造型优美的索伦特(Solent)风格巡航帆船，非常适合在加勒比海域横风航行。

第一条经验就是，世界上并不存在最完美的巡航帆船。每一个巡航者都有自己的理想要求和优先考量。你要记住，每一条船都是一个折中的选择。寻找尽量完美的巡航帆船关键看以下几个因素。

最重要的因素，就是你计划要在哪里航行，其次是在海上度过的时间。你是要在高纬度航行，经常遇到风暴？而且在海上一住就是数周或数月？或者你是打算在热带水域航行，伴随着宜人的信风，定期靠岸去探索陆地和补充给养？还是你满足于在母港附近的短途巡航？

船的长度（Length of Overall，LOA）越长，船的速度就越快，摆脱不利环境的能力就越强。另外，船能够承受的海浪（不会翻覆）也就越大。关于恶劣天气航行的内容请阅读第八章。

船的排水量越大（单位一般是英磅），稳性也就越大，也会更加舒适，储物空间也会越大——尽管可能会牺牲一点速度。

说实话，大部分沿岸巡航都是在中等风下，靠近海岸进行；我们很少需要在风暴中航行。然而，我们还是要准备好应对恶劣天气。

龙骨和舵的分类

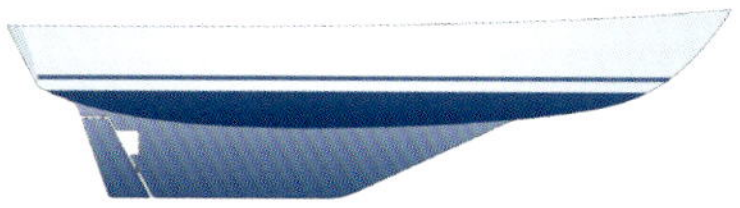

全龙骨配悬挂舵

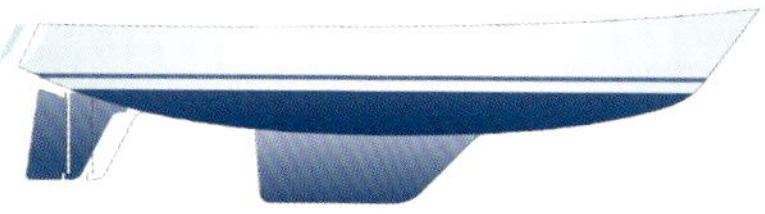

长龙骨和尾鳍舵

鳍龙骨和铲形舵

全龙骨逐渐进化到鳍龙骨。但是这里并不存在最优的解决方案，这三种类型各有优势。

龙骨的分类

通常，选择在某个地区航行的巡航帆船时，一般你要先选择好龙骨的类型。桅杆系统可以改装，但是船体形状却是不可改变的。

传统的巡航帆船设计沿用了全龙骨，以及悬挂在龙骨末端的舵。这类设计适合重排水量的帆船。它们在海上航向更稳定，纵向稳定性更好，而且遇到波浪不会拍击水面，因而也更加舒适，更能适应恶劣天气。这类帆船的水箱在船体中的位置很低，因而能提供更大的排水量，稳性也更好。而且龙骨是与船体一体化成型的，舵也受到了保护，因此结构也更加坚固。相较于现代设计，全龙骨通常吃水也相对更浅，若是万一遇到搁浅，坚固的水下部分船体也不易损坏。尽管它在舒适性和适海性方面取胜，但是这种经典风格的帆船在迎风航行能力和速度方面输给了现代设计。

巡航帆船的现代发展趋势是追随竞赛帆船的设计潮流，采用了吃水深的鳍形龙骨和铲形舵。它们有着平坦的船体底部，安装了一个用螺栓固定的龙骨。这些现代设计在性能上有了明显的提升，比如逆风性能更佳（能跑更高的角度），在所有帆向角上速度更快。但是它们的缺点是龙骨吃水太深，难以进入浅水的巡航地点，也更容易遭受损坏。当然现代帆船也有浅吃水的版本，它们通常是配有翼龙骨或改装的龙骨，以减少吃水的深度。这类帆船的设计重量更轻，舷宽更宽，因此在遇到大风时摇晃厉害，容易翻覆（broach）。

宽大的驾驶舱和沙龙区，虽然很适合娱乐，但是并不能在航行中提供安全。一些船型设计还缺少长途巡航所需要的储物空间。

选择巡航帆船，并非只局限于重排水量的全龙骨帆船和轻排水量的鳍龙骨帆船。有一些帆船设计非常优秀，建造得很好，能提供巡航者想要的许多特征。其中一种是安装有尾鳍舵、中等排水量的长龙骨帆船。这类帆船航行舒适性良好，储物能力绝佳，而且性能足够优良，可以避开不利的海况。除此之外，还存在其他龙骨和舵的变形组合，每一种都有自身的优点。

桅杆系统的分类

大部分现代巡航帆船喜欢单桅纵帆（sloop rig），它操作简单、便利，而且成本低。但是还有其他几种优秀的桅杆系统，可以用于远洋巡航。比如索伦特（solent）和支索帆（cutter）桅杆系统，它们只用一根桅杆和两根独立的前支索，能升起多面前帆。双桅船（ketch或yawl）上的副桅杆提供了更多的帆装选择。相较于单桅纵帆，这类帆装的帆力中心（Center of Effort，CE）的高度更低，因此船也更稳定。

舒适程度

第二重要的因素或许就是你所要求的舒适程度了。一条基本的巡航帆船必须具备足够的适海性（应对大风大浪的能力），配备耐用的帆、合适的锚和锚链。另外，船上还有要厕所、厨房、舒适的航行床铺，以及足够的储物空间，以便装载水、燃油、衣服和给养。驾驶舱在中央的帆船布局就与驾驶舱在船尾的帆船布局不同，两者都有自身的优点。

更加舒适一些的帆船除了配备以上所有的设施之外，另外还安装了升级的系统，比如冰箱、冰柜、GPS导航和仪表。良好的驾驶舱防护，比如安装遮阳棚和防风浪屏，能对恶劣天气和阳光起到防护作用。

最舒适的等级，是更大、更奢华的巡航帆船，它们会安装多套卷帆系统、球帆、自动操舵系统、电动绞盘、悬挂小艇的吊艇架，以及各类安全器材，比如救生筏。在甲板下方，内舱安装有便利的扶手，便于船员在船内安全移动时抓握；有舒适的客厅，供船员休息；还有设计合理的厨房，设施齐备的厕所和沐浴设施：这才称得上是一条功能齐备的巡航帆船。另外，发电机、风力发电、制水器，升级的仪表，包括雷达、AIS、卫星通信，它们都能让船上生活舒适不少。这些额外配置需要定期的维护保养，有的时候还要修理或更换。最后，这类大型奢华帆船甚至需要配备更多船员来驾驶。

在风格和功能方面，总是需要有一个平衡。传统风格的装修提供了绝佳的扶手。

每年只进行一两次周末航行或远途航行；还是你想做一名全职巡航者，卖掉房子、辞职退休；还是你要永久地在船上生活、工作。除了购买成本之外，船的维护和运营成本也很高。取决于船龄，每年船的运营成本和保险费用可能会超过购船价格的19%。还要再加上30%的成本，用于大约每5年一次的升级和维修。

巡航帆船的总结

凡事都有折中。更大的船意味着需要有更大的空间来存放器材和容纳船员。更大也意味着更快——但是运营和保养的难度也越大，成本也越高。良好的巡航帆船要具备携带给养和巡航装备的能力，其中包括携带一条小艇。

巡航多体帆船

双体船和三体船在巡航水手之间变得越来越流行，而这背后的原因也很合理。它们能提供超大的宽敞空间和舒适度。它们航行更加平稳，不像单体船那样累人。凭借较浅的吃水，多体船能够驶入其他帆船无法驶入的水域；省去压舱物也能减少重量，理论上能设计出滑行型船体。在逆风性能上，双体船整体上要落后于大部分单体船，只有在风力很大的顺风下，它们才能跑出很好的速度。多体船的初始投入成本和保养成本也比同等长度的单体帆船更贵。

船的成本

对于我们大多数人，购买巡航帆船的成本是一个重要的限制因素。然而，你钱包的深度并不是买船时唯一的限制因素。你的环境决定了你愿意在船上花多少钱。这可能取决于你的计划，你是打算做一名业余巡航者，

图片致谢：Shiera Brady Photograph

凭借速度、空间和舒适程度，双体船越来越成为众多巡航水手的选择。

船长和船员

前面已经讲了很多关于巡航帆船的特征和品质，但是没有提到船长和船员。我们都知道，没有水手，帆船哪里都去不了。所以，我们现在讨论一下巡航水手应该具备的优秀品质。

船长的角色

领导的角色可以只用一个词语来概括，那就是“责任”。当你担任船长时，你必须严肃地对待这个角色，你要为你的船——更重要的是你的船员，承担全部责任。他们指望你来领导他们，做出正确的决策。可能有些时候，你不得不做出艰难的决定，但是你必须要做出决定。这并不意味着你要成为一名独裁者；实际上，相反的做法会更好。知识丰富且善解人意的船长，通过亲身表率来领导，这在巡航环境下能得到最好的结果。

尽管有些人是“天生的领导者”，但是大部分优秀船长都是通过后天努力获得成功的。他们会从亲身经历中学习，不管是好的还是坏的经历，并且不断地积累经验。优秀的船长会一丝不苟地制订计划和做好准备（更多内容见第七章）。他的目标是让大家有最好的福祉和快乐。船长开始要先来一个热情的欢迎，然后再介绍一下船上的规矩和对大家的期待；给所有船员进行一次透彻的安全讲解，然后针对一些不足做一些专门训练。

优秀的船长能够分辨出船员的技术水平和能力，并且相应地分配工作。给船员分配的工作必须要在他的能力范围之内，或者是培训船员完成这项工作。记住，你只是分配了工作，但并没有分配责任——责任始终是由船长承担。

最后，沟通是做出决策时的一个关键要素。鼓励船员为你信息——开放的对话能够鼓励产生更多的好想法。定期举办的船员会议，是同全体船员坦诚沟通的一种正式仪式。而且这种仪式也适合把一些恼人的小事拿到公开场合来讨论、解决；这总比任由问题恶化更好。最后，优秀的船长会制订一个计划，在自己无法履职时，把职责交给一名称职的、训练有素的船员。这个人通常被称为大副（first mate）。一些更民主的船上会有一名副船长，但是要注意，无论是谁负责，他都可能不得不下达艰难、不受欢迎的命令，而且不准有任何疑惑或异议。

船长向船员讲解锚泊的安全注意事项。

船员的角色

船员的职责非常简单——听从并且支持船长安全地操作帆船！一名有价值的船员最好能为船上带来一些额外的品质。开朗的性格和积极进取的心态非常重要。没有经验但是热情很足的船员，要好过一名啥都知道但脾气很坏，而且总是质疑船长决策的人。你要尊敬并且良好地与船员相处，支持他们，帮助经验不足的船员，承担自己应当承担的家务职责。一切都是为了做一名好的船上伙伴。一点幽默感也很有帮助。

给船员的讲解应该包括甲板以上和甲板以下。

有时候，我们无法选择自己的船上伙伴。

欢迎登船

船长在欢迎客人或者新船员登船时，应该制定一套流程，让他们迅速适应船上生活。他们想要马上了解什么？他们需要知道什么？船长讲解的内容取决于船员的经验水平。下面是你可能会讲到的课题清单。

☑ 新船员的基本知识清单

甲板以下

- 船上马桶的操作。
- 灭火器的位置和用法。
- 在哪里收纳个人器材。
- 演示扶手的用法。
- 饮料和零食的位置 。

甲板上

- 确保每名船员都有一件救生衣，而且知道怎样穿戴和使用。
- 演示安全绳的位置和用法。
- 演示MOB器材和其他安全器材的位置和用法。
- 讲解绞盘的安全用法。
- 基础的绞盘技术（收紧和放松绳子）。
- 控制绳索的位置，以及怎样操作受力的绳子。
- 迎风换舵和顺风换舵时的船员组织和命令。
- 装帆和升帆。

健康

如果你感到不适或者疲劳，会很难享受巡航的快乐。作为船长，你必须为船员做一个良好的示范。鼓励他们养成健康的生活方式——身体锻炼和健康的饮食十分重要。船上的日常生活能让你保持健康和活跃，然而偶尔的长途步行可以促进血液循环，并且给你时间思考和筹划下一段的旅行。确保在起航前完成身体和口腔检查。没有比在旅行中忍受牙疼更令人痛苦的事情了。还要确保你和船员起航前都带好了个人药物。重要的是，作为船长，你必须知道船员中是否有人存在需要注意的健康状况。他们可能不愿意分享这个信息，但是你可以鼓励他们把这些信息写在一个密封的信封里，只在必要时打开。

良好的绞盘技术有助于锻炼身体。

个人装备

每个人都要为自己的衣服和装备负责。船长应该为经验不足的船员提供一份自带物品的清单。在起航之前，所有物品都必须收纳好，以防它们乱动或者损坏贵重物品。

配备正确的个人装备可以提高士气。

船上生活

作为夫妻，或者与一大批船员一起巡航时，遇到的挑战会让很多在岸上生活的人感到不习惯。除非是最豪华的游艇，与家里的条件相比，船上空间会更加有限，而且也缺少隐私。比如，不需要你瞭望值班时，把你自己的物品带回船舱，收好。下一个值班的人可不想处理你的咖啡杯、救生衣或防晒霜。马桶的清洁也很重要，而且也影响健康——你要让它像你希望的那样洁净。清洁厨房，把杯和盘子收走，不要把饼干到处乱放。定期用抗菌布擦拭桌台也是一个很好的主意。

制定一份船员轮值名单可以保证各项工作能够按时完成，不会推到最后一个人身上。这项工作最好在起航前完成，因为每个人对某些工作有着特殊的技能或者偏好。

在外国港口为航行准备补给总是非常有趣；你需要尝试陌生和种类繁多的食品。

设计良好且牢固的厨房，让船上厨艺更加安全和容易。

船上的厨艺和饮食

所有的船员都盼望着开饭，尤其是在艰苦地瞭望值班时——没有什么美食会比一碗热汤更加暖胃了。定时供应的正餐是保持士气高昂的优先事项。经验丰富的巡航者已经发现——可能是通过试错的方式——应该怎样为某一次旅行计划和准备饮食。航行的长短、可用的储物空间和天气条件，决定了什么是最好的计划。

菜单计划和给养

考虑到船员的食物过敏和偏好之后，为本次航行草拟一份餐饮计划。要考虑好定量分配、种类的多样性，以及航行中制作的难易程度。要尽量简单！航行中不要考虑美食和多盘的佳肴；它们的制作太费时间，而且很难在航行中吃完。航行中，考虑仅用一只锅就能制作的菜谱，以及每人一碗的量的饮食，把美餐留到抵达目的地之后享用。每天至少要计划一顿热餐，最好是晚餐，这样全体船员可以一同享用。必须要有瞭望值班团队可以制作的简单菜谱（早餐麦片、煮鸡蛋、三明治、粥，等等），而且要备好随时可以吃的零食，保持体能和防止饥饿。

根据你的菜单计划，列出一张购物清单，然后去食品生鲜店采购。

购物的时候，避免易碎的玻璃容器，避免对环境不友好的塑料包装。如果你能找到的话，很多商品是用纸盒包装的。考虑清楚储存食品的方法，以及存放多久能一直保鲜。对于生鲜品，尽量购买保质期长、冰冻或者干燥冷冻的生鲜替代品。

要注意保持充足的饮水，给船员分发易于加水的水瓶，并且备好充足的饮水和能量饮料。姜汁汽水和可乐能够舒缓平复翻腾的胃，而且也提振精神。咖啡和茶是航行中的大宗饮食，瞭望值班的船员必须要有能在航行中制作茶饮的工具（茶壶、咖啡滤壶）。

储存食物

储物空间通常是一个限制因素，因此你要明智地利用空间。在储存食物之前，先拆除不必要的包装。重量沉的物品，比如水、苏打水、易拉罐放在靠下的位置，甚至可以放在舱底。你可能需要撕下标签，用记号笔在罐子上做好标记。易拉罐要远离电子罗经，否则你的导航会有偏差。还有一个重点就是，千万不要把瓦楞纸箱带上船：它们可能携带有蟑螂幼虫，最后导致你船上满是蟑螂。有策略地装填冰箱（冷藏和冷冻），先吃的食品放在顶上。

船上厨艺

现在是复习丁烷炉安全操作的好机会，你应该已经在光船巡航课程中学习过一遍了。如果你还未曾在航行中使用过丁烷炉，你需要记住几个注意事项。不稳定的厨房和摇晃的万向常平炉要求你在烧水或拿取刚出烤箱的盘子时要特别小心。用于恶劣天气的防水裤也可以防护溅出的热水。提前制作好一锅餐，并且冷冻，这样在航行中很容易就能加热和上桌。夜间瞭望值班时，热咖啡和热茶特别受欢迎。有很多厨艺书籍专门讲解美味的船上菜谱。

万向常平炉和台面护栏，是设计良好的巡航厨房的应有特征。

水

无论航行时间有多长，你都必须要认真考虑好用水的问题。计划每人每天至少有0.5加仑（1.9升）的饮用水。另外，还要有2~5加仑（7.5~19升）水用于其他用途，比如烹饪和洗涤。在大多数情况下，直接从水箱里取水喝是可行的，只要水源足够清洁，而且水箱也很清洁。一些巡航者在加注水箱时会使用预过滤器，或者是在水龙头处安装一个过滤器。大部分明智的巡航者还会额外携带几个装满饮用水的加仑水桶，用作应急储备。如果你幸运地拥有一台制水机的话，那船上就有了非常新鲜的饮水供应。监测你在航行中的用水量，然后节约地用水，直到确定你已经有了足够的淡水。洗衣服和沐浴最好等到航行快结束时再做。考虑使用海水来减少淡水用量——脏盘子可以先用海水洗净，然后再用淡水清洗。还有一些巡航水手会用海水煮面条和炖土豆。

可以重复加水的个人专属水瓶能够保证充足的饮水，而且没有塑料污染。

小知识：避免使用一次性塑料水瓶。它们很占空间，而且破坏环境。从水箱或厨房水桶里取水倒在个人水瓶里。

钓鱼不仅能提供一顿美味，而且是很好的休闲娱乐。

钓鱼

取决于航行时间的长短，钓鱼是给船员们提供娱乐的好方法。如果你能幸运地钓到什么东西，那没有什么食物会比抓到的新鲜鱼更美味了。

☑ 巡航的限制

除了淡水，还有几个因素会限制你的巡航范围和航行时间。它们包括：

燃油量限制了机动力行驶的距离，更多内容见第七章。

污水箱容量。如果你在内陆或沿岸水域巡航，这也是一个限制因素。一定要计划好“抽空”，或者是开到3海里以外排空污水箱。

电池容量。现代帆船耗电量非常大，尤其是装配了很多电器和仪器的帆船。冰箱和其他通过逆变器用电的110V电器会消耗大量的电力。电池消耗的所有电量都必须以某种方式充回，因此应训练船员节约用电，不用时要关灯和关闭电器。104教材《光船巡航入门》第二章关对船上系统和节约用电有很好的讲解。

垃圾。每条船上都要制订一份符合MARPOL（海上防污）政策的垃圾管理计划。所有的船员必须都知道这个计划。我们有责任保护海洋，在向海里扔东西之前要想清楚——哪怕法律允许。我们最多只想丢弃食物残渣和可降解物品。带领大队船员做长途航行时，垃圾很容易就积攒成一个问题。有几种方法可以减少垃圾储存空间，比如踏扁易拉罐，剪碎塑料容器。寻找一个合适的地方储存垃圾，因为它会散发异味。把可回收的垃圾和塑料分开，等到上岸时丢弃。

第二章
帆的理论与帆的平衡

帆的理论与帆的平衡

在本章中，我们会探索风的力量（空气动力学）和水的力量（水动力学），以及帆与水下部分船体之间的相互关系。如果你想让船跑出最好的性能，就必须理解视风的影响，还有影响船平衡的力量。

科技带来的改变

在过去，调帆者最大的敌人就是帆的延展。今天，制帆商使用了新式纤维和高精度制帆技术，极大地减少了帆的延展，帆也更加结实。即使是标准的涤纶巡航帆，质量也正在逐步地改善，能够持续多年地提供良好性能。

有了这些更加优良的帆，我们可以把更多精力放在精调帆形上，以适应面对的航行条件，而不是忙于对抗帆布延展。船的设计和建造也有了改进，船变得更加坚固、轻盈、坚硬和快速。另外，帆的控制系统也更加强大，更易于使用，让调帆工作轻松了很多。

升力理论

我们已经讨论了很多从帆上获取力量的方法。关于帆的工作原理，杰出的科学家和工程师们已经争论了很多年。尽管理论不同，但是我们确信知道的是，所有船都可以把床单当作帆，被风推着朝下风行驶。这一点不难理解。然而，当船迎风行驶时，一切就都变了，迎风行驶的理论更加难以理解。

我们知道帆船无法朝正顶风行驶，但是我们可以朝着上风向移动。通过学习使用我们手中的控帆系统，我们可以把升力调到最大，让船发挥出全部的潜能。

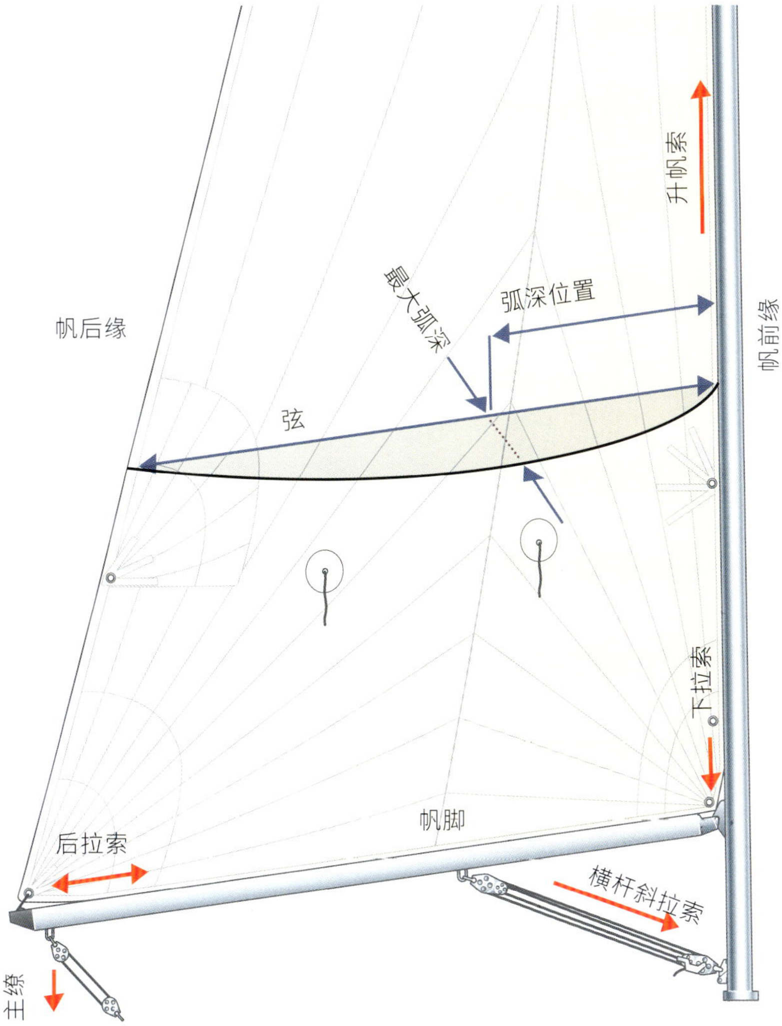

主帆的形状通过后拉索、升帆索、下拉索、横杆斜拉索调节。

凭借高科技帆和现代船型设计，这条造型优美的单桅纵帆船正在以良好的速度优雅地滑行。

经典的巡航帆船配置，船上有小艇、吊艇架、风力发电机、雷达、遮阳棚和防浪屏。

气流

我们最基本的目标是，让帆的曲面两侧的气流平顺流动，或者说分层流动（无湍流）。流过凹面形状的气流会减速，因为空气会“堆积”；而流过凸面（即帆的外侧或下风面）的气流会加速。主帆后缘的气流线向后飘，说明帆两侧的空气是平顺流动的。

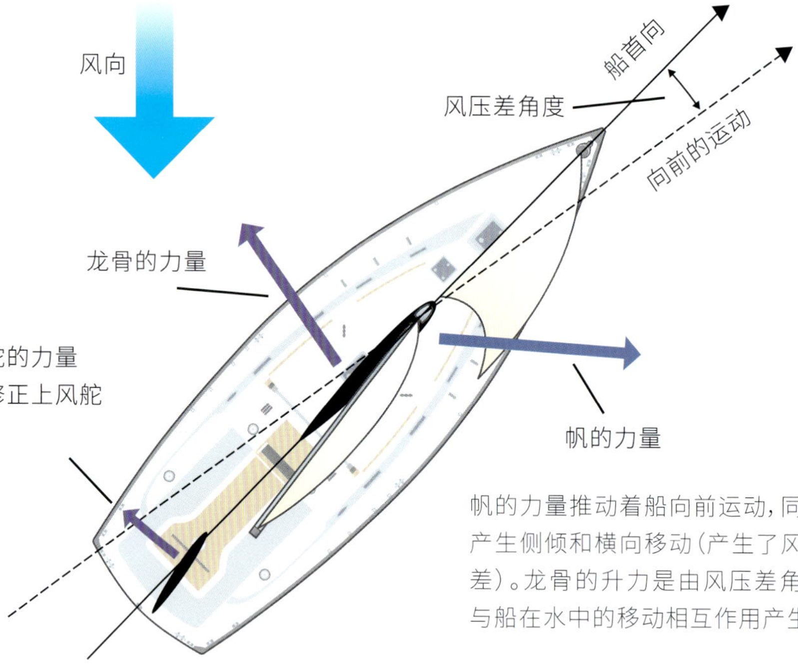

帆的力量推动着船向前运动，同时产生侧倾和横向移动（产生了风压差）。龙骨的升力是由风压差角度与船在水中的移动相互作用产生。

气流分离

当帆外侧的气流，在到达帆后缘之前与帆面分离，那么帆就处于气流分离状态（stall）。当主帆后缘的气流线藏在帆后缘的背面时，就出现了气流分离。

升力

空气流过翼形（airfoil）的弯曲表面（帆的背风面）时，会加速，这是因为外侧的气流要比内侧的气流流过的距离更远。气流速度的差异产生了压强差，最终产生了空气动力学升力。

这就是伯努利定律的应用。流过帆的气流还存在摩擦效果，产生了空气动力学阻力（drag）。空气动力学的合力=升力－阻力。逆风调帆的目标是优化升力/阻力比值。

空气的力量还会产生一个横向的力，产生了侧倾和风压差。正如上图所见，船体和水下龙骨抵消了侧倾和横移的效果。计算显示，只有大约2%的合力用于驱动船前进，因此我们需要尽可能提高帆的效率。

帆的形状

制帆商使用很多不同的技术，使帆具有三维形状；其中包括使用弯曲的拼缝，向帆前缘和帆脚加入额外的帆布。帆升起之后，升帆索张力和后拉索张力会使帆伸展到理想的形状。其余的控制绳索用于精调帆的形状。大部分巡航帆船倾向于使用比较平坦的帆，以便在中等风下有更好的航行效率。

弧深（draft）

设计帆时，制帆者考虑的最重要一个因素就是弧深。弧深是由拱度（camber）决定的，也就是帆的前后形状。弧深给予了帆以力量——弧深越大，帆力越大；一直到达气流分离的临界角度，然后帆力开始减少。

要想测量弧深的位置，我们首先要测量弦——这是一条从帆前缘到帆后缘的虚拟直线。最大弧深位置是在帆前缘后方约45%弦长的位置。这个位置的拱度会有变化，但通常是弦长的8%~12%。随着风力增大，帆会被拉伸，弧深会向后移动，导致船的速度减慢而且难以操纵。这时候就要收紧升帆索或者下拉索，增加帆前缘的张力，以便把弧深再向前拉。松弛的旧帆，它的弧深位置会非常靠后，难以迎风行驶。这时候就该更换新帆了！

迎角

帆的迎角（angle of attack），是帆弦与视风之间的角度。增加帆的迎角有两种方法，一是收紧帆的缭绳，二是让船头远离风向（转向下风），同时帆不放松。迎角越大（即帆对气流的偏向作用越大），产生的升力也就越大；直到发生气流分离，升力不再增加。侧倾的力量和气流分离是迎角过大产生两个不利结果。

水动力学升力

如果不存在龙骨，帆产生的横向力量会占主要优势，那么我们就无法迎风行驶。龙骨（在某种程度上还有舵）会像帆一样产生升力。

尽管龙骨是对称的，但是船的横向移动（风压差）会产生一个水动力学迎角，使流过龙骨两侧的水流产生差异。水流在龙骨的上风舷（相对于船、风）的流速，要比下风舷的流速更快，两者在龙骨末端边缘重新汇合。最终，龙骨的上风舷就产生了低压强。

根据伯努利定律，这样就会产生水动力学升力。再结合水动力学阻力（drag）——即龙骨表面的摩擦力，我们就能计算出水动力学合力，它会抵消帆的横向力量，因此帆船只需很小的风压差，就能迎风行驶。船在水中的运动速度越快，这个升力就越大。

另一个实践中的注意事项就是，龙骨上的不规则突起或者坑陷，都会增加阻力，从而影响船速和龙骨升力。

龙骨的设计

考虑到龙骨升力会对帆船的迎风性能有着重要影响，因此我们要简单介绍一下龙骨的设计。首先，相较于全龙骨，鳍龙骨的迎风性能要更好。其二，龙骨的吃水深度是无法被替代的。深吃水的鳍龙骨要比浅吃水的龙骨产生更大的升力。第三，光滑、平顺的龙骨要比粗糙、长满海洋生物的龙骨更加高效。

这里我们可以看到，总帆力是升力和阻力的矢量之和。迎角是帆弦与视风之间的角度。

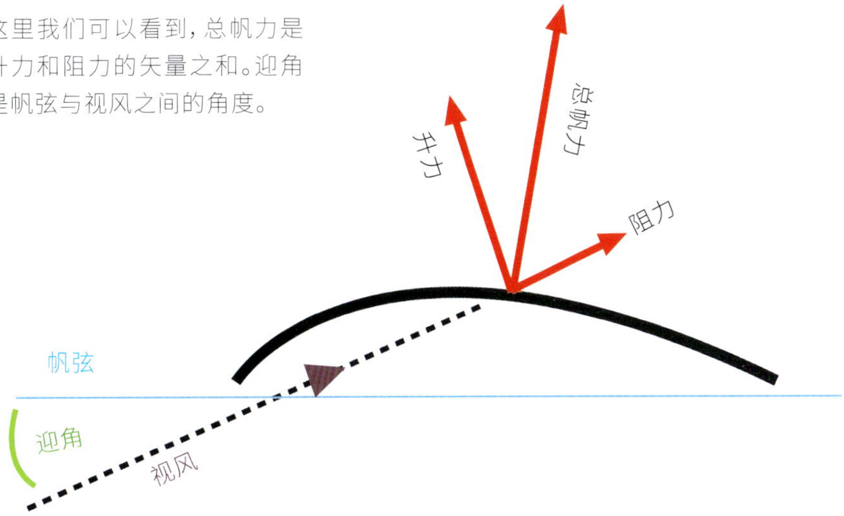

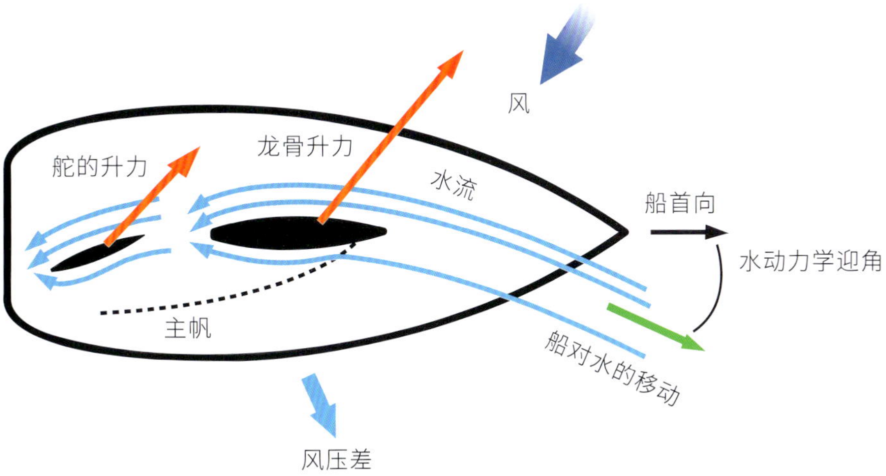

当然，龙骨不只是提供升力。它们还提供了稳性。龙骨的重心越低、越重，它产生的扶正力矩（righting moment）就越大。增加的稳性可以支持更大的携帆量，因此船速也会增加（至少在迎风和横风是如此）。但是，不利点在于，增加了稳性也就增大了重量。而且龙骨也会产生阻力。龙骨的表面积越大，产生的水阻力也就越大。比如全龙骨的阻力就会降低帆船在轻风下的性能。

翼龙骨（winged keel）声称能够在浅吃水配置下提供深吃水的优势。尽管翼龙骨的准确升力特性依然未知，但是增加扶正力矩的好处是显而易见的。相较于相同吃水深度的鳍龙骨，翼龙骨可以在深水位置提供更大的压舷重量。设计师采用的另一种方法是在鳍龙骨的末端安装一个球形压舱物，而不是一个翅膀。

主帆和前帆的共同效果

主帆和前帆的共同效果和相互作用，给予了水手一个巨大的优势。前帆使气流加速，让主帆获得更大的力量。两面帆共同作用，产生了比它们各自独立工作时的力量之和更大的总帆力。

气流在接近帆时会弯曲方向，使前帆遇到一个相对的抬升（lift），因此也让前帆更有效率；而主帆则遇到一个相对的压头风（header）。我们在调帆时可以观察到这一点：前帆放得很靠外，而主帆则接近船体的中心线。同时，前帆会改善流过主帆的气流，使主帆更加高效。

两面帆共同工作，气流既流过前帆的外侧和主帆的内侧，也穿过两面帆之间的狭缝流动。通过观察前帆前缘和主帆后缘的气流线，我们可以观察到这一点。

你可以把两面帆想象成一个单一的翼形，前帆是在外侧，主帆是在内侧。

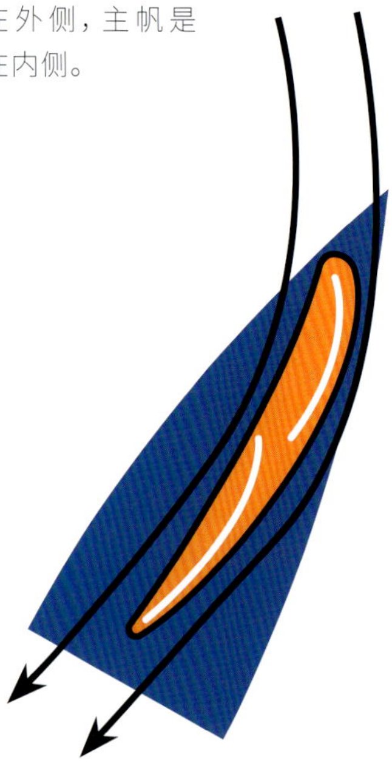

气流接近帆时，会分裂成两股气流，绕过帆的两侧流动，同时加速流过狭缝。

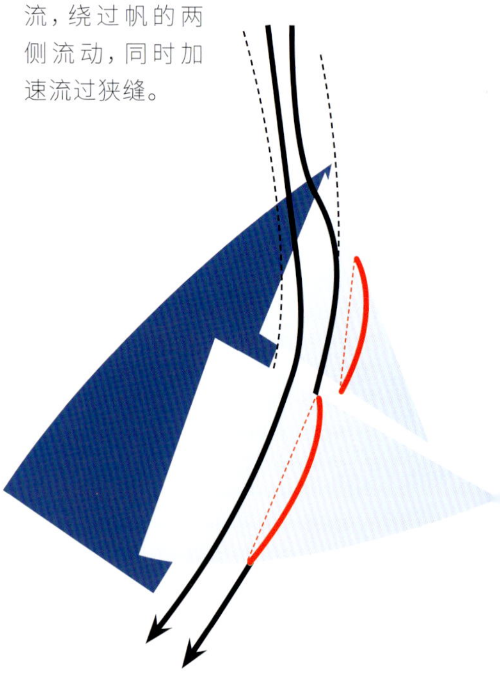

视风产生的原因

当船的运动与真风结合在一起时，视风就产生了。这个概念很重要，因为我们要根据视风调帆，而不是真风。船速和方向的任何变化，或者真风速度和方向的任何变化，都会改变视风。船的运动或真风的变化幅度越大，也会对视风产生相应比例的影响。

视风的效果

视风是我们在航行时感受到的风，是真风与船速的组合（矢量和）。在上面的插图中，矢量表示了速度的大小（对应矢量的长度）和方向。迎风航行时，视风永远要比真风更大。横风时，视风速度接近真风速度。随着我们继续转向下风，到达侧顺风或者尾风，视风会比真风小很多。

由于视风是由船速和真风创造的，因此船速或真风的变化都会改变视风。一般来讲，真风增加会导致视风增加并向后摆动。这就是为什么帆船在遇到阵强风时会侧倾增加，而且能转向上风（遇到了抬升）。船速的变化相对较小，因此对视风影响也小。然而，如果视风来自正横前方，船速增加会导致视风适度的增大；如果视风来自正横后方，视风会减少。这就是美洲杯的水翼船可以在相对小的真风下，也能跑出这么高速度的原因。

小知识：尝试画一张美洲杯赛船的风速矢量草图，看当真风是12节，来自150°相对方位、船速为50节时的情形。然后再画一张你船的典型情形。看到其中的差距了吧！

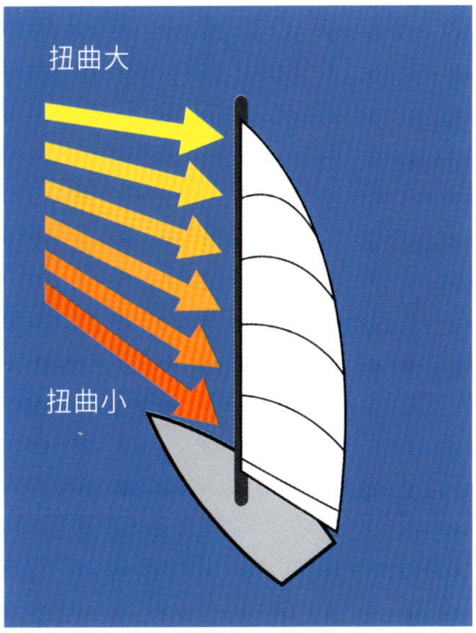

视风速度

记住：当真风来自正横前方时，视风速度更大；当真风来自正横后方时，视风速度更小。

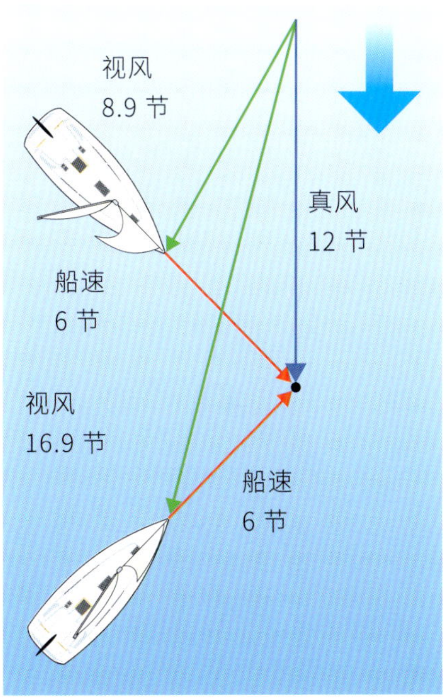

当真风和船速的大小恒定时，视风速度和方向会随着帆向角而改变。

根据视风行驶

真风和船的运动会不断变化，导致视风时刻在改变。这就是为什么在掌舵和调帆时，船员需要不停地交流。

由于视风效应，我们在跑完近迎风、转向下风时，可以携带更大的帆面积。类似地，当我们从侧顺风转到近迎风时，可能会发现需要减少帆力甚至缩帆。

当目的地位于你的正下风时，跑一个稍微高些的视风角度，然后顺风换舷到相反受风舷的同样角度，通常这种之字形走法会更有优势。通常，这个视风角度大概是150°。这种技术在帆船竞赛中很常用。

扭曲

当我们从甲板高度向桅顶观察，真风的强度会不断增大。海面的摩擦效果会减慢风速，但随着高度增加，风受摩擦的影响会减小。一些测量结果显示，桅顶的风速有时候可能是甲板高度风速的两倍。之前我们已经知道，假设船速不变，真风速度增大，视风速度也会增加，方向会向后摆动。

这种现象就意味着，要想实现最优的调帆，从上到下，帆必须维持相同的迎角。因此，帆的顶部必须比底部放得更加靠外；这种现象被称为扭曲（twist）。在实践中，当你从下向上观察帆时，帆后缘会向外张开，偏向下风舷。

要想创造扭曲，我们必须让帆后角抬高，减少帆后缘上的拉力，使帆后缘张开。同时放松横杆斜拉索和主缭可以做到这一点。当所有帆后缘气流线都笔直向后飘时，就说明现在的扭曲量正好。扭曲的另一个优势是，在大风中，你可以引入过度的扭曲，减少帆的力量，控制住侧倾。

平衡好船

在第一章中，我们提到了船应该保持舵性平衡，以及不要过度侧倾。这对于航行很重要。这就意味着我们想要获得中性的舵效、很小的侧倾，还有良好的船速。

这条船的主帆存在扭曲，目的是为了实现舵性平衡和减少侧倾。

当风增大时，升全帆的船变得帆力过大。

横向阻力中心

船的设计很关键，它能保证船与帆达到平衡。简单来说，平衡良好的船应该只需要船员很少的干预，就能靠自己行驶。关于平衡，最关键的元素就是船体水下部分纵剖面的几何中心位置。这个点被称作横向阻力中心（Center of Lateral Resistance，CLR），它是船体转动的支轴。有时它也被当作转动轴点（pivot point），但实际上两者未必正好是同一个点。毫不奇怪，横向阻力中心通常位于龙骨的中心附近，而龙骨中心也是船的最大稳性点。大排水量的全龙骨帆船，它的横阻中心位置变化很小；当然，如果船头或船尾的载重过大，横阻中心也会相应地前移或后移。对于浮力更小的小帆船，载重对横阻中心的影响就比较明显了，因为船头和船尾会被向下压，船的水下部分形状会明显改变。安装摆动龙骨（swing keel）的帆船对横阻中心拥有更好的控制；当稳向板升起来或者向后转动时，横阻中心就会向后移动。

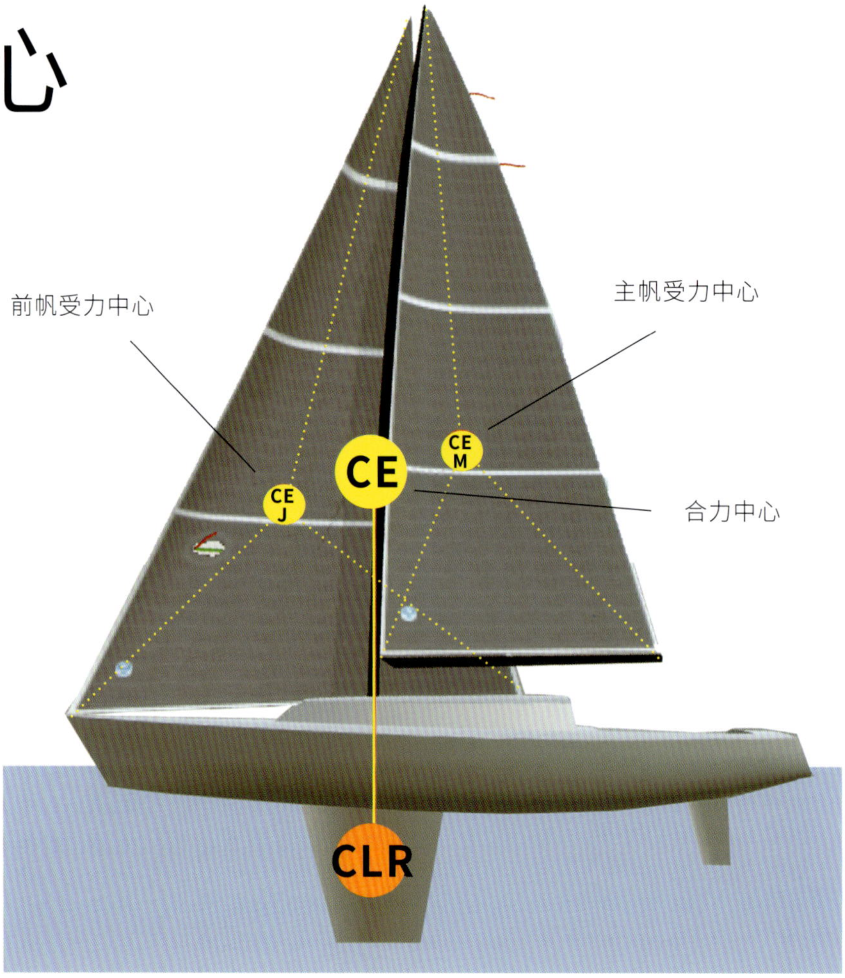

帆力中心（Center of Effort，CE）是帆产生的力量的中心。横向阻力中心（CLR）是船转动的轴心。当两者对齐时，船是中性舵性（既无上风舵，也无下风舵）。

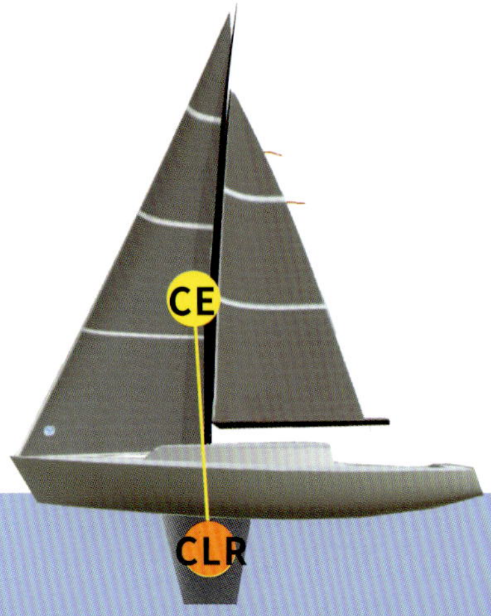

下风舵

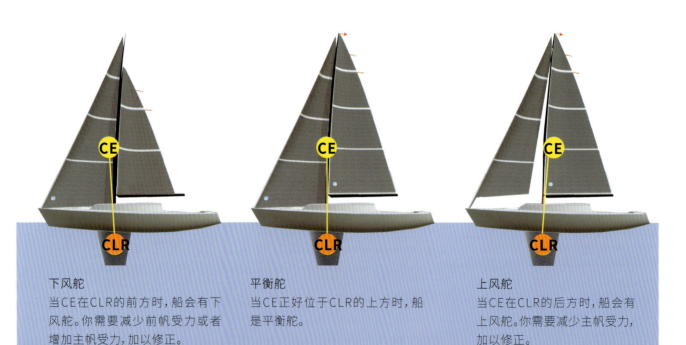

当CE在CLR的前方时，船会有下风舵。你需要减少前帆受力或者增加主帆受力，加以修正。

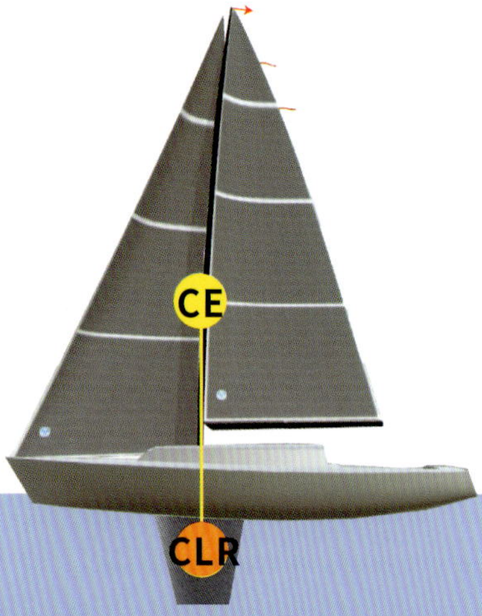

平衡舵

当CE正好位于CLR的上方时，船是平衡舵。

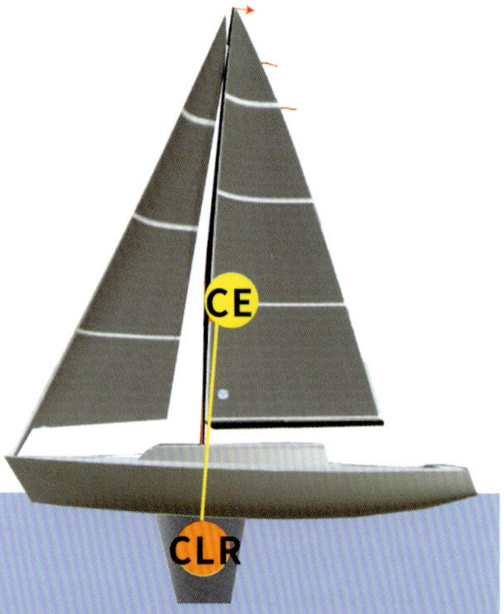

上风舵

当CE在CLR的后方时，船会有上风舵。你需要减少主帆受力，加以修正。

帆的受力中心

在平衡船的舵效的时候，帆的受力中心（Center of Effort, CE）是另一个重要的因素。CE的定义是，风作用于帆的力量中心。它是这样计算：把帆的每个角等分，等分线相交的点即是帆的受力中心CE。对于单桅纵帆（三角帆），两面帆（前帆和主帆）各有一个自己的受力中心，而合力中心大约是在两个受力中心的中间位置。我们知道，横阻中心CLR的移动很微小，而且只是前后移动。然而，帆的受力中心CE变化却会很大，比如在我们增加或减少每面帆的力量时；若是缩帆，变化会更巨大。

改变桅杆的前后倾斜（rake）也会改变CE。大部分船在调好之后，桅杆会有稍微向后的倾斜。现实世界里，巡航帆船的桅杆倾斜量很难有明显的变化，因为它受侧支索、前支索和后支索的限制，难以进行显著地调节。

帆的受力中心与横阻中心的共同效果

当受力中心CE与横阻中心CLR竖直对齐时，船正好是平衡的。当CE位于CLR的后方时，船会有转向上风的趋势（这就是上风舵）；当CE位于CLR的前方时，船会有转向下风的趋势（这就是下风舵）。过度的上风舵是不好的，因为它会产生很大的侧倾，导致舵很难控制住船的方向。这也就意味着舵产生了很大的阻力，减慢了船的速度。调帆正确的船应该是平衡的，只存在微小的上风舵。微小的上风舵是有利的，因为它能提供“船感”，舵也会产生一些升力。如果上风舵的舵角超过了几度，那么航行性能就会大打折扣。

侧倾导致的不平衡

我们也可以从正对船头向后看的角度，观察CE和CLR是否对齐（下图）。这里，我们可以看到，CE和CLR的对齐会随着侧倾角度而变化（angle of heel）。当船倾斜过来时，CE会移动到下风舷，带来上风舵。船倾斜地越厉害，CE和CLR的偏离就越大，上风舵也就越大。这里的重点是，控制侧倾有助于控制上风舵。

控制上风舵

中等风迎风行驶时，平衡良好的船会表现出3°~4°的上风舵。设计师之所以设计这样的平衡性，原因有两个——首先舵上能感觉到力量，可以让船迎风操控更容易；其次，与船体、龙骨一样，舵稍微转过一个角度，也可以产生水动力学升力（用来抵抗横移）。如果上风舵超过了4°~5°，那么就需要设法减少上风舵。判断上风舵是否过度的一种简易方法，是利用舵轮上的正中标记（top dead center）。当这个标记朝任意方向转过10点钟或2点钟位置时，你就需要减少上风舵了。

控制上风舵有多种方法，但是最简单的方法是改变主帆帆力相对于前帆帆力的大小。在大部分帆向角上，减少主帆帆力可以减少上风舵。你可以通过向下风舷放松滑车来减少帆的迎角，也可以放松主缭来增加扭曲。这两种方法都可以恢复船的平衡和减少侧倾。

增加前帆的帆力或许也可以减少上风舵，因为这样能让帆的总受力中心前移；但是你要小心，增加的侧倾也可能反过来增加上风舵。

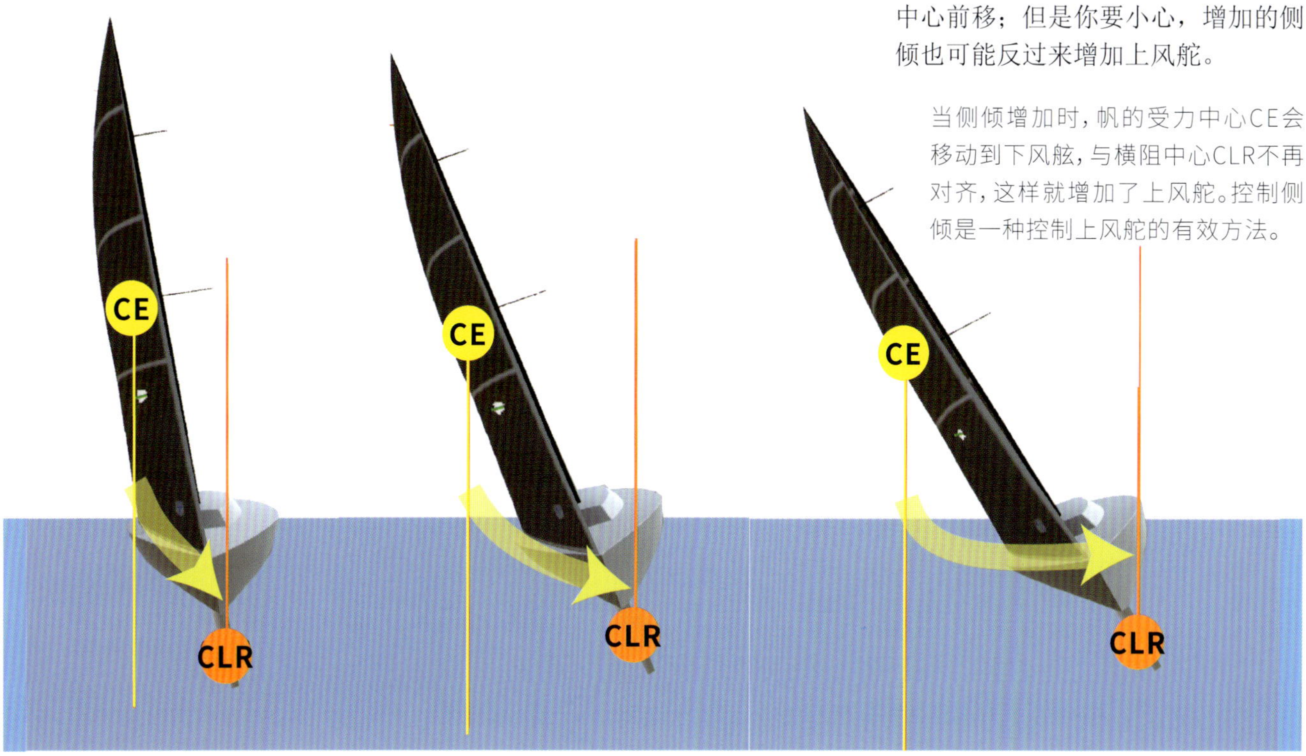

当侧倾增加时，帆的受力中心CE会移动到下风舷，与横阻中心CLR不再对齐，这样就增加了上风舵。控制侧倾是一种控制上风舵的有效方法。

第三章
逆风调帆

主帆的调节

主帆有很多种控制方法。最重要的控制手段是缭绳，其他的控制手段有滑车、操舵、横杆斜拉索、桅杆弯曲、后拉索和下拉索。如果你的帆船缺少以上某一种辅助控制方法，那就只用现有的控制方法。

主缭

主缭影响着主帆力量的每一个方面。首先，当我们把主缭从横风调节到近迎风，主要改变的就是迎角。当横杆靠近船体中心线时，缭绳主要影响扭曲——收紧缭绳导致帆后缘拉力变大，扭曲减少。

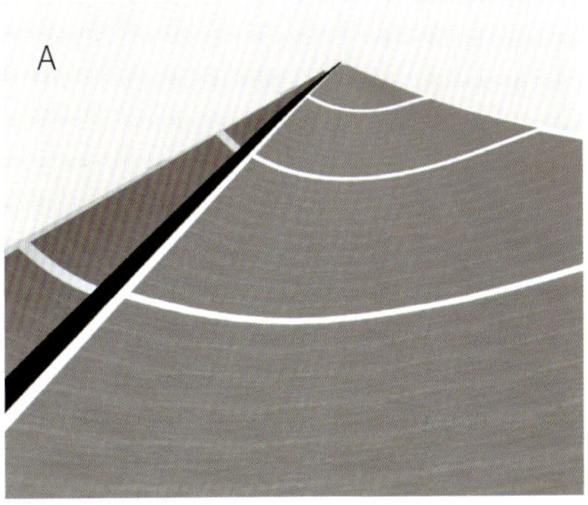

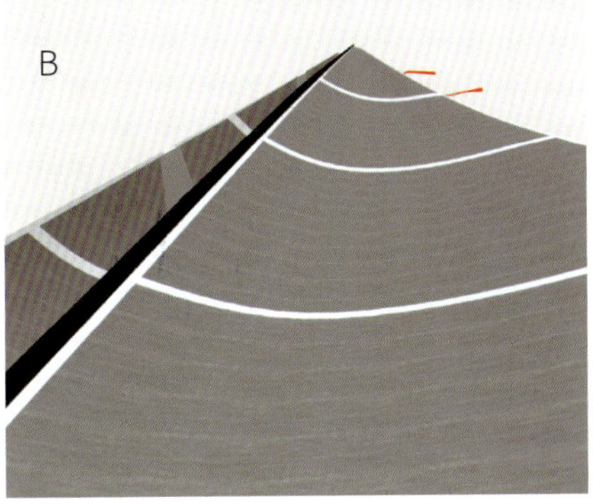

图(A)封闭的帆后缘可以跑出很高的角度，但是临界操舵角度范围会很窄。图(B)增加扭曲，会减少船在波浪中的纵摇，并让船更容易自行找到行驶方向。

通过展平帆、增加扭曲来减少帆力。

要想跑出最好的逆风性能，收紧主缭，使主帆高处的帆后缘或者高处的帆骨平行于横杆，而且帆后缘气流线向后飘，只是偶尔出现气流分离（气流线躲到主帆背后）。在此基础上，试着微调——缭绳收紧一点，以改善航行角度，使气流线超过一半的时间出现气流分离；或者稍微放松缭绳，看看能否在不牺牲角度的前提下提高速度。通过主缭改变扭曲会影响行驶角度和舵的平衡。缭绳收紧，行驶的角度会更高一点，也可以增加一点上风舵。如果帆力过大，或者船速度很慢，或者难以控制方向，就放松缭绳和增加扭曲。

滑车

滑车能改变横杆的位置，进而改变帆的迎角。除非是帆力过大，调节滑车，应使横杆接近居于船的中心线上。在帆力过大时，向下风舷放松滑车，以减少帆力、缓和上风舵。在多阵风的条件下，积极地调节滑车格外有效。当整面帆的形状已经根据当前风况设置好之后，遇到阵强风时可以快速放松滑车，以卸掉帆力。

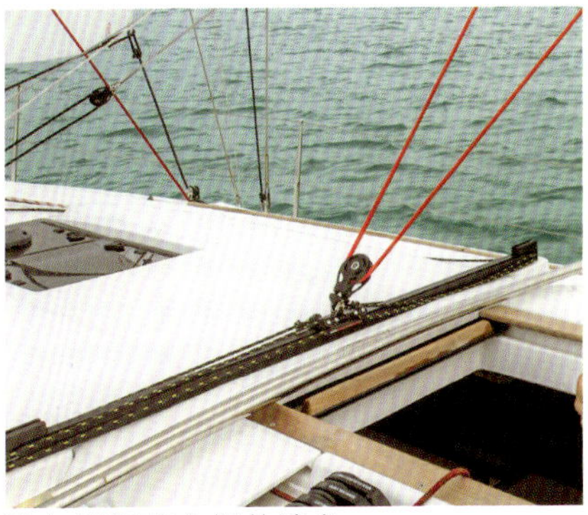

滑车能调节主帆的迎角。

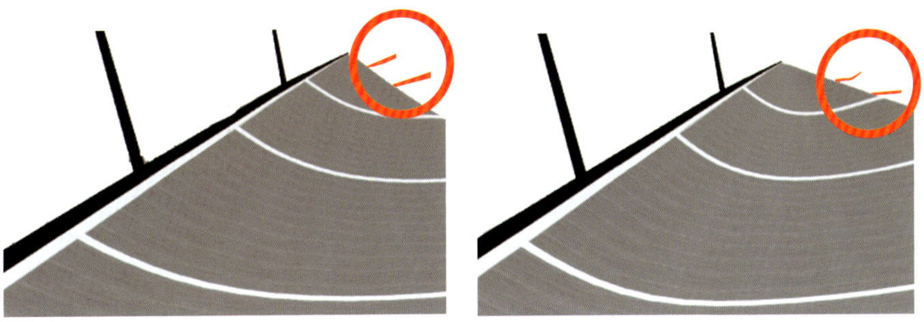

主缭用来精调主帆的扭曲。左图的帆扭曲更大，形状更加开放，提供的帆力也小。用力收紧缭绳能扭少扭曲，封闭帆后缘，增加了帆力，如右图。要想实现最佳的逆风性能，稍微放松一点缭绳，使高处的主帆后缘与横杆平行，而高处的帆后缘气流线向后飘，只是偶尔出现气流分离（气流线藏到帆的背面）。

对于设计有桅杆弯曲的帆船，桅杆弯曲是一种展平主帆和减少帆力的安全、有效方法。

操舵

操舵是主帆帆力的另一种控制方式。转向上风能减少迎角，从而减少帆力；转向下风增大迎角，从而增加帆力。

操舵还能告诉我们调帆是否正确。尽管稍微有一点上风舵是理想的，但是过大的上风舵提示我们应该缩帆了。

横杆斜拉索

横杆斜拉索主要是一种顺风控帆手段。逆风时，通常需要放松斜拉索，使帆扭曲。收紧斜拉索会减少扭曲。

桅杆弯曲

桅杆弯曲可以通过收紧后支索实现，它会把桅杆顶部向后拉。分段支桅式（fractional rig）帆船比桅顶支桅式（masthead rig）帆船能承受更大的桅杆弯曲。增加桅杆弯曲能展平帆弦，减少弧深，同时把最大弧深位置向后移动。桅杆弯曲影响最大的地方是在帆的中上部分。作为一种附带效果，桅杆弯曲缩短了帆顶和帆后角之间的距离，因此还增加了扭曲。

小知识：要想完美地调节主帆，应该使用滑车设置好正确的迎角，使帆后缘下半部分的气流线向后飘。然后调节主缭，增大扭曲量，使顶部的气流线向后飘。即使顶部气流线没有做到时刻保持向后飘，这也是可以的。

当船在完全足够的帆力下行驶时，增加桅杆弯曲可以减少阻力，提高航行效率。如果帆力过大，增加桅杆弯曲可以减少侧倾和减少上风舵，进而改善速度。

后拉索

后拉索控制着主帆下半部分的深度。风力增大时，收紧后拉索；轻风下或者多碎浪时，放松后拉索来增加帆力。但是不要放松过度；放松到足够让帆脚变得饱满就行了。

升帆索和下拉索

升帆索和下拉索控制着帆前缘张力，借助帆前缘张力，它们也控制着弧深位置。我们想要把弧深保持在设计的位置，即刚好在帆中央的前方。风力增大时，我们通过收紧升帆索或者下拉索，把弧深保持在这个位置。先用升帆索，升到顶之后，再用下拉索。当你弯曲桅杆时，弧深会向后移动，因此相应要增加帆前缘的张力。

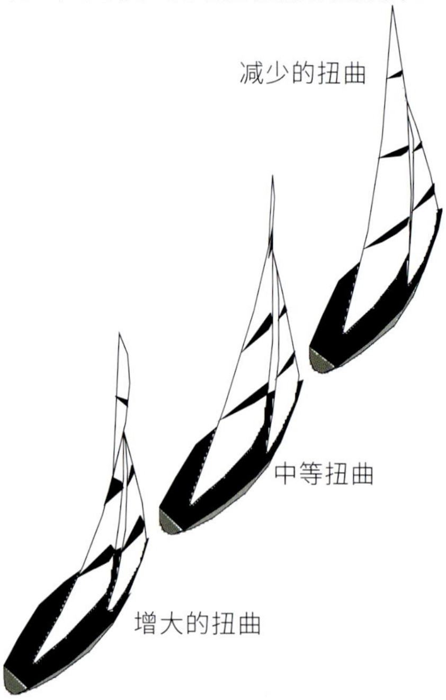

前帆的力量与扭曲
收紧缭绳时，扭曲减少，而帆力增大。如果帆收得太紧，气流会与帆面分离，而且临界操舵角度也会变窄，使得舵手难以保持船速。

前帆的调节

想要实现理想的帆力大小和组合，你有多种可用的控制手段。前帆可以通过下列手段控制。

升帆索

设置好升帆索，让帆保持设计的形状。收紧升帆索，消除帆前缘上的水平褶皱。如果帆前缘拉伸太大（帆前缘出现了竖直条纹），就放松升帆索。轻风下，收得过紧的升帆索会伤害速度。当风力增加时，增加升帆索张力，保持帆前缘绷紧。

前缭

收紧缭绳能增加迎角，进而增大帆力。对于近迎风调帆，前帆后缘的中间部分应该与船的中心线平行。前帆的帆脚（底边）应该要比主帆的帆脚更饱满，但是整体的形状要与主帆的形状匹配。

收紧前帆缭绳，船的角度能力会改善，但是会牺牲一些速度。当继续收紧缭绳无法改善角度时，就是缭绳收得过紧了，这时候稍微放松一下缭绳。

前支索凹陷

前支索凹陷可以通过可调后支索控制。收紧前支索会展平前帆，而凹陷会增加帆力。轻风下，前支索可以放松一点——刚好足够紧，能让前支索在碎浪中不会拍打抖动。随着风力增大，增加前支索张力。在强风中，前支索尽量收紧。

前缭滑车

前缭滑车改变前帆缭绳在滑车轨道上的位置。作为初始设置，滑车位置应该满足：当你从近迎风跑高时，帆前缘在所有高度上同时飘帆。或者是，让前帆缭绳等分帆后角，即对帆脚和帆后缘施加同等的拉力。从这个初始设置出发，再根据航行条件精调前缭滑车的位置。

滑车向前移动会增加弧深和增大帆力，同时减少扭曲。这种滑车靠前的帆形最适合轻风或多浪的条件。

滑车向后移动能减少帆力，改善帆船在强风中的表现。滑车靠后会把帆后缘向后拉、展平前帆的帆脚，同时增加扭曲。

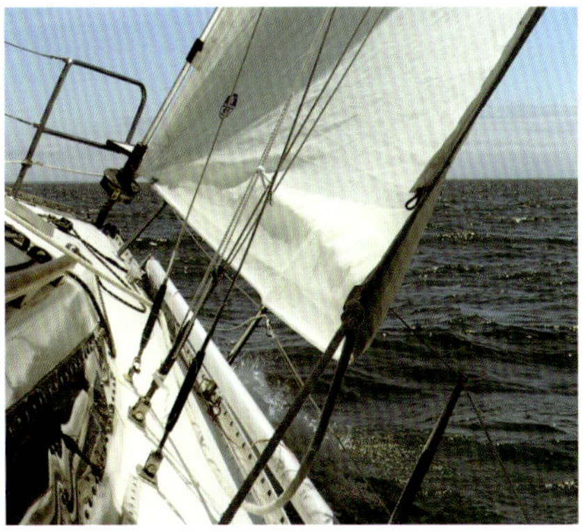

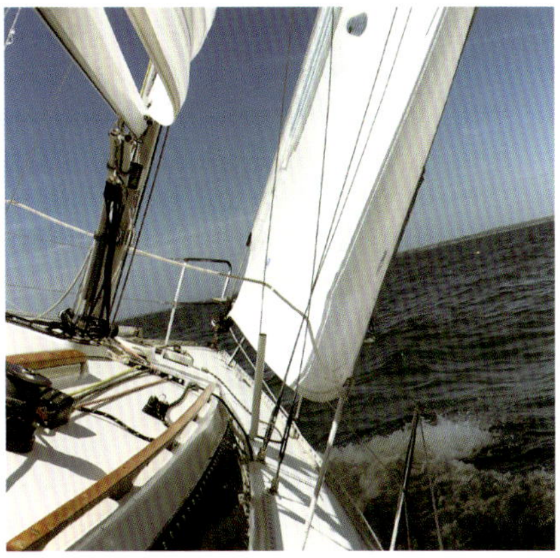

上面的照片显示了前缭滑车位置对帆脚形状的影响。滑车靠前会使帆脚饱满，适合轻风、多浪的条件，但是在大风中会造成帆力过大。滑车后移会展平帆脚，适合清劲风（五级风）。

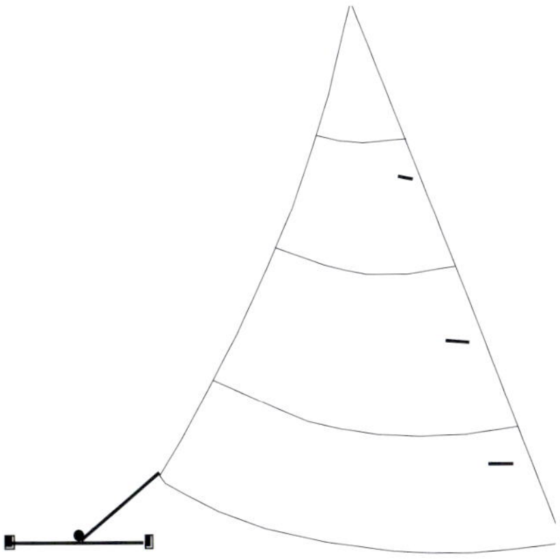

前缭滑车：前缭滑车的初始位置，高处的气流线刚好先于低处的气流线倒下，而且前帆形状匹配主帆的形状。

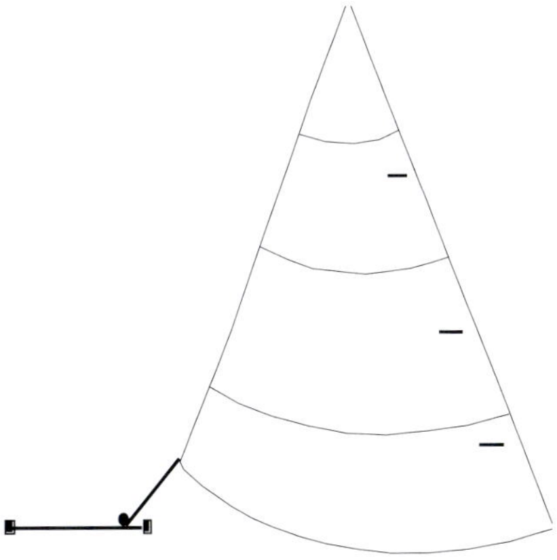

滑车前移减少扭曲，并且增加帆脚的弧深，在轻风或多浪条件下增大帆力。

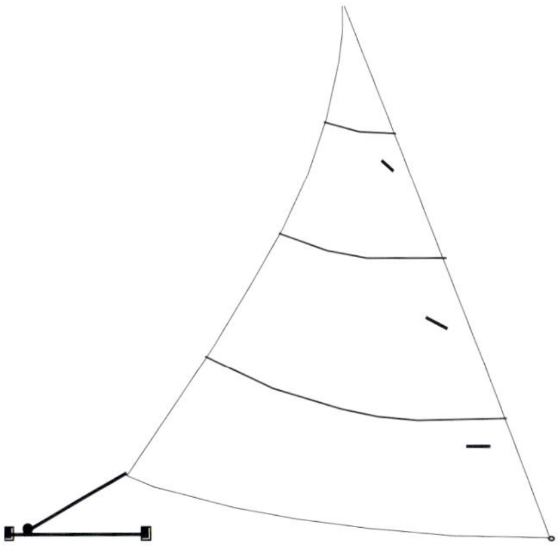

滑车后移会把帆脚拉平，使帆的顶部扭曲外张。结果是帆力减少了，这是大风天想要的结果。

帆后缘绳（leech line）

帆后缘绳本身并不能控制帆的形状。它的作用是防止帆后缘颤振（flutter），因为颤振会使前帆的后缘很快地延展变形。收紧帆后缘绳，刚好能消除颤振，然后就不要再收紧了。如果你的帆还安装了帆脚绳，它的原理也是一样的。

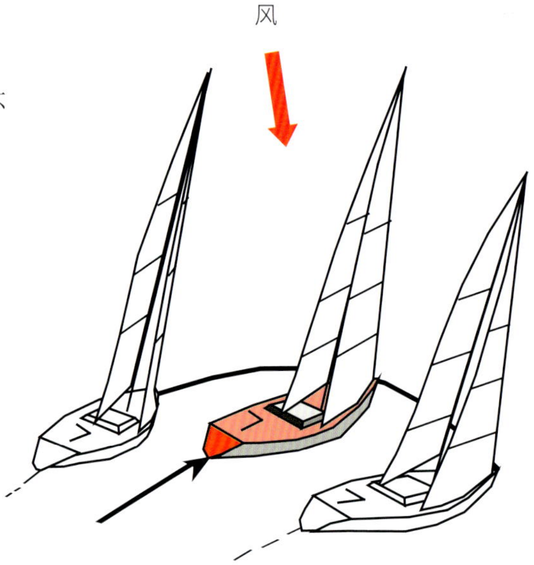

红船拥有速度和角度的最佳组合。

所有舵手都会认同，最佳的航向是速度与角度之间的一个微妙折中。速度很重要，因此我们不希望跑得角度太高；速度提上来之后，然后我们可以跑高角度。结果速度又下去了，因此我们再朝下风偏转几度……就这样周而复始。经过一段时间之后，你会发现自己跑出来一条弯弯曲曲的航线，而且正好在“临界操舵角度范围（the groove）”以内。我们的总体目标是获得最佳的有效速度（VMG），这个概念我们在下一节讨论。

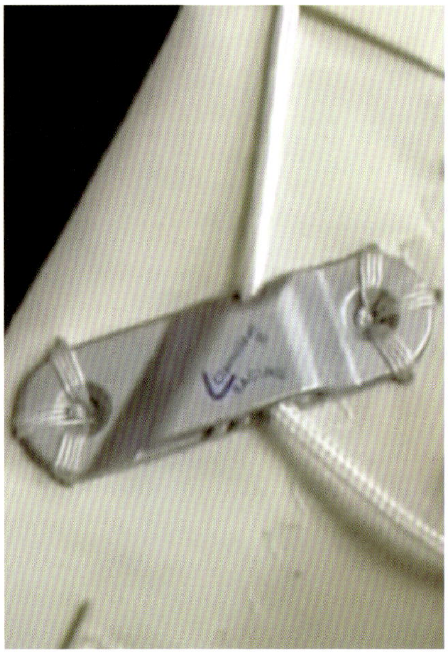

收紧帆后缘绳可以消除颤振，但是注意不要收得过紧，导致帆后缘杯形卷起。

逆风操舵

舵手需要训练一段时间，才能培养出在所有帆向角下都良好的操舵技术。记住，我们在逆风行驶时，希望使空气动力学升力最大，同时让阻力最小。下面是几个简单的基本原则。

首先，操舵的动作要轻柔。舵轮或轮柄活动太大，会使舵相应产生大幅度的摆动，这会产生阻力和减慢船速。同样，大幅度的摆动还会扰乱帆上的气流，导致缭手难以跟随调帆。

其次，瞭望驾驶舱外面的情况，不只是要瞭望危险，还要观察阵强风和需要转舵绕过的波浪。环视驾驶舱和仪表，与缭手沟通，尤其是关于帆力的决定。扫视仪表，确保船首向和速度等于或者接近理想值。

良好的逆风操舵技术追求下列目标：

- 主帆和前帆的气流线向后飘。
- 舵性平衡，只有稍微的上风舵。
- 船正在以合适的侧倾角度行驶。
- 相对于视风风速，船速良好，而且速度保持稳定。
- 相对于视风，船的行驶角度良好。

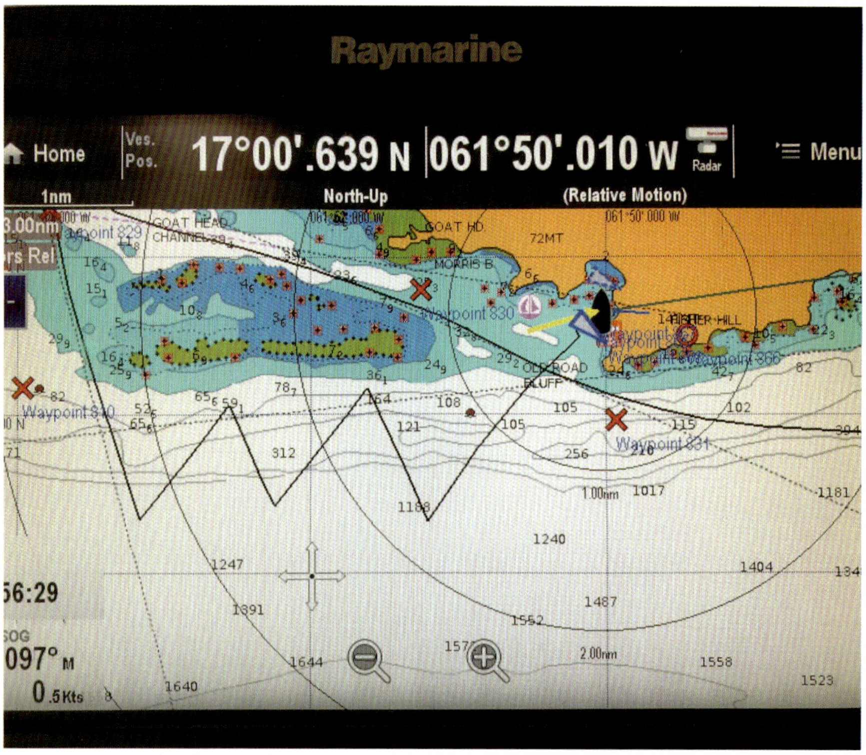

在海图仪上，利用航迹功能可以预测应该在哪里迎风换舷。

有效速度

你朝着某个地点行驶的直线速度，称为有效速度（Velocity Made Good，VMG）。这是一个很重要的词汇，因为它测量了你前往目的地的速度。尽管直线（又称为等角航线、恒向线）是最短的路程，但是风常常会阻碍我们行驶这条航线。因此，我们必须要在速度与角度之间找到最好的折中航线。如果没有GPS，有效速度很难计算，因此我们需要在海图仪中输入一个路点（waypoint），然后按GOTO（前往）按键，海图仪就会自动计算有效速度。然后我们就可以直接读出有效速度的读数，这个数字会随着船速和船首向的变化而变化，当然视风也会随之变化。看吧，变量就有这么多！关键在于，你要找到最佳的有效速度。本章后文会讨论实现最佳顺风有效速度的一些战术。

根据气流线操舵

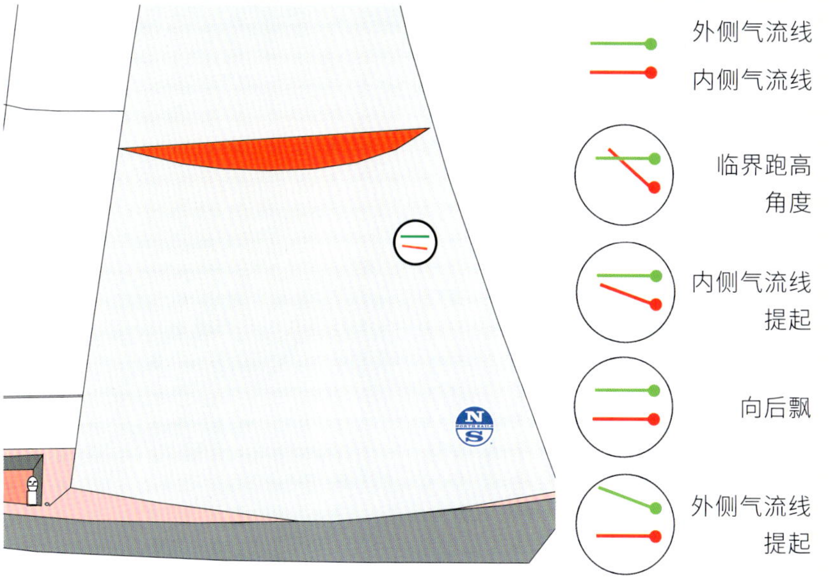

根据气流线操舵：在大多数条件下，当气流线向后飘时，船行驶得最好。当帆力过大时，转向上风，卸掉一些帆力，使内侧的气流线提起。如果难以维持在临界操舵角度范围以内，那就说明船的调帆不正确——通常是帆收得过紧。放松大约1英寸缭绳，增加一些扭曲，扩宽临界操舵角度的范围。

根据气流线操舵

对于新手，操舵时尽量让气流线向后飘。

跑近迎风调前帆时，可以把前帆下部的气流线当作操舵参考。操舵时让气流线向后飘。转向上风，刚好使内侧的气流线“跳舞”。能维持气流线向后飘的操舵角度范围其实非常窄，只有几度的范围，我们把它称为临界操舵角度（the steering groove）。凭借对船的力量和速度的感觉，我们能够判断出在这个临界操舵角度范围内，船能跑多高的角度，而不会损失力量和船速。

如果你跑的角度太高，内侧的气流线会摆动，然后外侧的气流线也跟着摆动。但是在此之前，你已经感觉到了船侧倾减少，同时开始失去力量。我们的目标是，在维持全部帆力的情况下，跑尽量高的角度。

如果转向下风的角度过大，外侧的气流线会出现气流分离，然后你就失去了帆力、速度和角度。帆力过大时，稍微转向上风，让内侧的气流线“跳舞”：这样形成更小的迎角，可以减少帆力。

如果你已经让气流线向后飘了，但是舵上没有感觉，而且船也很笨重，这时候可以增加帆力。试着把主缭滑车向上风舷移动，同时放松后支索、后拉索和升帆索。前缭滑车向前移动，航向朝下风偏转几度。如果船难以保持在临界操舵角度范围以内，那么说明帆可能收得太紧；放松前帆一两英寸。

操舵和侧倾

上风舵和侧倾是逆风表现的重要参考。如果你不得不对抗舵性，而船舷已经淹没在水里了，那么现在就要改变调帆和航向。展平帆，转向上风以减少迎角。在中等风到大风下，你可以把侧倾角度当作你的主要参考。操舵时维持稳定的侧倾角度和稳定的帆力。遇到阵强风侧倾加大时，稍微转向上风；遇到阵弱风时朝下风偏转几度，维持全部的帆力。

对抗波浪

在波浪中操舵时，若是船的纵摇过于剧烈，那么就朝下风偏转几度，增加破浪的帆力。如果在转向下风时帆力过大，那么就放松几英寸缭绳，以增加扭曲。增加扭曲可以泄掉一部分风，在驶入波浪时获得更稳定的帆力。

为自动舵调帆

在你把船交给自动舵之前，可能先需要调帆，以适应自动舵系统。在舵性平衡、临界操舵角度宽的船上，自动舵的效果最好。把船设置成只有稍微的上风舵，然后调帆增加一点扭曲，提供更宽的临界角度范围。

迎风换舷

迎风换舷时，不要关注你能以多快的速度让船换到新的受风舷；而是应当关注怎样能在不损失速度的前提下换到新受风舷。转弯太快，你会损失惯性；转弯太慢，你会损失全部的速度。

尽管我们常说“换舷了（hard-a-lee）”，但是“慢速转舵（soft-a-lee）”的说法更加准确。准备换舷时，检查受力的前缭已经摆顺，能顺畅向外放出；不受力前缭在绞盘上绕完两圈之后拉紧。

开始换舷，以缓慢、平滑的转弯转向风向。缓慢的初始转向有助于保持速度。当帆飘帆时，快速转向让船头穿过风向。船头穿过风向之后，转弯速度再度放慢。在到达新的近迎风航向之前，舵回中——船的转动惯量会替你完成转弯。你要坐在非常靠近上风舷的位置（如果风很轻，就坐在下风舷），这样你能看到前帆，并且能在前帆收紧时根据前帆操舵。以低于近迎风几度的角度结束迎风换舷，等船加到全速之后，再转回近迎风航向。

肩膀位于绞盘的上方，能让你在新的受风舷上快速收帆。

小知识：速度第一，角度第二。

操作前帆

当船头换舷穿过风向时，保持前帆完全收紧，直到飘帆。当前帆飘帆时，把前缭快速从绞盘上解绕，让它流畅地放出。

在需要收缭绳的一侧船舷，收起缭绳松弛部分，在前帆飘帆、帆后角越过桅杆的同时，尽可能快地拉缭绳。当缭绳力量太大、拉不动时，在绞盘上绕两圈，然后用手柄摇紧。人要站立，身体位于绞盘上方，用两只手的力量摇绞盘，这样更省力。

在波浪中迎风换舷

如果时间允许，最好寻找一个相对平静的地点换舷，而不是在一堆大浪中换舷。转弯的速度要比平静水域更快，因为浪很快会削去船的速度。算准时机，在爬上一道波浪的正面时开始转弯，快速转弯，把船头转过风向，让下一道波浪把船头推到新的受风舷。大风下在结束迎风换舷时，你可以让转弯速度慢一些，更易于收紧前帆。保持一个高角度，这样前帆不会吃风，直到前帆接近收紧。换句话说，转弯的角度要足以使前帆绕过桅杆和侧支索，然后保持航向，使前帆在侧甲板上方飘帆。一直要等到前缭收紧到正常位置后，再转向下风。

中等风下的调帆

对于不同的帆船，中等风的定义也各不相同，但是一般来说，中等风是8~15节的范围。这时我们既要调帆获得全速，同时又不能带来过度的侧倾。下面是怎样为每一面帆单独调节每一个帆力来源。

前帆

- 前缭滑车要能让前帆的形状匹配主帆，并且气流线均匀地倒下。
- 如果你能控制前支索凹陷，收紧前支索，展平前帆，改善角度能力；同时保持足够的帆力，保留稍微的上风舵和维持合适的侧倾角度。

中等风下，这条船的倾斜角度太大，出现了上风舵。最好放松主缭，并且后移滑车，以产生扭曲。

主帆

- 收紧主帆，使横杆位于或者靠近（但是不能超过）船的中心线。
- 收紧主缭，使顶部帆骨位置的气流线大部分时间都在向后飘，只是偶尔出现气流分离。
- 调节帆的弧深，产生稍微的上风舵，以及合适的侧倾角度。

帆力的平衡

前缭滑车控制着前帆高处和低处的形状平衡。我们的目标是让帆的形状，分别匹配高处与低处的风。滑车位置设置正确时，内侧的气流线会从上到下，均匀地倒下。

前缭滑车前移，缭绳更多的是把帆的上部向下拉，收紧帆的顶部。这会增加破浪的力量 。

前缭滑车后移，缭绳会向后拉帆脚，起到类似后拉索的效果，而对帆的顶部影响不大。这样会减少帆力，在平静水域能够容许把帆收得更紧，跑出更高的角度。

根据气流线操舵

前帆收紧之后，我们可以使用前帆下部的气流线作为操舵参考。操舵时，让内侧的气流线向后飘。帆力过大时，稍微地转向上风，让内侧气流线跳舞。这样迎角会减小，因此也减少了帆力。小心不要朝下风偏转太大，否则外侧的气流线会出现气流分离，速度也会下降。

左图：可调的前缭滑车允许精调三角前帆（jib）或热那亚帆，平衡帆力。

轻风下的调帆

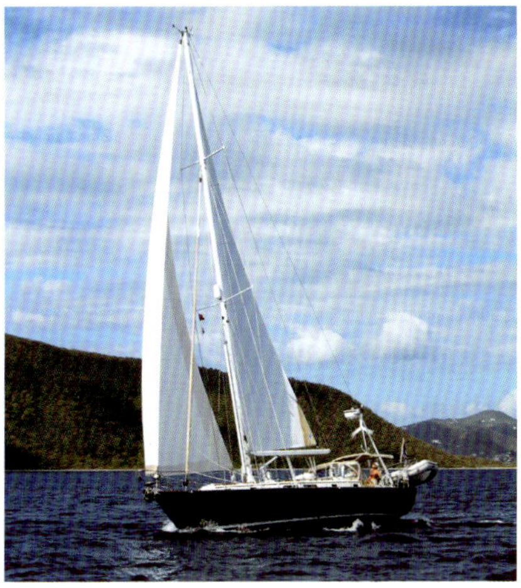

这条“cutter”型帆船拥有平衡的帆装，正朝上风目标稳定地行驶。

轻风下建立速度确实是一个挑战。与中等风相比，下面是一些轻风下获取足够帆力的调帆变化。

- 轻风下很难跑出原来那样高的角度。朝下风偏转几度，获取更大的帆力。
- 需要采用弧深较大的帆形。桅杆调节笔直，增加前支索凹陷。前支索的张紧程度刚好不会使前支索摆动。前缭滑车向前移动，放松主帆后拉索。最后，确保升帆索是松的——在每面帆的前缘留下几道水平的褶皱。
- 扭曲量要足够大，帮助帆上气流更顺畅地流动。如果缭绳收得过紧，气流会与帆面分离。轻风要求有更大的扭曲——要保持气流线向后飘。

机帆航行

当风完全消失，尤其是存在迟迟不愿散去的碎浪时，机帆航行就是很好的辅助。增加的船速不仅能改善船的运动，它还能为主帆创造出更大的视风，这反过来增加了船的稳定性。机帆航行，跑出一个能感受到轻风的速度。但是这里有一个地方需要警惕：在没有风的情况下，如果你把主帆收得过紧，在波浪中行驶会造成主帆摆动拍打，这会造成主帆受力过大，帆布延展变形。

大风下的调帆

强风要求改变调帆，减少帆力。当船出现过量的侧倾，或者强烈的上风舵时，这时候就该减少帆力了。减少帆力的步骤按下列顺序进行：

- 确保调帆正确。
- 通过减少弧深来减少帆力（展平帆）。
- 通过减少迎角来减少帆力。
- 通过扭曲来减少帆力和侧倾。
- 缩帆，保持平衡的帆装，最小化侧倾和上风舵 。
- 更多关于恶劣天气下调帆的信息参考第八章。

主帆的缩帆

下面是用折叠法缩主帆的步骤：

- 仅靠前帆跑近迎风，保持船前进。
- 向下风舷放松主缭滑车，放松主缭和斜拉索，让主帆完全飘帆。
- 降下主帆升帆索，收起缩帆绳的松弛部分，防止它纠缠。
- 系好缩帆后的帆前角。
- 系好缩帆后的帆后角。
- 收紧缩帆绳。
- 收紧升帆索。
- 收起斜拉索的松弛部分，收紧主缭。

如果你预期缩帆之后的行驶时间会很漫长，用一根结实的绳子向下系住缩帆后的帆后角，以防缩帆绳断开。

船速问题和调帆解决方案

舵手与缭手协调配合，以优化速度。

问题：速度很慢

通常，速度慢是由于帆收得过紧造成的。缭绳放松几英寸。

另一个常见错误是跑的角度太高（pinching）。朝下风偏转几度可以对速度产生巨大的影响。

有些时候，糟糕的船速是因为帆力不足，尝试采用更深的帆形。速度慢也有可能是因为帆力过大，结果会造成侧倾过大和强烈的上风舵。减少帆力、平衡舵性，重新恢复速度。

问题：行驶的角度不好

如果船速良好，但是船跑的角度不好，那么就尝试把缭绳收得更紧一些。收紧前帆，直到主帆开始出现稍微的反受风，然后收紧主帆，直到帆顶的后缘气流线即将出现气流分离。如果前缭滑车过于靠前，船就难以跑出好的角度。

前缭滑车后移能允许你把前帆收得更紧，而不会让前帆的后缘向内卷，导致主帆反受风。尝试把前缭滑车向后移。船底脏污也会损害角度，因为粗糙的船体表面会扰乱流过龙骨的水流。同样的道理，失去形状（用久了）的帆，或者弧深太大的帆，也难跑出良好的角度。

问题：上风舵太强

逆风行驶时，过强的上风舵通常是因为侧倾过大。你可以通过把帆力中心与横向阻力中心竖直对齐来减少侧倾。尝试展平帆和增大扭曲，或者是跑高一点的临界角度，减少帆的迎角。

上风舵还意味着帆装已经失去了前后平衡：主帆受力太大，而前帆受力不足。向下风舷放主缭滑车，这样通常能起到减少主帆力量的效果。

问题：气流线飘摆不定

如果前帆的气流线飘摆不定，内侧和外侧的气流线同时“跳舞”，那么可以创造一个更宽的入角（entry angle），增加临界操舵角度范围的宽度，使帆对于角度不再那么敏感；这可以通过放松一两英寸前缭，或者收紧升帆索实现。轻风下，升帆索应该是软的（不那么紧绷）；在清劲风下，升帆索应当绷紧，足以消除帆前缘上的水平褶皱。

当弧深位置正确时，气流线会稳定下来。

问题：船在波浪中纵摇和拍击水面

在波浪中行驶要求船具备破浪的力量。如果船拍击水面，那么就稍微地转向下风，同时增加扭曲，防止帆力过大。

转向下风能增加帆的迎角，进而增大帆力。增加扭曲能让帆力逐渐地变化过渡，这样当船在波浪中颠簸摇摆时，帆始终能提供持续、稳定的帆力。

问题：帆后缘颤振

如果帆后缘发生了颤振（频率很高的抖动），收紧帆后缘绳，刚好消除颤振。颤振会造成帆布拉伸，损坏帆。小心不要把帆后缘绳收得太紧，导致帆后缘杯形凹陷，这样会扰乱气流。

问题：自动舵受力过大

如果自动舵承受的力量过大，那么就要重新调帆，获得更好的平衡；同时增加扭曲，平滑帆力的过渡（从帆力过大到帆力过小）。还有，自动舵可以设置成根据视风操舵，而不是根据罗经航向操舵。当然这也会带来问题：当真风速度和船速变化时，视风会快速变化，造成自动舵试图追逐这种剧烈的视风变化（过度操舵）。

风摆

我们为安全航行所做的努力，经常会因为我们无法直线驶往目的地而变得更加复杂。如果目标在上风向，我们需要迎风换舷到达那里。然而，风很少是稳定的，结果情况就变得更复杂了。这对我们来说是坏消息。

下面是好消息：利用风摆，你能够减少行驶的距离，更快到达位于上风的目标。风摆可以是来回摆动的振荡风摆，也可以是朝同一方向的持续风摆。持续风摆可以是顺风针摆动（veer），也可以是逆时针摆动（back）。当风摆动时，你可以相应地改变行驶航线。压头风（header）是迫使你偏离上风目标的风摆。抬升（lift）是让你能跑更高的角度、更贴近目标方向行驶的风摆。当一个受风舷被压头时，另一个受风舷就会被抬升（右上图）。

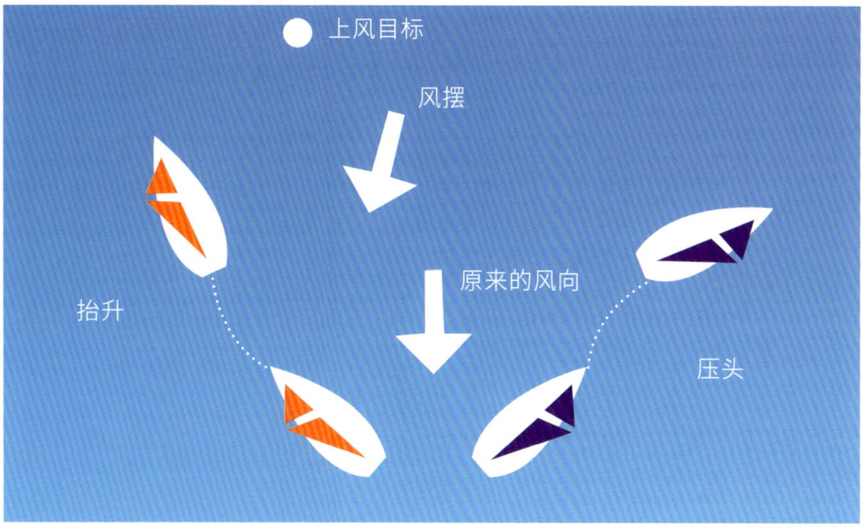

当风摆动时，一个受风舷被抬升（贴近目标方向），而另一个受风舷被压头（偏离目标方向）。

无风摆时

要想理解风摆的影响，我们先要考虑没有风摆时的逆风航行。有4条船起航朝上风目标行驶。假设它们是以相同的速度和相同的角度行驶，而且到上风目标的距离也相等，只不过是分散在一条与风向垂直的直线上——这条直线，我们称之为同等位置线（Line of Equal Position，LEP）。尽管它们距离目标的直线距离可能不同，但是所有船的行驶距离是一样的，因为它们是在同一条LEP上（右下图）。

如果目标并不是位于正上风，但是你还是必须迎风换舷到达那里。结果，左舷受风行驶的距离，就不再和右舷受风行驶的距离相等。然而，右舷受风行驶的总距离依然是固定的，同样，左舷行驶的总距离也是固定的，尽管这两个距离并不相等。类似地，只要船处于同一条LEP线，前往目标的剩余行驶距离都是相等的（下页上图）。

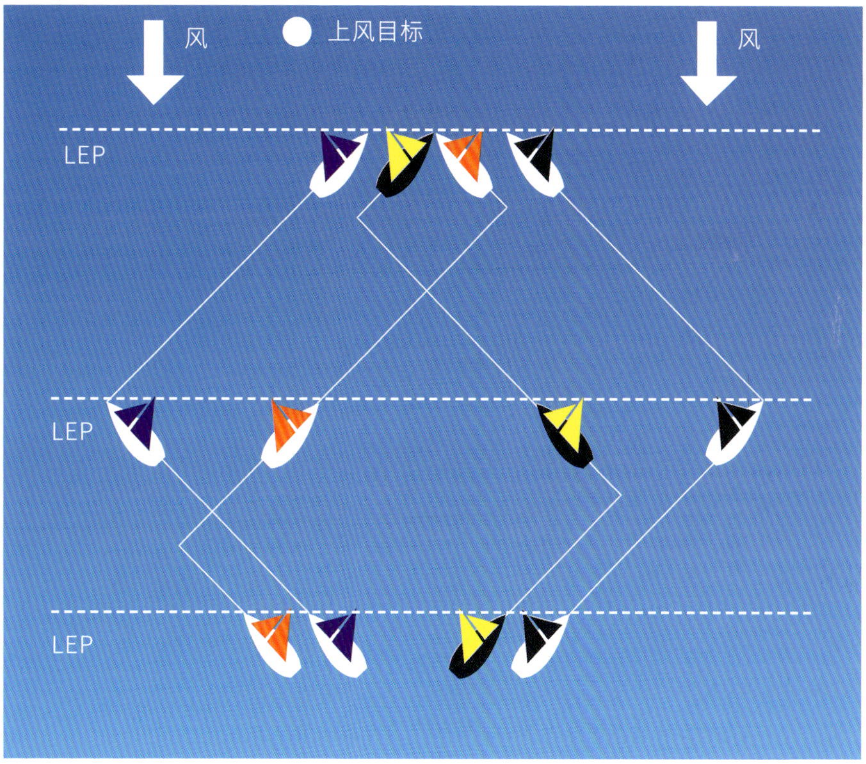

要想前往一个位于正上风的目标，你必须要行驶直线距离的1.4倍。例如，要想行驶到上风10海里处的目标，你需要行驶14海里；左舷受风行驶7海里；右舷受风行驶7海里。你可以先跑左舷，也可以先跑右舷，还可以多次迎风换舷。但是最终，每个受风舷行驶的距离都是7海里。当所有的船距离上风同样远时，它们会处于同一条同等位置线（LEP）上。这条同等位置线，就好比是梯子的每一级横挡。尽管同一条LEP线上的船横向分布在不同的位置上，但是他们到达上风目标的距离是同样的远。他们在每个受风舷上的剩余行驶距离并不相等，但是到达目标需要行驶的总距离却是一样的。

风摆

当风摆动时，剩余的航行距离就会变化，而同等位置线则会转动——同等位置线始终垂直于新的风向。更靠近新的风向的船，它的剩余航行距离就会因此而减少，而位于新风向相反一侧的船，现在就要行驶更远的距离！

如果风未来将要摆动，那么就朝新的风向行驶。比如右图中的例子，4条船出发朝上风目标行驶，当它们走到一半时，风向右（顺时针）摆动了。右侧的船将会获益，而左侧的船会有损失（下图）。

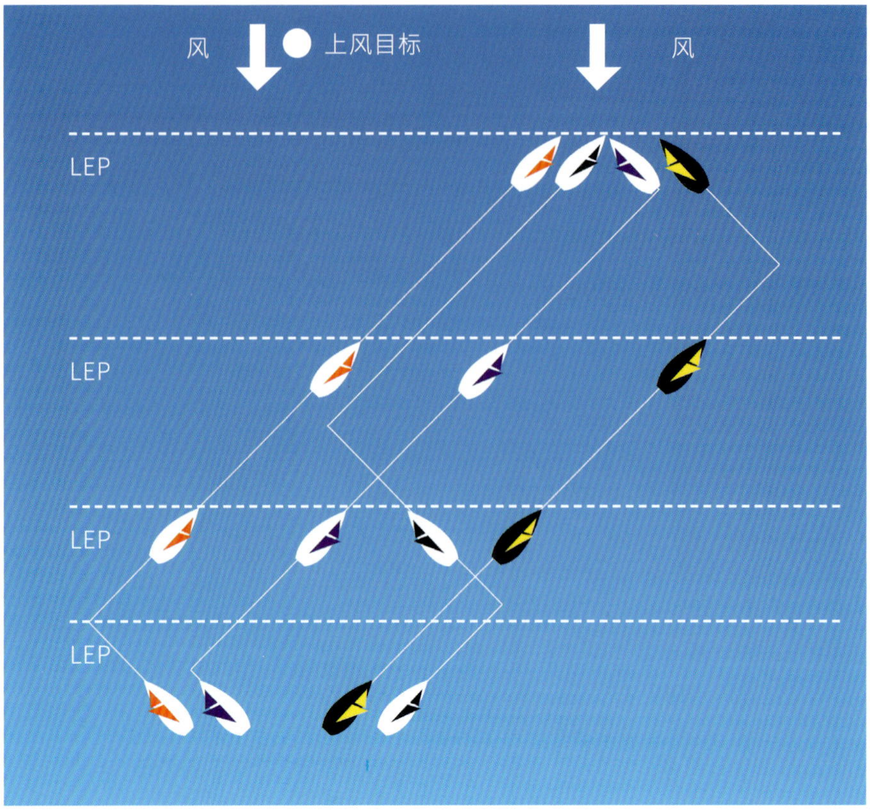

当目标并不在正上风时，右舷受风行驶的距离，就不再等于左舷行驶的距离。但是，每条船右舷行驶的距离相等，左舷行驶的距离同样相等。

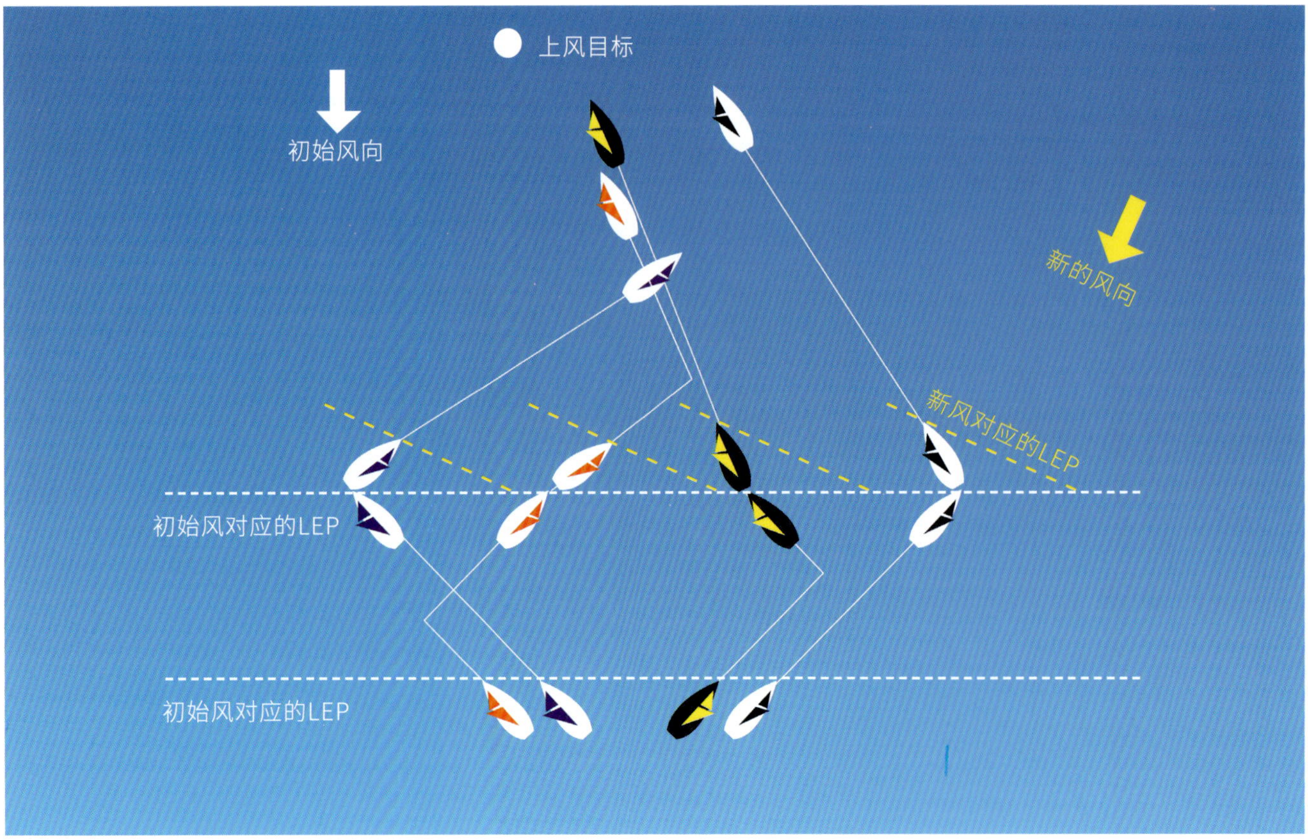

当风摆动时，更加靠近风摆的船拥有优势，而远离风摆的船则增加了行驶距离。在这个例子中，向右的风摆对右侧的船有利。虽然从图上看，优势看起来不是很大，但实际上，即使一个很小的风摆也能产生巨大优势——相差数海里之远，而不只是数英尺。

风摆技巧

下面是几条帮助你利用风摆的一些想法。

1.行驶最贴近目标的航向。记下前往目标的直线罗经航向，然后行驶最能贴近目标的受风舷。如果风摆导致另一个受风舷更加靠近目标，那就迎风换舷。

2.在振荡的风摆中，遇到压头风就迎风换舷。如果你被压头超过10度，持续时间超过数分钟——即风摆迫使你行驶更低的航向，那么就迎风换舷，行驶被抬升的受风舷。

等到新的受风舷又被压头了，再次换舷，再次升驶被抬升的受风舷。

3.朝新的风行驶。对于持续风摆——风逐渐朝一个方向摆动，或者是你预测存在这样一个风摆（比如根据当天的天气预报），那么就朝着你预期的新风向行驶。

当然，这里的一个关键技能就是能够预测未来的风。有多种线索可以帮助你预测风摆：

1.你观察到的趋势。在你航行的时候，你可以记录近迎风行驶的罗经航向，观察它的变化趋势。你还可以观察水面上的风。

2.天气预报。天气预报能告诉你当天会出现什么样的持续风摆。因为当天气系统移动时，风摆是可以预测的。

3.热成风——“海风”。在很多地区，条件合适时，你可以预期会出现海风，这是一种由陆地在白天升温产生的，由海洋吹向陆地的热成风。

4.同样的原则也适用于顺风航行，但是要反过来应用。顺风行驶时，遇到抬升就顺风换舷——这与逆风时遇到压头就换舷的原则相反。

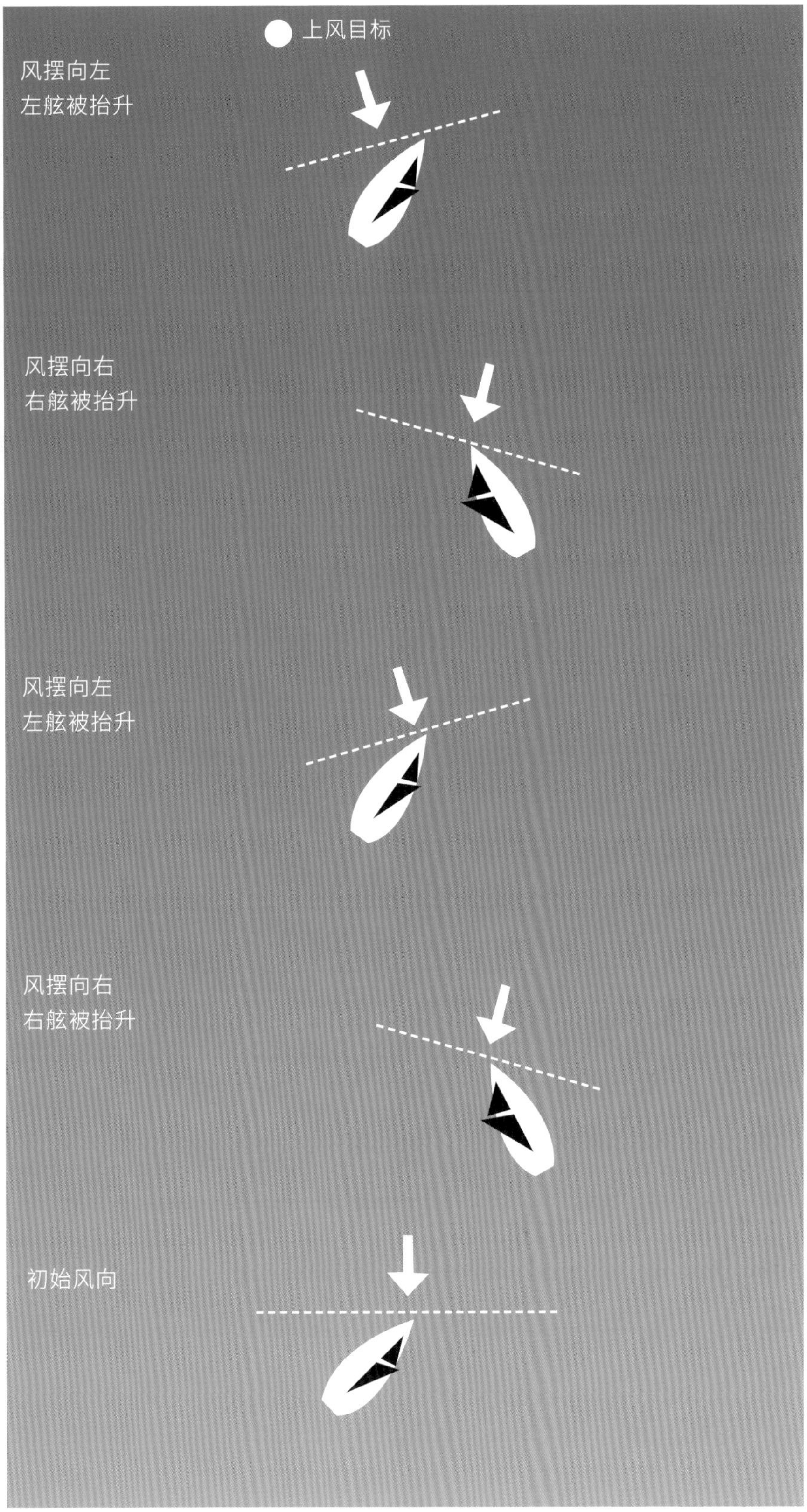

通过利用风摆，我们可以缩短航行时间，或者是延长逆风航行的距离。要想利用风摆，你要朝着新风行驶。如果风预期会向左摆，那就向左行驶；如果风预期会向右摆，那就向右行驶。如果风是来回摆动，如上图，那么就反复迎风换舷，只行驶被抬升的受风舷。每次换舷之后都行驶被抬升的受风舷，直到遇见下一次风摆。

当其他所有方法都不管用时，比如你不知道风下一步会怎么变化，就行驶最贴近目标的航线。

第四章
顺风调帆

横风调帆的原则

侧顺风时，不对称球帆（asymmetrical spinnaker，也叫gennaker）提供了远比三角前帆（jib）和热那亚帆（genoa）更大的驱动力，在轻风下也有优良的速度。

当你转向下风、到达横风*，帆的迎角会变大，这增加了帆的力量，你会注意到船速有所增加。而且这个帆向角更易于控制船的侧倾和上风舵。大多数情况下，这是船速最快的帆向角，因为此时帆的力量最大，而阻力最小。轻风下，顺风行驶的最大问题，就是视风会明显地减弱。为了克服这个劣势，我们使用面积更大的帆，比如球帆和带编号的帆（比如零号帆）。这些帆能产生更好的速度，能把视风置于前方，让我们行驶更深（更接近顺风）的角度。

前帆（jib）的横风调帆

跑侧顺风时，你遇到的最大困难就是应对减少的视风，而且要保持前帆吃满风。良好的调帆也是一个问题，因为你无法从气流线得到反馈。

在大部分帆船上，前缭滑车主要设计用于逆风调帆，横风时效果很差。当前缭放松时，如果滑车没有前移，那么帆的顶部就会扭曲张开，泄漏风力，而帆的底部会朝着船内卷，产生过大的阻力。要想跑出最好的速度，如果可行的话，前缭滑车应向前和向外移动，滑车要去追逐帆后角（即用barber hauling的方法内外调节前缭位置）。还有，升帆索要保持绷紧，使弧深保持靠前，防止帆的后部变得过于饱满。

你会注意到，取决于具体的视风角度，帆后缘的气流线可能很难持续地向后飘。不用担心，只要让前帆或热那亚帆保持吃风就可以了。

使用“barber hauler”

由于前缭滑车的位置有限制，帆后角难以向船外放，无法形成一个良好的迎角。对于双体帆船来说更是如此。“barber hauler”（一种横向调节缭绳位置的绳索）只是一种缭绳“导缆”，它比前缭滑车更加靠近船舷最宽的位置。它允许你把前缭设置得更加靠近船舷（靠外），而不是之前靠里的位置。如果你是在轻风到中等风下顺风行驶，在船舷上系一个扣绳滑轮（snatch block，靠近帆后角放置），它的效果会非常好。它能给予帆一个向下的拉力，消除帆上的扭曲，同时减少对帆脚的拉力。

在下风舷设置球帆杆

跑侧顺风时，在下风舷安装一个球帆杆，保持三角前帆（jib）的帆后角向外张开。球帆杆的设置非常类似于蝴蝶帆的配置，只不过它是设置在下风舷，而非上风舷。

侧顺风行驶时，在下风舷设置球帆杆，可以减少扭曲、减少帆脚的卷起，从而产生更好的前帆形状。这样做还有另外一个好处，那就是它打开了两面帆之间的狭缝，让主帆能向外放得更远，而不会反受风。

主帆的横风调帆

主帆应该尽量向外放，直到开始出现飘帆，然后收紧、消除飘帆。如果行驶的角度很深（靠近顺风），主帆可以尽量向外放。对于安装后掠撑臂的分段支桅式桅杆，这样做可能会出现问题，因为主帆会倚靠在撑臂上；若长时间如此，帆可能会有磨损。横杆在向外放出时，风会试图把它举高，这时候就需要使用斜拉索，把横杆向下压，以最小化扭曲。

尽可能地把主缭滑车向外放。这样可以减少主缭的长度，有利于稳定主帆，也能防止发生意外顺风换舷。

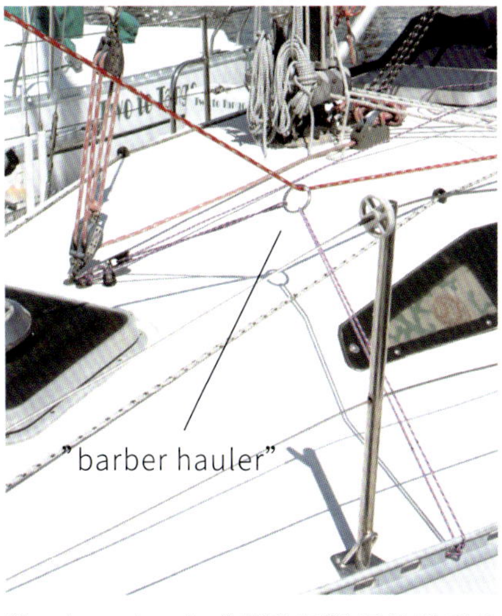

“barber hauler”帮助把前帆的帆后角向外拉。

*译者注：这里的横风（reaching）包括远迎风（close reach）、正横风（beam reach）和侧顺风（broad reach）。

稍微放松后拉索和后支索，可以增加主帆的力量。但是要小心，海上波浪很大时，放松后支索会导致桅杆摇晃，带来不稳定性。

在浪大但风小的海况下，横风行驶是危险的，因为船会四处蹒跚摇晃。这时候应该设置一根防止意外顺风换舷的保险索，把横杆向外拉，防止它剧烈摆荡。

横风行驶时，如果船突然感受到帆力过大，这时候可以转向下风，减少视风的速度，但是要小心不要顺风换舷。放松斜拉索、卸去一些帆力，也是一个好办法。

蝴蝶帆尾风行驶

只用前帆和主帆正顺风（或者说尾风）行驶，要求舵手谨慎地掌舵，防止出现意外顺风换舷。

采用蝴蝶帆尾风行驶时，设置一根帆杆，把热那亚帆撑起来，这样可以更有效地航行。这根帆杆可以用吊索（topping lift）、后牵绳（afterguy）、前牵绳（foreguy）共三根绳索支撑住不动。帆杆设置好之后，热那亚帆的缭绳穿过帆杆的末端向后引，用作调帆。

大风下，来自船后方的波浪使得操舵很困难。三角前帆用杆子撑到上风舷，可以让船高于正顺风航向行驶，操舵角度会更宽，速度也会更快，而且也减少了意外顺风换舷的概率。然而，你还是需要设置防止意外顺风换舷的保险索，以防万一。

关于大风下的航行和保险索设置，见第八章内容。

顺风换舷

船越大，帆也越大，力量也会越大，因此所有的操纵都要事先考虑清楚，保证能够安全地操作，不会造成损伤。顺风换舷——尤其是在风大浪大的条件下——格外需要谨慎和小心。最大的风险是意外顺风换舷或者是不受控制地顺风换舷，这可能会严重损坏桅杆系统，甚至更糟，造成船员严重受伤。顺风换舷时，最重要的工作就是让横杆以完全受控的方式扫过甲板。

事先做好一些安排很有帮助：舵手和主帆缭手是主要的角色，他们应该合作制订好计划，并在执行时清晰地沟通。下列行动是必需的：

- 从侧顺风开始，发出口令“准备顺风换舷”，开始顺风换舷操作。
- **松掉意外顺风换舷保险索，**把主帆拉到居中位置。在轻风下，这或许可以用手或者绞盘实现。在强风下，主帆缭手需要把主缭在绞盘上绕两圈，用手的力量把主帆拉到居中位置，再让横杆换舷摆过去。
- 舵手呼喊“换舷啦（Jibe Ho）”，缓慢转向下风。
- 当风来自后方时，前帆的帆后角会降下来，这就是前帆即将顺风换舷的迹象。指派另一名船员在新的船舷收紧前帆。
- 继续放松主帆，一直放到底。
- 在大风下，主帆在顺风换舷时会使舵上的力量增加，船有转向上风的趋势。注意你的航向，修正舵量，防止船转向上风。

用帆杆把前帆撑出去，能够让你高于正顺风行驶，行驶更宽的航向范围，同时减少意外顺风换舷的概率。

小知识：如果主缭滑车是在下风舷放到最远（本应如此），那么通常最好是不要管它，先顺风换舷，然后在换舷之后把它移动到另一侧。这样做不仅安全，而且省去了不少摇绞盘的麻烦；你可以让重力完成这项工作。

防止意外顺风换舷

当船在大浪中行驶，若是船头在横摇时转向上风，最容易发生意外顺风换舷。这时候，你就不要行驶太深（太顺风）的角度。然而，如果前帆不受风倒下，或者是出乎意料地换舷，那就说明主帆也很可能也会自行顺风换舷。遇到这种情况时，你要立即转向上风，防止不受控制地顺风换舷。设置一根防止意外顺风换舷的保险索，或者是一个横杆刹车（Boom brake），可以阻止或者减缓一次意外顺风换舷的最坏影响；强烈推荐你在长时间顺风行驶时这样做。

顺风操舵

我们在第三章讲了很多逆风操舵技术，它们中的很多方法也适用于顺风操舵。最重要的事项如下。

- 避免意外顺风换舷，观察前帆。如果前帆开始跳舞，转向上风。
- 轻风下行驶的角度不要太靠近正顺风，这会导致船速很慢；转向上风以增加视风角度。通常，行驶一条弯弯曲曲的航线是最好的：转向上风增加速度，然后转向下风驶向目标。
- 观察你的有效速度（VMG），确保有最佳的船速/船首向比率。
- 监视真风速度。风力增大时，顺风航行太有趣了，然后你突然意识到轻松地缩帆已经太迟了。
- 在强风和大浪中，操舵顺着波浪的正面向下行驶，以避免转向上风或者横船翻覆。
- 在清劲风和船尾浪的条件下，利用不对称球帆滑浪行驶，这是最刺激的帆船航行之一了。但是它更适合经验丰富的舵手！
- 如果你试图跑很低的角度——过于接近正顺风，那么不对称球帆可能会扭曲或者缠绕在前支索上。如果帆开始卷曲，收紧球缭并转向上风，重新把帆吹开。
- 小心你后方的集装箱轮船！

顺风操舵很有趣，但是需要舵手高度集中注意力，维持最大有效速度和球帆饱满吃风。

球帆卷绕是因为航行角度过于接近顺风。收紧缭绳，转向上风可以复原。

这条帆船是完全现代化的设计，适海性优良，设计有垂直船首和零号帆。

顺风帆

在轻风到中等风下航行时，球帆对航行速度有着巨大的提高；当然，就凭它带来的麻烦，也理当如此！我们将学习怎样操作和调节不对称巡航球帆（asymmetric spinnaker，又称gennaker）和传统对称球帆（symmetric spinnaker）。对于巡航水手，还有一类新的横风帆，称为零号帆（Code Zero），它能极大改善轻风到中等风下的船速。零号帆的帆前缘自由飘扬（不像前帆那样固定在前支索上），而且有自己的卷帆系统，它很好地填补了前帆和球帆之间的空白。

“gennaker”涵盖了广泛类别的不对称顺风帆，其中包括横风球帆（reaching spinnaker），零号帆或“screecher”帆。它们的帆前角设置在船头，而且不需要球帆杆。对称球帆的形状是对称的，使用球帆杆，而且专门用于顺风视风角度。

如果你正在考虑购买一面顺风帆，你要明白，它们的尺寸大小和裁剪方式非常多种多样，都是为了追求最大的航行效率。想要买到适合你的帆，最好咨询一位专家！

不对称球帆的升帆

不对称球帆有一根帆前角绳（tack line），它系在船头尽量靠前的位置。通常，帆前角是设置在一个滑轮上的，这样船员在驾驶舱就能调帆。一些船把不对称球帆设置在一根船首斜杆（bowsprit）上，这有助于让球帆避开卷起的热那亚帆，但是更重要的是，这样能获得清风（clear air）。

缭绳向后引，穿过滑轮，到达位于两侧尾舷上的绞盘；一定要确保缭绳是从外侧绕过所有障碍物（比如从外侧绕过所有索具和救生索）。

对于人手短缺的巡航，推荐使用自带球帆套筒（snuffer，又称sock）的球帆。升帆过程如下：

- 舵手行驶一个很深的侧顺风航向，以减少视风，利用主帆挡住风。
- 球帆固定在甲板上，连接升帆索、帆前角和帆后角。
- 球帆放在套筒里升起；注意要控制住球帆，不要让它乱摆到侧支索或桅杆上。
- 帆前角绳向前拉，防止球帆在套筒内扭卷。
- 完全升起之后，拉动套筒绳，把套筒升起来。
- 在套筒升起的同时，收紧缭绳，让帆吃风。
- 调节球帆，然后你就可以快乐航行啦！

一艘现代远洋巡航帆船，升起一面不对称球帆和一面主帆，满帆航行。

竞赛帆船使用船首斜杆，让不对称球帆能获得清风。

升不对称球帆时，转到侧顺风，升起套筒。升到顶之后，把套筒向上拉起，收紧球帆缭绳。为了防止缠绕，套筒的控制绳穿过套筒中的一根套管。控制绳的套管必须是笔直向上的，不能缠绕在球帆套筒上。控制绳系在桅杆上。球帆在飘扬时，套筒留在不对称球帆的上方。收帆的步骤相反。

不对称球帆最适合在中等风下横风行驶时使用。相较于前帆，不对称球帆对船速有巨大提升效果。放松球缭，直到帆前缘开始卷起，然后收紧，消除卷曲。与对称球帆不同，不对称球帆不需要保留卷曲。

不对称球帆的调节

不对称球帆是一种非常了不起的帆，它可以根据航向和风向角度来改变形状。通过同时调节帆前角绳和缭绳，不对称球帆可以变化成热那亚帆，再变成对称球帆，然后再变回来。

帆前角绳

调节帆前角绳能够显著地改变帆形，以及改变帆的效率。

帆前角绳向下压到最紧时，会把球帆的前缘拉紧，不对称球帆会产生一个非常适合横风的热那亚帆形状。

把帆前角绳向外放，让帆前角升高，就会产生一个非常饱满的形状，非常适合在轻风下跑侧顺风。

一艘双体船升着一面变形球帆，专门用于深角度顺风航行。

不对称球帆的缭绳

调帆的原则非常简单。放松缭绳，直到帆前缘出现卷曲，以确保球帆没有被收得过紧；然后收紧缭绳，消除卷曲。如果是迎风行驶，你还可以把缭绳穿过一个固定在船舷上的扣绳滑轮，以展平帆，改善缭绳角度。通常，还有一种叫作“twinger”的装置，抓住缭绳，把它向船里拉。

侧顺风时，放松帆前角绳，产生一个类似对称球帆的形状，帆力更大。

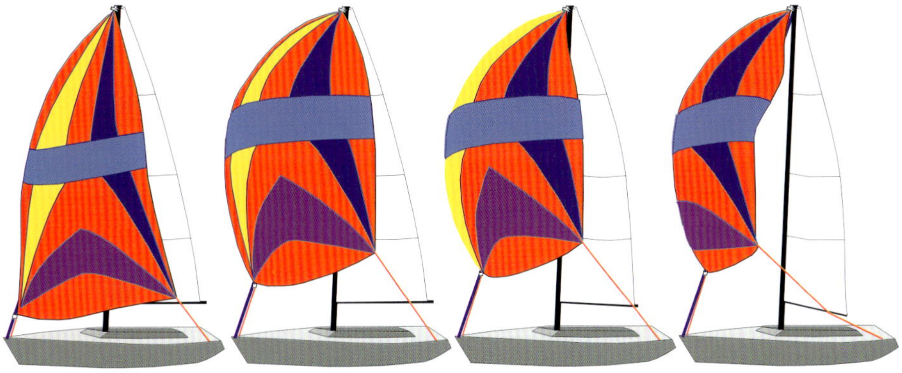

随着航向从横风转到侧顺风，不对称球帆从热那亚帆形，演变成对称球帆形状，同时球帆向上风舷转动，缭绳和帆前角绳放松。

远迎风时，帆前角向下压，产生一个更好的横风帆形。

不对称球帆的顺风换舷

不对称球帆有多种顺风换舷方法。一种方法是把球帆塞回套筒里，重新把缭绳引到新的下风舷，然后在船和主帆顺风换舷之后再打开球帆。换舷时，套筒和球帆从前支索的外侧绕过船。这种换舷方法的缺点是，你必须去前甲板，把套筒绕过前支索。虽然有点麻烦，但是在人手不足时，这种方法非常安全和易控制。

不对称球帆也可以飞扬着换舷（即不需要先收在套筒里）。转向下风，转为角度很深的侧顺风，收紧上风舷的球缭，在松开原来受力球缭的同时，用力拉新的缭绳。不停地拉缭绳、拉缭绳，直到帆不受风塌下来，反转，然后被收到新的一侧；然后结束转弯，让主帆换舷。这里的关键在于，转弯要追随调帆的步调——在船换舷之前，先把不对称球帆大部分拉到另一舷。

如果转弯太快（或者收帆太慢），未等帆收到新的一侧，船就顺风换舷了，那么球帆可能会从前支索的后方被吹到新的船舷，球帆也可能卷成一股，甚至卷在前支索上。

缭绳是从球帆前缘的内侧引过来的。即使不对称球帆是直接升在船头，这种引绳方法也要好过从外侧引缭绳，因为缭绳很容易掉下船头，被压在船底下（左列小图）。

利用套筒降下球帆

要想降下球帆，转到角度很深的侧顺风，把不对称球帆挡在主帆背后，放松球缭，直到球帆出现巨大的卷曲，然后向下拉套筒，盖住帆。当帆被套进去之后，降下升帆索，把帆塞进甲板上的帆包里，或者是从前舱口送进船舱打包（右列小图）。

左列小图展示了不对称球帆的顺风换舷方法。注意：新的缭绳和球帆在完成转弯之前收紧并先换舷，之后主帆和船再换舷。缭绳是从球帆前缘的内侧引绳。

右列小图降下不对称球帆时，转向侧顺风，用主帆遮挡球帆，放松缭绳，把球帆向下拉，或者是把套筒向下拉（如果船上配备）。当帆被收进套筒之后，你可以把它降进帆包里，或者是从前舱口降到船舱里。在前甲板操作时，人坐在甲板上，以防落水。

对称球帆的升帆

传统的对称球帆配备有球帆杆，对于调帆和帆形拥有更多的控制手段，但代价是操作变得更复杂。

对于人手短缺的航行，可以使用球帆套筒。升球帆时，需要设置一根吊索，把球帆杆吊起来，还有一根把球帆杆向前拉、平行于甲板的前牵绳（foreguy）。有些船长会设置一根后牵绳（afterguy），直接把球帆杆向后拉。另一些人使用球帆牵绳来完成这项工作。无论哪种方法，你都可以安全和成功地行驶。上风舷的球帆缭绳——又称为牵绳（guy）——穿过球帆杆的末端。

在你准备升帆时，收紧牵绳，把球帆的帆前角向后拉，拉到球帆杆的末端，然后升帆。球帆杆要设置成与视风垂直，高度要使两个帆后角相平，放松缭绳，出现卷曲，然后再收紧，消除卷曲。

对称球帆的调节

对于对称球帆，存在三个初始调帆设置：

1.收紧牵绳，使球帆杆垂直于风向。

2.使用吊索调节球帆杆的高度，使两个帆后角相平。

3.放松缭绳，使帆前缘卷曲，然后收紧，消除卷曲。

从初始设置开始，下面是几种精调方法：

- 通常，牵绳可以向后收得更紧，超过与风垂直。收紧牵绳，使帆肩到帆前角之间的帆前缘保持竖直，使帆脚（底边）的形状匹配帆中间高度的形状。
- 如果帆肩向外翻，而帆脚过于饱满，那么就把球帆杆向后拉。
- 如果帆脚被展平，而帆前角向上风突出，那么就放松牵绳，让球帆杆向前移动。

这面球帆显示了良好的形状，它的竖直形状很好，帆脚的形状几乎与中间的形状匹配。稍微的朝上风方向侧倾有助于平衡舵性。

球帆杆的高度也可以精调

横风行驶时，试着降低球帆，使帆前角低于帆后角（低一英尺或更多）。这样能把弧深向前移动，打开帆后缘，能跑出更好的横风速度。

侧顺风时，球帆杆高度可以高一些，使两个帆后角相平。

清劲风下，小心两个帆角不要飞得太高，那会使帆的顶部展得太平。尽量保持良好的竖直外形：降低球帆杆，把球帆杆向后拉，还有把缭绳向下压。

正横风时，帆前角应该要比帆后角更低一些，如图所示，以保持弧深靠前、打开帆后缘。

在轻风下，成功的关键在于行驶快速的角度。轻风下跑得角度不要太低——转向上风，直到你感受到侧面有一点视风吹来。通常，最佳的航向是相对于视风140°。你要考虑到有效速度！这样做当然会多走距离，但是你的速度要快更多，因此会更早到达下风目标，而且航行会更有趣！

对称球帆的顺风换舷

人手短缺时，顺风换舷会是一个挑战，应该在平静条件下事先练习。如果你有一名前甲板船员，可以做传统的顺风换舷，方法如下。

舵手转向下风，收紧牵绳、放松缭绳，使球帆杆与风向垂直。

对称球帆的帆脚过于饱满。球帆杆高度太高。把球帆杆向后、向下拉，可以改善帆的形状。

把主帆收到船的中心线，同时船员从球帆杆的钳口中取下牵绳，然后把球帆杆设置到另一侧船舷，球帆保持张满。对于不同的船和配置，重设球帆杆的方法也会不同。主帆顺风换舷，在新的航向上调节球帆。

降下球帆

如果没有使用套筒，松掉牵绳，让球帆自由飘扬，收拢缭绳，并在降下升帆索的同时，把球帆拉到下风舷。若是使用套筒降下球帆：

- 转向侧顺风，放松缭绳，向下拉套筒，放松牵绳，降下升帆索。

在强风下，有一种替代方法，可以更容易地套上套筒：

- 同样，也是先转向侧顺风。
- 与其放松缭绳，我们先在缭绳上套一个绳环，把这根绳子当作下压索，把球帆的帆后角向里拉，拉到桅杆的后方。
- 放松牵绳，使球帆飘帆，然后拉下套筒。

通过把球帆的后边缘向里拉到主帆的背后，这种技术能保证球帆完全被主帆挡风，完全受控。

以上图片步骤显示，在主帆的风影中，套筒顺着球帆的后缘被拉了下来。注意船员是坐在甲板上的。

第五章
安全

风险

审慎的安全措施能够减少需要救援的概率。

出海是有风险的——但是留在岸上同样也有风险。接受了风险的存在之后，我们必须评估并且准备应对即将面对的风险。这其中包括采购、保养和练习使用安全器材。

风险管理的另一个核心原则是预防。正如一条古老的海军格言所说的，“安全的成本是时刻保持警惕。”我们自身采取的行动，阻止了危险变成灾难。安全第一的观念谨记心中，你可以避免大部分的紧急状况。尽管这可能不太贴合大众对巡航的浪漫想象，但这就是赤裸裸的现实。事实上，下列以安全为目标的船上日常工作，都可以成为航行中的快乐旋律。

紧急情况的响应

当预防不够时，我们需要应对发生的紧急状况。我们之前的准备和练习能让我们成功地处置危机，而不会慌乱。

有些紧急情况需要立即采取合适的行动，比如火灾、进水和人员落水。对于这些状况，我们尤其需要准备充分。

小知识：冷静，观察和倾听。总之，不要慌乱，让节奏慢下来。评估状况，考虑可行的选择。匆忙采取的行动，在大多数情况下都不是必需的，也不是最好的。

灾难的组成要素

正如John Rousmariere在《安纳波利斯船艺手册》中所写，大部分事故中，灾难的形成需要8个要素。仅有一个要素并不能造成灾难，多个要素的积累才能。下面是导致灾难的8个要素。

1.匆忙或者是考虑不周全的离港。

很多时候，何时离港、要去哪里的决定，并不是根据审慎的船艺原则做出的，而是由时间或日程因素决定的。船上人员和日程的安排，可能导致在安全上做出妥协。常犯的错误之一，就是在即将来临的风暴前面匆忙往家赶路，而不是待在安全的港湾里等待风暴过去，因为等待可能会耽误一次计划好的聚会，或者耽误及时回去工作。

2.路线本身就有风险。

靠近海岸的路线可能会与开阔水域的路线一样危险（甚至是更危险）。尽管开阔水域的航行需要面对风浪，但是岸边的危险包括狭窄的航道、强烈或不可预测的水流、来往船舶，以及缺少海面空间。计算好航行的时间，在最不危险的时间段通过危险区域。例如，在有强烈潮流的地区，计算好航行时间，在高低潮对应的平潮时刻通过最危险的区域。

3.路线没有替代方案。

在计划航行时，考虑好能够就近躲避的地点，提前研究备选方案。在驶近每一个备选地点时，考虑当前审慎的做法是否应该到那里躲避。你应该明白：如果天气恶化，有时候最好的做法是往回返，而不是继续强撑着前进。

4.船员未准备充分。

船员的技术和能力必须能够应

对航行的挑战。人手短缺或是经验不足的船员，只能应付日常航行的挑战，但是无法应对意料之外的情况。针对危机状况训练好船员很有必要，比如风暴或者是人员落水。最终，你必须确认船员在数量和经验上足以应对此次航行。船员还要必须携带合适的个人装备，保护自己免受天气的折磨。

5.船没有准备好。

船和船上器材必须适合此次航行——船的稳性、强度和速度对于航行很重要，而有些船根本不适合开阔水域的航行。除此之外是器材，包括滑轮、绳索，还有安全器材和导航仪器。你需要有正确的设备，细心保养它们，还要知道怎样使用。

6.船员在受伤之后慌张。

一名船员受伤可能导致一连串的糟糕决定，进而威胁到所有船员的安危。如果恐惧和慌张占据心智，那么可能会遗忘良好的船艺和安全。稳定好受伤的船员，观察形势，评估可行的选项。

7.糟糕的领导力。

船员指望船长来领导他们，而坚定、理性的决策来自全体船员的技能和知识。轻率、不理智，或者自我防卫意识强的船长很快就会失去船员的信任，指挥链因此就会断掉。

8.过于信任电子仪表。

过于依赖电子仪表会导致丧失基本的船艺技能。如果水手只是因为拥有合适的器材就认为自己很安全，那么微小的错误就会演变成事故。

准备的四项原则

我们从“灾难的形成要素”中学到的教训，可以总结为四项基本准备原则，本书后的章节会有论述。

1.船的准备

2.船员的准备

3.选择安全的路线

4.准备应对紧急状况

船的准备

你的安全取决于船的状况。正确地保养和使用船上的航行器材，能够确保你不需要使用应急器材。当然，仅是购买器材是不够的。你还要安装它，维护它，并且知道怎样使用。

除了航行器材，你还必须配备适合此次航行的安全器材。我们不可能防范到每一种可能发生的状况，选择那些适合此次航行的器材。在选择器材时，选择那些简单、易用，能够应对大部分潜在麻烦的器材，而不是那些复杂、难以使用的器材。在做出选择的时候，试着想象一下，在困难条件下使用它们的时候，会是什么样的情景。

你还要必须保证船的状况良好。帆和操帆器材必须能够应对航行的挑战。老化或者损坏的器材很容易出现故障，出了故障之后，令人分心的事情和更多的麻烦就会接踵而来。如果船员对船没有信心，那么当他们遇到问题和解决问题的时候，恐惧就会遮蔽良好的判断。

在本节中，我们分四个类别讨论器材：美国海岸警卫队的要求，安装在船上的安全器材，个人安全装备，以及应急装备。我们还会列出一份关于特定物品和准备思路的详细汇总表。

黄色的甲板安全带从驾驶舱向前引，尽可能地靠近船的中心线。

美国海岸警卫队的要求

关于安全器材，美国海岸警卫队有非常详细的要求，其中包括信号弹、灭火器、空气号、航行灯和救生衣。每年检查这份清单，确保船上器材状态良好，且在有效期内。对于远洋航行，安全管理机构强烈建议信号弹要满足SOLAS标准——这是由国际海上人命公约制定的标准。SOLAS信号弹更贵，但是也更有效。它们的燃烧亮度更大，降落伞信号弹的留空时间要比传统的信号弹长很多。你航行得距离海岸越远，SOLAS信号弹就越重要。

船上安装的安全器材

这包括引擎、舱底泵和穿舱件。所有这件器材都需要定期保养、测试，检查有无问题。沉重的器材要固定在原位。你应该配备一台大容量手动舱底泵，还有一台自动电泵。穿舱器件需要定期检查，并且旁边要放一个软木塞，万一进水或者管道漏水，能够随时用它堵住漏水。安装在船上的通信器材应该定期测试。

个人安全器材

个人安全器材包括救生衣（又叫作个人漂浮装置，PFD）和手电筒、哨子、刀、安全背带。我们把恶劣天气装备归类为安全器材，因为暖和、干燥的水手更不容易疲劳，本身就会更安全。

穿好舒适的安全器材，整装待发。

不同船型的联邦装载要求

		26～40英尺	40～65英尺
船舶注册及船体编号		船体编号+注册证明+船籍证书（如已注册）	船体编号+注册证明+船籍证书（如已注册）
个人漂浮设备		Ⅰ Ⅱ Ⅲ Ⅳ 1人1件（Ⅰ型或Ⅱ型或Ⅲ型）+1件Ⅳ型	Ⅰ Ⅱ Ⅲ Ⅳ 1人1件（Ⅰ型或Ⅱ型或Ⅲ型）+1件Ⅳ型
视觉求救信号	白天	遇险信号旗和/或3枚烟雾或日夜照明弹	遇险信号旗和/或3枚烟雾或日夜照明弹
	夜间	3枚夜间照明弹	3枚夜间照明弹
灭火器		2只B-Ⅰ 或1只B-Ⅱ	3只B-Ⅰ或B-Ⅰ和B-Ⅱ各1只
声响设备		手持式气号或口吹号	按航行规则配备汽笛
航行灯	无发动机	舷灯+艉灯+桅灯	舷灯+艉灯+桅灯
	有发动机	舷灯+艉灯+桅灯	舷灯+艉灯+桅灯
排污铭牌		禁止排油+MARPOL铭牌	禁止排油+MARPOL铭牌+垃圾管理方案
船用卫生设备		Ⅰ型或Ⅱ型或Ⅲ型	Ⅰ型或Ⅱ型或Ⅲ型
《航行规则》		不用携带	随船携带

个人定位信标可以固定在充气式救生衣上。

救生衣

我们强烈推荐穿戴一件集成了安全背带和腿带的V类充气式救生衣。这类救生衣穿着更舒适，不那么别扭，而且比浮力固定的泡沫救生衣的浮力更大。浸入水中的时候，救生衣会自动充气，也可以手动充气，还可以用嘴吹充气管充气。当人员落水之后，腿带可以让充气式救生衣保持在正确的位置。所有救生衣都需要定期保养，以确保在需要时能正常使用。

救生衣还有很多帮助落水人员获救的附加装置，其中包括哨子、遇水启动的手电筒、SOLAS反光条，还有个人定位信标（Personal Locator Beacon，PLB）。当然，只有在落水人穿着救生衣时，救生衣才能发挥作用。

安全背带和安全绳

防止人员落水的一种更好的方法是，用绳子把人挂扣在船上。救生衣应当集成有安全背带（safety harness），背带上有一个连接点，专门用于连接安全绳（safety tether）。安全绳是一根6英尺长的带子，两端都有安全挂扣。双安全绳还另有一根3英尺长的带子，用于在甲板连接点之间的人员移动。把安全绳的快拆挂扣挂在救生衣上，另一端连接到驾驶舱里的一个有加强板的结实眼板上。这些眼板应该安装在操舵位置和调帆的位置。当船员离开驾驶舱去前甲板时，要挂扣在一根甲板安全带上（jackline）。千万不要挂扣在救生索上！

小知识：最好有一个独立的安全背带，在没有充气救生衣时使用，比如在水下工作时，或者是在攀爬桅杆时。

甲板安全带是几根结实的管状扁带或者是低延展量的绳子，沿甲板的两侧从船头连到船尾，船员可以在整条船上移动，而不需要解开安全绳。甲板安全带应从侧支索的内侧引线，这样方便船员在桅杆处的操作，而且在必要时也能从下风舷行走。在双体船上，甲板安全带应该在桅杆的前方交叉，分别从左舷船头连到右舷船尾、从右舷船头连到左舷船尾。通常，甲板安全带可以系在船头羊角上。甲板安全带的后端应该足够靠前，保证掉下去的船员会挂在船舷附近，而不是拖在船的后方。只要船的结构允许，安全带应该尽量靠近船的中心线，这样系着的船员就不会跑到救生索的外侧。

注意：长时间暴露在阳光和海水之下，甲板安全带会老化。航行结束后，用淡水冲洗，晾干，并收纳好。

挂扣

在夜间，或远洋航行时，或人手短缺、天气恶劣时，船员通过安全绳系在眼板或者甲板安全带上，这应该是必备的要求。鼓励船员提前适应系在眼板上或安全带上四处活动。哪怕只是稍微熟悉一下，这在夜间冒险去前甲板时也能产生巨大的影响。

应急器材和远洋器材

有些事情是内陆、沿岸和远洋水手同等关心的——比如救援落水人员。我们推荐使用LifeSling救生装置，它的用法我们在人员落水一节里会讲。落水人员的位置可以用一个带旗杆、小旗和灯的“临时浮标”来快速标记，它有固定式和充气式两种版本。后者带有手柄和海锚，更加稳定，能待在水里不动。

沿岸和远洋水手应该配备一个非常醒目，可以漂浮的弃船包（ditch bag），用来有条理地保存重要物品，随时可以拿取，以便在借助直升机、救生船或救生筏快速撤离时带走。

尽管法律并没有要求沿岸航行必须配备救生筏，但是只要你稍微跑得远一些，需要连续几天地航行，最好携带一个救生筏。救生筏要适合船上的人数，放在易于取用的位置，随时能够施放。好的救生筏很昂贵，而且需要定期保养，以保证在需要时能正常使用。救生筏是最后的手段，只有在必须弃船的情况下才应使用——如果你的船还能漂浮，就继续待在船上。在开始一段需要携带救生筏的旅程之前，一定要先培训救生筏的投放、使用方法，以及准备筏上应配备的器材。

! 浮力很重要

普通成年人需要11英磅的浮力，才能保证头部露出水面。II类泡沫救生衣有15.5磅的浮力，这足以把大部分人的头部举离水面，但是，这并不足以让一个昏迷的人面部朝上。I类泡沫救生衣有22.5磅的浮力，专门设计用于把一个昏迷的人翻转到面部朝上，但是这种救生衣非常臃肿，穿着很不舒服。

用于沿岸和远洋航行的充气式救生衣至少有33.7磅的浮力，即使是在浪大的水域，也足以让你的头离开水。在选择充气式救生衣时，检查它至少可以达到II类救生衣的标准，具备38磅的浮力。你可能会看到上面标着170牛顿浮力——加拿大和欧洲采用这种写法。一些充气式救生衣有60磅（或275N）浮力，适合极端条件下使用。

器材汇总列表

这套安全器材包括急救包、卫星电话、EPIRB、SOLAS信号弹、弃船包、甲板安全带、安全绳，以及一条设备齐全的远洋帆船。

下面是一份用于沿岸航行和远洋巡航的器材和准备汇总列表。还可以参考USCG装载要求。

☑ 甲板以下

- 牢牢地固定好沉重、可移动的物品，比如电池、炉灶、气罐、水箱、工具盒，以及锚和锚缆。
- 万向常平炉灶的边缘安装有栏板，保证航行中能安全地烹饪。
- 削尖的软木塞，大小要合适，系在或放在每个穿舱开孔的旁边。
- 舱底泵手柄应该永久固定安装，或者用绳子系好。
- 床铺应该安装下风布（lee cloth），或者是采用其他方法，在船倾斜或纵摇时能让人休息。
- 桅杆应该牢牢地固定在桅杆底座上，防止在索具失效时，桅杆从底座里跳出来。
- 每个燃油箱（用于引擎或炉灶）都必须有一个关闭阀门。
- 灭火器，能够从船上不同位置（甲板、前甲板、厨房附近，引擎附近）拿到。引擎舱应该有一个用于喷射灭火剂的小门。灭火毯放在厨房附近。
- 船上要有足够的扶手或抓手，让人能在船上安全移动——包括甲板和船舱。
- 舱口盖和梯子台阶上有防滑面。

☑ 甲板

- 救生索的开门在航行时应该关闭并缠好胶带。终端连接件的销子或环上应缠好胶带。
- 甲板安全带，让船员能从桅杆的任何一侧行走到船头、船尾，而不需要解开挂扣。
- 至少配备两只锚，分别带有锚链和锚绳。一个用于立即使用；另一只锚可以储存在甲板以下。

灭火器应该便于取用，并且要定时检查。

☑ 电子仪器和导航设备

- 航行灯必须在用帆或机器推进时都能发光。桅顶三色灯要比安装在甲板护栏上的灯可见距离更远。
- 桅顶安装甚高频（VHF）天线，还要有一根应急天线。再带一个手持VHF对讲机。
- GPS海图仪和手持GPS接收机。带GPS功能的手机或平板可以用作备份。
- 测深仪。
- 速度计。
- 带固定底座的操舵罗经，和手持罗经。
- 双筒望远镜。
- 探照灯——用于在夜间查看助航标志和搜救落水人。
- 气号，雾号。
- 雷达反射器——永久固定或者悬挂。
- 海图，航海出版物，作图工具。

☑ 其他安全器材

- 应急操舵：应急舵柄，应对舵轮或操舵系统故障。失去舵之后的备用控制手段。
- 剪线工具，或者锤子，用于在桅杆倒下时切断索具。
- 带系绳的结实水桶。
- 工具箱、备件（见第九章详细列表）。
- 急救包和船舶手册，根据人员的数量和距离医疗援助的远近来配备。
- 所有漂浮器材上都贴上帆船的名字和反光条（比如救生筏、坐垫上）。
- EPIRB 406——在NOAA SARSAT注册，激活后可以发射船名和位置。
- 救生浮标，抛投式浮标，或者救生工具，贴上反光条或安装灯。
- LifeSling贴上反光条和安装灯。
- 可以抛投的绳子——袜子型的绳包。
- 信号弹——烟火式或电子式，日夜两用。

应急器材

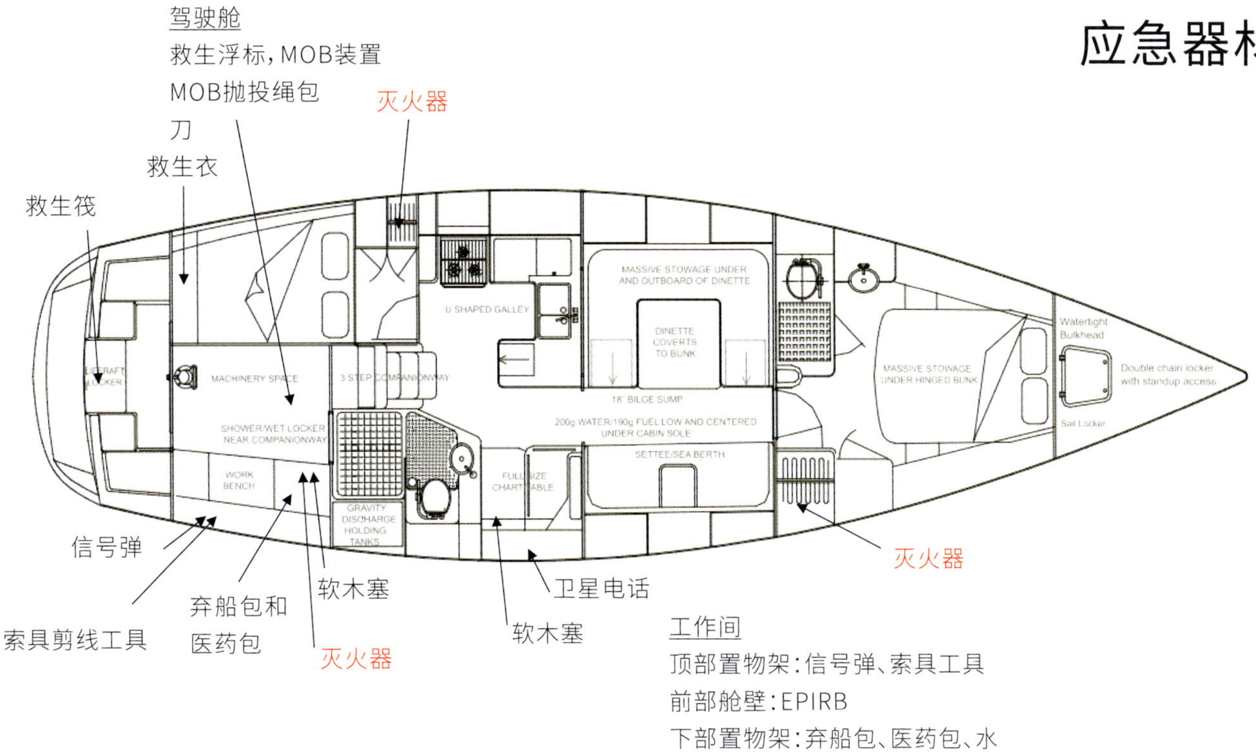

准备并张贴一张船的布局图，显示安全器材和应急器材存放的位置。另做一张布局图，显示所有穿舱口的位置。

☑ 个人器材（每人）

- 集成有背带的充气式救生衣，自带哨子、遇水激活手电筒，反光条。
- 安全绳（用于从驾驶舱到船头行走的双绳）。
- 手电筒或头灯，带红色镜头——还有备用灯泡和电池。
- 多用工具或折叠安全刀。
- 至少有1~2名船员接受过急救培训。

充气式救生衣上高度醒目的气囊，带有口吹充气管、个人定位信标（PLB）、手电筒、哨子和反光条。

☑ 弃船包

高度醒目，可以漂浮的弃船包，用来整理保存重要物品，在弃船（借助直升机、救生船或救生筏）时随身带走。

包里的物品包括：

- 防水手持VHF电台。
- 防水手持GPS。
- EPIRB 406（从船上带走）。
- 防水漂浮手电筒。
- 手持罗经。
- 太阳能LED灯。
- 信号反光镜。
- 信号哨子。
- 海水染色剂。
- 电子信号弹或橙色旗帜。
- 安全刀。
- 急救包和晕船药，重要个人药物。
- 压缩食品——能量棒。
- 水（每人至少0.5升）。
- 近视眼镜、太阳镜。
- 船舶文件、护照、现金、信用卡。

☑ 用于远洋航行的额外器材

- 卫星电话。
- 带顶篷和绝热地板的救生筏，存放在易取的位置，可以快速施放。
- 恶劣天气三角前帆或风暴前帆，对应的前缭滑车位置标记在甲板上。
- 能够三级缩帆的主帆，或者独立于主帆安装的风暴帆。
- 锁好地板，以防万一船艇倒置。
- 舱梯口盖板在船倒置时能固定在原位，舱口无论是关闭还是打开，在甲板以下或以上都可以操作。
- 满足SOLAS公约的信号弹。共4件，分别是红色降落伞信号弹、红色手持信号弹、橙色烟雾信号弹和白色烟雾信号弹。

船员的准备

船长的主要职责是保证船员和船的安全。作为船长，你需要让船员准备充分，因为准备充分的船在准备不足的船员的操控下，也是不安全的。

你的船员需要知道怎样操纵船和操作帆——怎样升帆和缩帆，面对到来的风暴该怎么办。他们需要知道怎样操作船上系统，既能保证自身安全，也能保证船和器材的安全。船员必须知道安全器材的位置和操作方法，包括灭火器、电台、MOB救援器材、医疗储备。他们需要知道如何照顾自己：在各种天气下怎样穿衣服，怎样在恶劣天气下在船上移动，还有遇到不熟悉的事情时要询问。

在准备长期巡航时，需要做非常严格的准备。我们在本章后面会讲解应对紧急状况的演练。在第七章，我们会详细讲解沿岸航行，包括航行规划、常规命令、瞭望值班和夜间航行。

预防出现紧急状况

当然，预防是我们的首选目标。装备齐全的帆船、准备充分的船员是预防紧急状况的关键要素。

预防有很多种形式。正如我们之前的讨论，让船和船员能够应对巡航的挑战，这是重要的基础。在此基础之上，下一步就是制定船上的日常工作安排。这些日常工作包括：

- 以统一的方法操作绳缆，包括系羊角结、打绳捆、收纳和操作绳子。
- 定期的家务，保持绳索整理有序，物品收纳整齐。
- 养成检查船外的习惯，发动引擎和螺旋桨挂挡之前，确保没有绳子拖在水里。
- 高度可靠的导航，通过航迹推算、引航和电子导航等多种方式导航；定时记录航行数据。
- 定时检查天气条件和天气预报
- 定期检查船况，看有没有磨损、老化或者损坏，例如在每次瞭望值班结束时。要检查滑轮和救生索上的环、销，还有活动索具有没有磨损。
- 监测电池的状况，必要时充电。
- 日常穿戴救生衣，使用安全背带、安全绳和甲板安全带。
- 定期针对风暴、人员落水救援、火灾和进水进行演练。
- 练习在有限空间内用帆行驶，因为引擎可能会出故障。
- 定期保养引擎，这样就不会出故障。
- 定期攀爬桅杆，检查索具和撑臂尖端的垫块，确保天线固定结实，润滑桅顶的滑轮。

前甲板船员通过安全绳挂扣在甲板安全带上，准备升起球帆。

应急通信

我们不可能预防住所有的意外情况，尽管我们努力实现自给自足，但有些时候，还是会需要外界的帮助。

如果你发现自己陷入了严重的麻烦，请呼叫帮助。帮助通常是可以获得的，但是我们要有通信的方法。而且我们有义务帮助其他遇险的水手，因此我们需要知道哪些信号表示有人需要帮助。

提供帮助与法律

美国法典第46卷 第2304条要求：

负责船舶的主人或个人，必须向海上身陷人命灭失危险的所有个人提供帮助，帮助的程度限于不会把船舶的主人或船上人员置于严重危险之中。

毫无疑问，提供帮助会给救援船和被救援的船都带来一些损伤风险。每条船的船长都必须评估好风险，并相应地采取行动 。

“好心人”法律的存在是为了保护在医疗紧急情况下帮助受害者的个人。然而，它们的具体适用因州而异；法律的目的，是为了保护“好心人”不用承担在处置医疗紧急情况时，对受害者造成进一步伤害或死亡的责任。它们只适用于人命危险的情况（不适用于财产），也不豁免重大疏忽。

如果你发现自己正在对一条遇险的船做出响应，你应该提供合理的帮助，但是不能超过你的能力或者训练。永远要记住，你和船员的安全是第一位的。

遇险通信的主要类别有无线电/听觉信号和视觉信号，其中很多方法会用到电子设备。与巡航帆船相关的通信有：

无线电/听觉

- 甚高频（VHF）第16频道——电台旁边张贴“Mayday”呼叫的步骤说明。
- 靠近海岸时使用手机。
- 卫星电话，或者追踪装置。
- 单边带电台（Single Sideband Radio，SSB）——用于远洋通信的高频无线电。
- 数字选择呼叫（Digital Selective Calling，DSC），在VHF电台或SSB电台上。
- 重复鸣响空气号——响5下或更多的短声。
- EPIRB——应急无线电示位信标（Emergency Position Indicating Radio Beacon，EPIRB），信号通过卫星中继给救援协调中心（Rescue Coordination Center）。

高亮度电子信号弹可以闪烁SOS信号长达10小时。

视觉

- 信号弹——烟火或非烟火类型（电子）。
- 遇险信号旗：橙色旗上有一个黑色矩形（在上）和黑色球形（在下）。
- SOS信号，通过闪光或声音发送“...---...”信号。
- 海水染色剂。
- 挥舞双臂——近距离视觉可见时。
- 反射镜。

以上器材的详细信息可以在ASA《光船巡航入门》教材上找到，但是如果你航行得更远，就需要配备远程通信设备，这包括SSB电台、卫星电话和EPIRB。

海上安全培训班示范了美国海岸警卫队的救援技术。

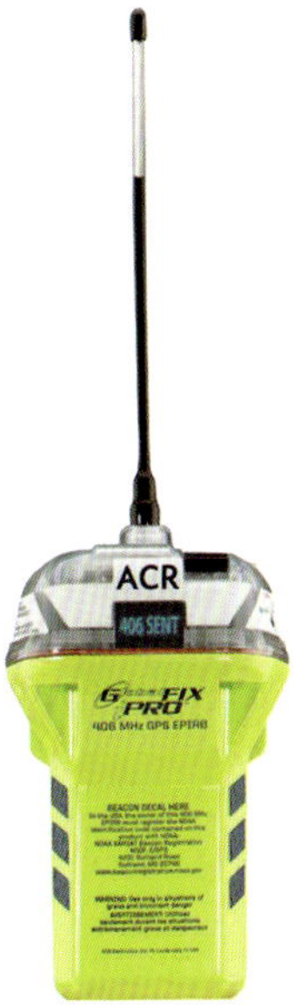

406 EPIRB会向NOAA的SARSAT海事卫星发送遇险信号。*

加了配重的绳子抛投距离更远，可以抛给50~70英尺之外的落水人。

航行计划（Float Plan）

我们之前的航行课程，讲到了要填写航行计划——告诉岸上一个负责的人：我们的航行目的，要去哪里，什么时候回来。航行计划的作用是，万一我们未能抵达目的地，让救援部门提早知道情况。当我们驶离母港很远，航行计划就越加重要了。航行计划应当包含船上人员的名字、船舶信息、船上的安全和通信器材、日程安排和时间表。美国海岸警卫队有一个示例样本，或者你也可以针对自己船的情况制作一个模板。向岸上的联系人发送航行进度和位置报告，安全到达目的地后一定要通知他。

*译者注：EPIRB有两种类型，只有工作在406MHz频率的EPIRB能向国际海事卫星发送求救信号。

紧急状况

尽管预防紧急状况是我们的目标，但是针对性的训练和练习还是必要的。下面有几个情形是真正的紧急状况；但是也有许多其他小问题需要注意，如果没有正确处置，它们有可能会发展成紧急状况。

为了便于讨论，我们把真正的紧急状况定义为危害到人命安全的情况，即足以发送Mayday呼叫的情形。真正的紧急状况需要立即和正确地做出响应。这包括火灾、进水、人员落水和严重的疾病或受伤。

船上的任何火灾都有严重的后果，必须要立即处理。

! 在所有紧急状况下，船员的安全要放在第一位！

1.拉响警报，警告所有船员。

2.找到所有船员，评估他们的健康状况。

3.救治伤员。

4.评估状况，并且识别所有危险。

其他的问题，尽管可能会很严重，但通常不会立即威胁到人命，在短时间内不会急剧恶化。然而，谨慎的做法是准备好应对这些问题，其中包括搁浅、轻微的受伤或疾病、器材或索具故障、引擎故障、电力故障、导航困难。另外，还有天气、海况、低温症和热中暑带来的挑战。

紧急状况的应对步骤——培训和演练

你对紧急状况做出的响应会决定这究竟只是一次教训，还是一次灾难。你需要知道怎样使用现有的安全器材，还要培训船员怎样使用它们。做好演练，让船员准备好应对紧急状况。

船长需要书写一份《紧急状况应对步骤》，针对具体的情况，讲清楚需要立即采取的行动：比如火灾、进水、人员落水和弃船，要针对具体的船舶和器材讲明白。可行的话，指派好船员的职责或分配好岗位。这份文件应当包含在船员介绍和应急演练中，随时供船员们学习。张贴船体配置示意图，展示穿舱口和应急器材的位置。

! 火灾响应

- 呼喊“失火了！”
- 所有人员上甲板并且穿好救生衣。
- 关闭电力开关。
- 找到火源。
- 灭火。
- 评估状况。
- 如果火势有失控危险，发出Mayday呼叫，并且准备弃船。
- 其他可以采取的措施，只要条件允许，比如关闭引擎的燃油供应，关闭丁烷气瓶的阀门。

火灾

火灾是海上最严重的紧急状况。不受控制的火灾会很快地扩散，烧毁船及船上的一切。因此，预防火灾极其重要。

电力故障是最常见的船上起火原因，其次是引擎过热、燃油泄漏和厨房火灾。这些统计数据显示了水手们的防火重点应该放在哪里。

大部分船用灭火器是B-C类的干粉灭火器，可以有效扑灭B类（可燃液体）火灾和C 类（电气）火灾。船上只要有一个拴着绳子的水桶，你就有无限多的水可以取用：果断地用水扑灭其他类型的火灾（A 类火灾）。如果船上有灭火毯，它能有效地扑灭厨房火灾。

遵守或者超过美国海岸警卫队关于灭火器数量和类型的装载要求。学习怎样使用灭火器，定期检查，把它们放在容易拿取的位置，这样就不必穿过火焰才能拿到。灭火时，一定保留逃脱路线——比如开放的舱口或

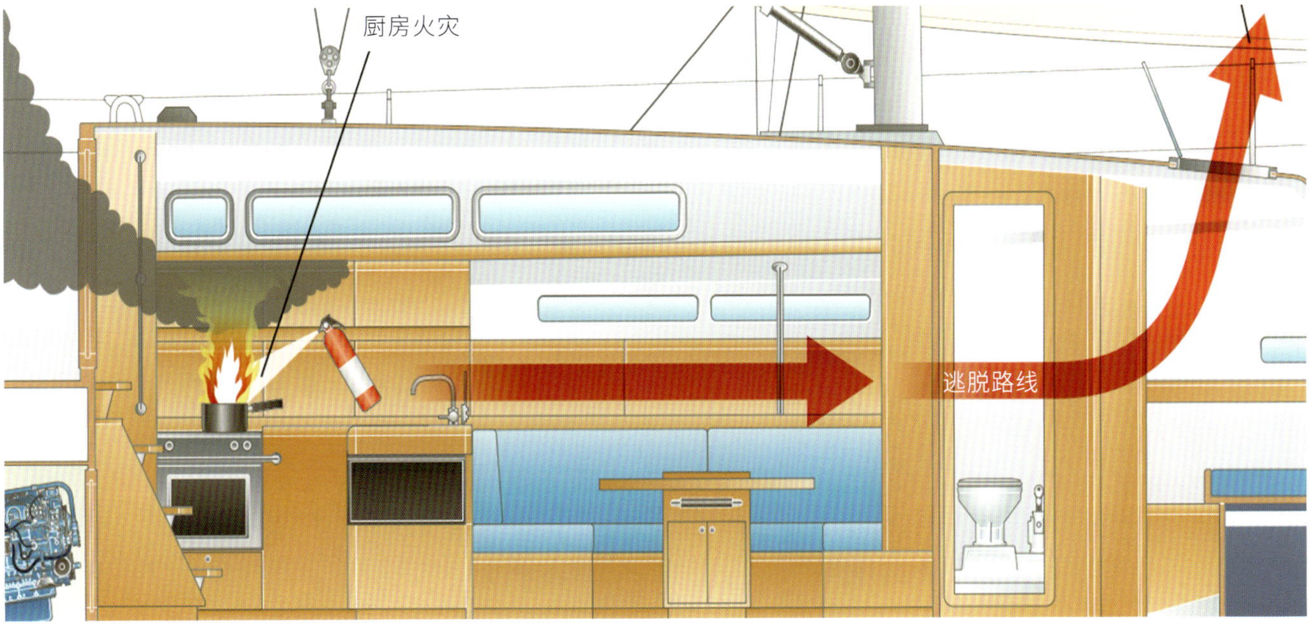

灭火时，灭火器对准火焰的基部喷射，确保你有一条畅通的逃脱路线。

舷梯口。

火灾可能出现在同时拥有高温、油料和火星的引擎舱里。平时要擦干净引擎底座附近的溅油；检查电线上的断丝毛刺，因为它会产生电火花。引擎舱的墙壁上可能有一个开口，你可以透过这个开口向引擎舱内喷射灭火剂；或者是引擎舱内有一个带遥控开关的灭火器，可以从舱外开启。在靠近加油码头的时候，要小心。即使你是在加柴油，也要保证通风良好，警惕溅出的燃油。

进水

准备好应对进水的紧急状况，定期测试手动舱底泵和自动舱底泵，保持舱底清洁，这样就不会堵塞水泵。还有，在每一个穿舱口配件的旁边，用细绳系一个软木塞。万一穿舱口或者软管故障，你可以用这个塞子堵住漏水。

如果船进水很快，你就面临着一个非常严重的问题。哪怕是在水线以下只有一个很小的开孔，进水的速度也会很快。时间就很关键——趁着有电，启动所有的舱底泵，同时呼叫救援。启动引擎，保持电池和水泵继续工作。

找到漏水源头！尝一下水的味道——如果是淡水，或许只是淡水系统泄漏，这是不会造成沉船的；如果是海水，可能性最大的漏水源头在穿舱口附近，可能是连接通海阀的软管或者软管夹失效了。在水积深之前，快速采取行动，这样造成的损失最小。

如果船体破损了——比如船撞上了漂浮物——你会感觉得到。让船朝远离开孔的一侧倾斜，以减少涌入的水流。从船内堵住进水，然后从船外侧再用一面帆或者其他材料盖住破口。盖在船外的材料更有效，因为它会被水压到船体上。

进水的响应

- 如果进水的速度超过了你用水泵或者水桶排水的速度，那么船就会下沉。
- 呼叫救援——如果正在下沉，呼叫Mayday。所有人穿好救生衣。
- 只要你有能力，查找进水源头，尽力堵住它们。
- 继续泵水和舀水，减少进水的速度。
- 制订弃船计划——以防万一。

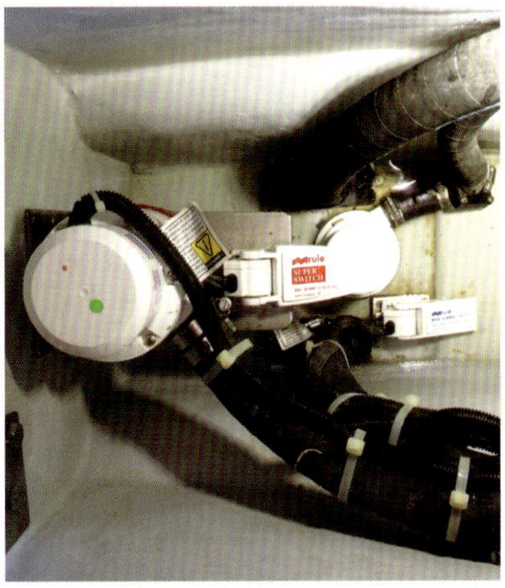

如果船内进水，启动舱底泵，但要是确定汲水过滤器是清洁的（没有堵塞）。

如果一切方法都不管用——弃船

只要船是漂浮的，它就能给船员提供遮蔽和保障，这远比救生筏更安全。

但是，如果事故有可能升级为弃船，即使你现在正在试图控制住紧急状况，也要开始做弃船的准备。不要等到来不及。

如果你被迫弃船，试图保持平静，并采取下列步骤（顺序可以适合当时具体的条件）：

- 发射Mayday遇险呼叫。
- 激活EPIRB，并随身携带。
- 收集应急补给和重要的文件，把它们放在一个弃船包里。
- 确保船员穿上保暖衣物，并且穿上救生衣。
- 准备救生筏和/或小艇，确保筏艇系在了船上，最好是系在下风舷船中的位置，除非是火灾，这时需要系在距离火焰最远的位置。
- 永远不要向下走进救生阀。如果你的船还在漂浮，而且没有失火，继续留在船上。帆船能提供更多的遮蔽，更容易被救援者发现。如果帆船正在下沉或者燃烧，登上救生筏，带上所有器材，切断系绳。
- 如果你相信自己处于潜在救援者的可视范围之内，发射一枚降落伞信号弹。

人员落水

一声“有人落水了”的叫喊，足以击碎船员们的镇静。正是在这样的情况下——最慌乱的情况下，你先前的准备和练习最能给你带来足够的自信和镇定，让你完成救援。

小知识：我再说一遍：“挂上安全绳，不要落水！”

成功地救援落水人可以分成五个步骤：

1.船快速向后转，同时保持落水人在视线以内。

2.向落水人投掷漂浮物——设置MOB标识浮标，标记落水人的位置，并且提供浮力。

3.接触到落水人——使用抛投式救生装置或LifeSling。

4.停船——关闭引擎！

5.把落水人救回船上——吊起LifeSling，或者用升帆索吊起救生衣上的背带。

使用哪种方法返回落水人位置，取决于当前的帆向角和船员的能力。目标是尽快地返回落水人位置，同时让落水人始终保持在视线以内，还要有能力近距离地停船，足以救起落水人。

如果你是迎风行驶，快停（quick-stop）法或许是最好的。它需要一次迎风换舷和一次顺风换舷，能让你环绕落水人兜一个圈，然后停在落水人旁边，这种方法适合使用抛投式救生装置或者LifeSling。如果你是顺风行驶，侧顺风/远迎风（broad reach-close reach）方法是更自然的选择——它可以迎风换舷180°，以远迎风返回落水人。船停在落水人旁边，使用救援抛投包。

把落水人救上船可能是最困难的一步了。如果你船有一个低的船尾平台，可以把落水人拉到平台旁边，用手或者LifeSling把他拉上船。船尾或许已经有吊艇架了，可以直接拿来用。如果在船尾救人不可行，那就用LifeSling和升帆索，还可以用连接到升帆索或横杆的滑轮组把人吊上船。

LifeSling救人法很简单，参照它的包装上的说明就行，但是这确实需要练习。对于大多数船，采用快速停船法，围绕落水人转圈，帆收紧，这是把LifeSling救生圈传递给落水人的最佳方法。

用于MOB救援的重要器材

- Ⅳ（四）类救生衣——标记落水点，提供浮力。
- MOB标识浮标——用灯光和旗帜标记地点，并且提供浮力。浮标可能有固定的杆子，也可以是自动充气。
- 救援抛投包——带有垫子，装有可漂浮的救援绳索，可以抛投给落水人，活动端系在船上。
- LifeSling——拖绳和吊起项圈的组合。

抛到水里之后，SOS救生浮标（SOS Danbuoy）可以自动充气，变成非常显眼的发光标记，而且有供落水人抓取的手柄。

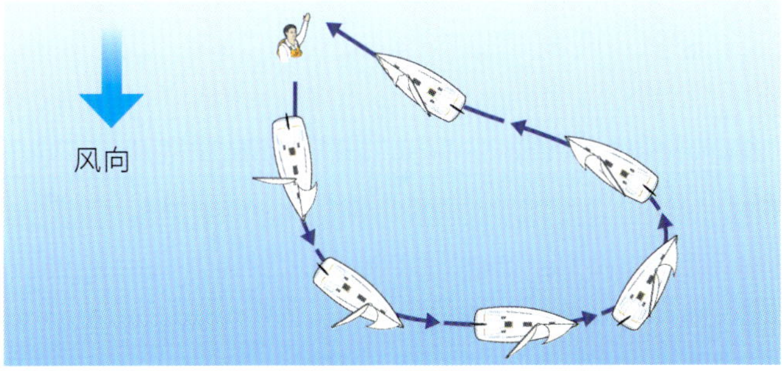

侧顺风一远迎风救人法：如果人员落水时，你是在尾风或者侧顺风行驶，这是最自然的救人方法。继续朝侧顺风行驶几倍船长的距离，转向上风到达横风，然后迎风换舷。这种方法的一个优点是，落水人始终处于船的相同一侧，因此更容易盯住。

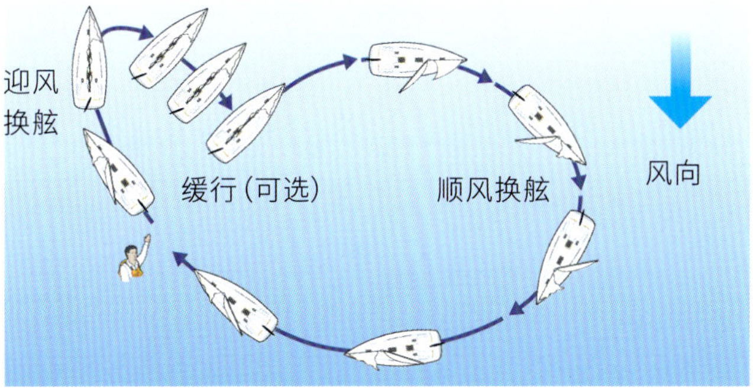

带顺风换舷的快停救人法：快停（quick-stop）法的目的是靠近落水人停船。近迎风行驶时，你可以不加思索地完成这个动作。呼喊“有人落水”后，立即转向上风。当船头转过顶风之后，不要松开前缭，船会采取缓行姿势，继续保持几乎静止。准备好之后，松开前缭，转向下风。顺风换舷之后，以远迎风驶回落水人。

使用LifeSling和备用升帆索吊起落水人。

安全小知识

如果船员落水时，你是机动力行驶，就继续用机动力行驶。如果你是用帆行驶，那就继续用帆，直到你确信可以安全地给引擎挂挡、转动螺旋桨。驶近落水人时，关掉引擎。在到达落水人之前就停船，用挂短促前进挡的方法，挪到落水人位置。救人时挂空挡。确保水里没有可能缠住螺旋桨的绳子。

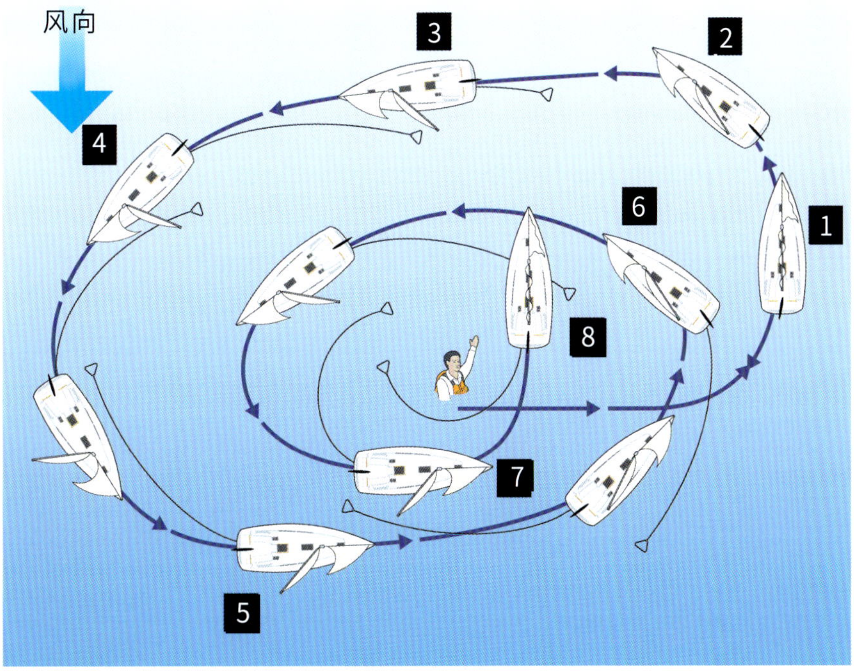

无论是使用帆还是机动力，LifeSling救人法的目标是在船尾拖着漂浮的绳子转圈；可能需要转2到3圈，才能把绳子传递给落水人。

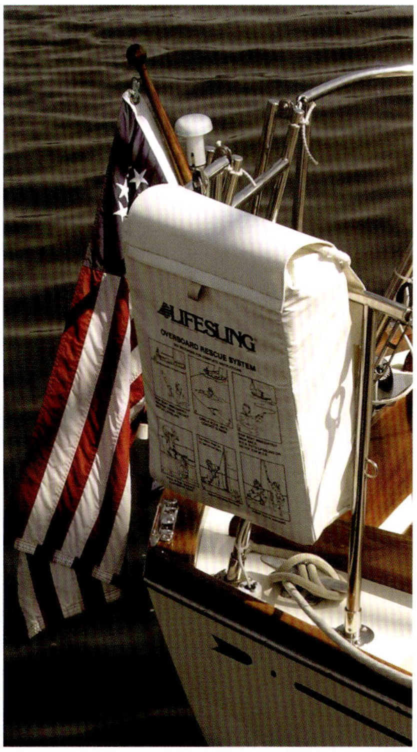

挂在船尾护栏上的LifeSling，随时可以紧急施放。

亲身练习过在夜间营救落水人之后，你就会感激安全绳的价值！

失去意识的落水人

如果落失人失去意识，或者失去行动能力，那又该怎么办呢？你不得不再派另一个人下水，而他也会陷于危险之中。救援者必须身穿救生衣，用一根绳子系到船上，携带漂浮物，以及第二根绳子，或者LifeSling救生圈，用来救援落水人。每一根绳子都必须由甲板上的一名船员来操作。救援者游到落水人位置之后，把第二根绳子系到落水人的救生衣上，甲板上的船员把落水人拉到船的旁边。毫无疑问，如果只有两名船员，这个操作会非常困难。因此只要存在必要，穿上一件充气式救生衣，通过安全绳系在船上。

你是落水人

如果你落水，一定要让其他人知道！呼喊、招手，还有吹响哨子。不要浪费力气去追逐船。确保你能被船上的人看见，给救生衣充气，背对海浪。如果你不幸落水了，知道船员已经练习过营救落水人，这样会多些安全感。

夜间营救落水人

在夜间营救落水人，或许是所有情形中最困难的一种。昏暗的光线，还有视深错觉，让你在船上观察落水人和判断距离变得极其困难。让问题更复杂的是，大部分船员都在船舱里休息，等他们完全清醒、开始救人，可能需要数分钟的时间。现在正是体现培训和练习的价值的时刻，救援行动能够立即执行。

按下海图仪上的MOB按钮，留作参考。如果落水人的救生衣上携带AIS个人定位信标，那么他的准确位置应该能够显示在带AIS功能的海图仪上。在能见度不良的夜间，最关键的是要立刻把发光示位标志投进水里，还有落水人救生衣上的手电筒能正常遇水开启发光。尤其要小心，船不要轧过LifeSling的拖绳 。你将亲身体验，夜间营救落水人有多么困难，因此人员上甲板时一定要穿救生衣和系安全绳。

搁浅

尽管搁浅很少是紧急状况，但即使搁浅不会带来什么其他问题，它也会打乱你的时间安排。搁浅时的撞击可能会让船员摔倒，导致受伤。在浅水中航行时，鼓励船员坐下，这样万一搁浅，他们也不会摔跤。光线良好的话，在甲板设置瞭望也会有所帮助，虽然眼睛可能会误导你对深度的判断。

如果船真的在岩石上发生了硬搁浅，检查龙骨和龙骨螺栓附近有无漏水。还要检查引擎是否与底座脱离。如果引擎运转时剧烈震动，那么传动轴可能已经不再对齐。

搁浅之后，立即尝试让船转向，至少要消除帆上的力量，不要再搁浅得更深。你可以用帆让船转向，比如向外推横杆，或者让前帆反受风。

船转过方向之后，对准深水区域，这时你可以收紧所有帆，用船员的重量让船倾斜，以减少吃水深度。如果当前是缩帆，你可以通过增加帆面积来增加侧倾——但是首先要保证船头对准深水的方向。注意，对于翼龙骨的帆船，侧倾不管用。

如果船依旧是困住不动，你还可以使用小艇在深水里下一只小锚，用小锚把船拉离搁浅。你可以用小锚拉船头，也可以用小锚拉升帆索，使船侧倾。

你还可以找拖船提供帮助。拖船时，要确保拖缆上的拉力是逐渐增加的，而且人员要远离拖缆，以防绳子断开或者连接件松脱。

无论什么样的搁浅，你都要警惕它对舵造成的损坏。尽管龙骨的设计能够承受撞击，但是舵很容易损坏。

如果风浪继续把你推向搁浅，那就需要采取迅速的行动。类似地，退潮时，速度很重要；而在涨潮时，耐心等待更有益处。

船遇到了硬搁浅，正在等待涨潮。

桅杆倒下时，如果安全允许，打捞和固定好倒下的桅杆、索具。

桅杆倒下

如果桅杆倒下落水，迫切的危险是，桅杆或横杆被索具束缚在船舷旁边，可能会在船舷上撞出洞来。如果无法控制住桅杆，那就有必要切断索具。对于这种情况，只有液压电缆剪钳才会管用。另一种方法是拔出开口环，用锥子和木锤把销子从花篮螺丝里敲出来。出于这个原因，不要把开口销拧死，而是要能拆下来。

为什么桅杆会倒下呢？最常见的原因是众多的索具连接件中的某一个失效，比如销子、花篮螺丝，还有撑臂或撑臂基座。检查这套系统中的每一环连接，这要成为日常检查工作的一部分。

如果索具的某一段断了，但是桅杆还没有倒下，那就立即转弯，卸掉受损索具上的受力。例如，如果左舷撑臂失效，就换到右舷受风。如果前支索松了，就转向尾风。缩帆，使用升帆索作为临时索具来支撑桅杆。可以用一段备用索具和几个夹钳做成临时索具；这样，你能凑合着回到岸边，进行更彻底的修理。

操舵失效

你转动舵轮，但是不起任何作用，或者说转动舵轮很费力气，突然之间又变得很省力——过于省力了。可能是线缆从舵的四分圆上脱落了下来，或者是线缆断掉了，也可能是没有夹紧。若是在有限空间内，迫切的挑战是赶紧把船停下。反复拉响气号，发出危险信号。尽你所能地用帆控制方向，避开危险的地方，然后下锚。

通常你可以在现场修好。因此你必须熟悉操舵系统，知道它正常工作时的样子。如果问题出在链齿轮、钢缆和四分圆上，而且无法迅速修复，你应该把应急舵柄安装在轮轴上。当然，你要事先知道怎样安装应急舵柄，这样就不会在遇到真正的紧急状况时手足无措。

如果舵叶本身损坏了，或者是丢失了，那么你就要安装一套替代操舵系统。一种方法是在船尾的左右两舷之间拉一根拢头绳，上面系一个物体拖在水里。通过使水中物体的阻力朝某一侧移动，让船朝这一侧转弯。

拖带

失去行动能力的船需要拖带。你该怎样准备拖带呢？拖缆应当系在船上的坚固部位，比如锚机、加强的船头羊角，或者是绞盘。在两个位置之间系一根拢头绳，把受力分散开，必要时还能快速松开拖缆。

拖带船应该同时使用两个船尾羊角，中间连一个带滚动滑轮的拢头绳，在控制方向的同时能平衡受力。尽你所能地减少摩擦。与拖带船商定一套通信方式：先用气号提醒对方注意（压制引擎的噪声），再用手势信号交流，告诉对方加速、减速和停船。

拖缆应当是长的尼龙缆绳，长度要匹配波浪的波长，两条船同时处于两道波浪的同一相位位置。起步时，小心要让拖缆离开水面，防止缠住船的舵或者螺旋桨，完全展开拖缆之后，再慢慢加速。人要远离拖缆，因为缆绳上的力量非常巨大，万一缆绳断裂，回弹的绳子可能杀人。保持安全的拖带速度（大约是船体速度的1/3），避免急转弯。

拖缆的两端都用拢头绳，可以分散两条船上的受力，而且拖带会更稳定。

雷电

尽管我们努力避免，但是要想完全避开雷电天气几乎是不可能的。

下面是一些雷电的知识：首先，船在建造时，桅杆、侧支索基座、引擎都是通过龙骨和传动轴电力接地的。保养好这些接地电缆有助于分散雷击时的电流。如果你的船没有安装这套接地系统，就需要做一个临时的电力接地：把一块1英尺见方的铜板连接一根铜电线，铜电线连接到侧支索，铜板淹没于数英尺深的水下。当然，在航行中，这个方案是不可行的。

如果你被困在一场雷暴中，非必需的船员应该待在甲板以下。

当附近有雷电时，避免接触金属索具。

避免接触桅杆、索具和其他金属。用橡胶包裹舵轮可以做到绝缘，但是更好的做法是用自动舵控制方向，这样就不需要用手。还有穿橡胶底的鞋。

雷击可能会损坏你的电子设备。风暴来临时，你可以拔下电子设备电源，比如固定安装的海图仪和电脑。在此期间，你可以用一个手持GPS临时代替。很多船长会把便携电子设备放进烤炉箱（当然是冷的）或者金属盒子里，防止雷击损坏。不要操作VHF无线电台。

你不可能绝缘所有的东西。如果船被雷电击中，你的全部电子设备和电力系统很可能都完全失效了——其中包括发动机上的启动电机、风和船速仪表、天线，所有的东西。有的时候，雷电只会损坏那些最精密的设备。

雷击的另一个危险是损坏船体。电流会沿着电阻最小的路径流动，而传导路径很可能通过穿舱口、舵和螺旋桨。穿舱口配件可能会被击坏，这时候就真的有沉船的迫切危险了。

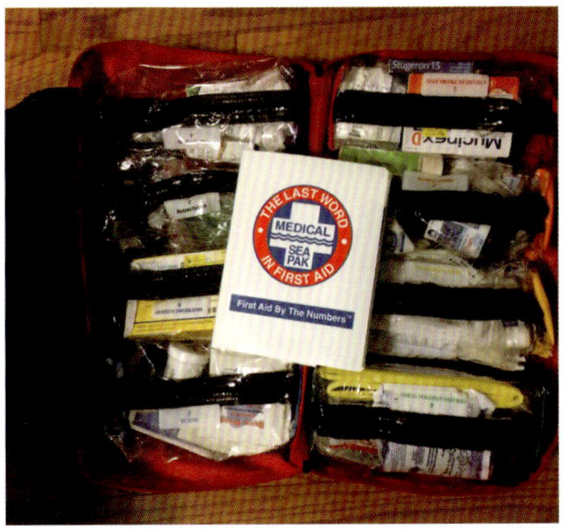

远洋船用医药包被分成了众多的模块，分别针对特定的伤情。

医疗问题

在长途巡航时，一些船员应该接受急救培训。你应该收集船员们的医疗履历，在医生的帮助下准备一份医药包。医药包的内容取决于船员的数量和远离医疗服务的时间和距离。商业船用医药包一般是分成针对特定伤情的模块（比如撕裂伤、烫伤、扭伤，等等），还有基本的使用说明。你可以考虑订阅一个船上远程医疗服务，通过电话获取医疗建议和帮助。

疾病和受伤

磕碰和擦伤在海上经常遇到，但是疲劳、过度劳累的肌肉，还有颠簸、打滑的甲板，都有可能导致严重受伤。

最严重的危险是头部受伤，比如被摆动的横杆打到；还有落水导致的溺水。

最常见的受伤是扭伤和擦伤。手部受伤也不罕见。训练你的船员，船即将碰撞什么东西时，不要用手去推挡。船要比手更容易维修。

其他常见的问题还有高温或晕船导致的脱水、便秘、晒伤，还有低温症。所以，要喝大量的水，多吃水果，做好天气防护。

药物

容易晕船的人应该在出现晕船症状之前服用药物。一些人喜欢非处方药物，而另一些人坚信姜和手腕环带。很多人发现处方药物或皮肤贴片很管用。药物的副作用——从口干到头晕、嗜睡——可以通过减少剂量来缓解。通过反复实验，你可以找到正确的个人剂量。

预防

同所有的危险一样，预防要比治疗更好。减少晕船的方法有很多种。第一种方法是确保船员有良好的饮水、营养的饮食和充足的休息。第二种方法是改变航向和调帆，使船的运动让人更好受些。这在巡航的开始尤其重要，过一段时间船员就适应了船的摇晃。保持船员活跃，让他们从事操舵和调帆的工作。一些船员在甲板上很好，但是在甲板以下工作一会儿就感到恶心，在给船员分配任务时要考虑这一点。还有一些人受不了引擎的烟气或柴油味，这一点要记住。机动力行驶或者充电时，选择一个能够避开尾气的航向和速度。

晕船会把船员置于危险之中，在昏睡和迟钝的情况下，万一在需要时没有抓住下风舷，可能造成船员落水。同样，改变航向和调帆，缓和船的运动，减少侧倾，也就减少了落水的风险。晕船的船员还面对着脱水和衰竭的风险。温暖、干燥的床铺，一点饼干，可以帮助晕船者恢复。

另外，晕船还会把其他船员置于危险之中，因为他们的职责相应增加了，这会导致疲劳，还有失误。另一个问题就是晕船可以传染，一个人的晕船会增加其他人的晕船概率。

危险和回报

既然巡航有那么多的安全问题和隐患，你可能会好奇怎么有人能够存活下来呢？安全和成功的巡航要求实现高度的自给自足。还有在海上时，我们不容易受到其他岸上危险的伤害。

准备、预防，永远保持警惕，还要记住：逃离巡航风险的唯一方法，就是面对那些时时刻刻存在的岸上风险。

时刻准备和保持警醒，能让你享受巡航的回报。

第六章
天气与导航

海洋天气

天气与导航在巡航时密不可分，这是一种科学与艺术的结合。天气决定了你在什么时间，以及能否前往计划的地点，还有你能多快和多舒适地行驶到那里。巡航船长必须积累关于大气和海洋相互作用的知识，并能把这些知识与传统和电子导航结合起来使用。

在有限的当地水域日间航行或租船航行时，知道短期的天气预报通常就足够了。你或许会注意到地形对风的影响，可以利用海风作为助力。在开始一次沿岸航行之前，你需要获取更长期、范围更广的天气预报。而且要对于产生天气的大尺度天气模式，有一个更整体的理解。这样你就能预知风，就能找到最适合航行的风和海况，同时避开危险的天气。懂天气的水手知道预报的天气会如何影响航行计划，并且会观察天气变化的征兆。

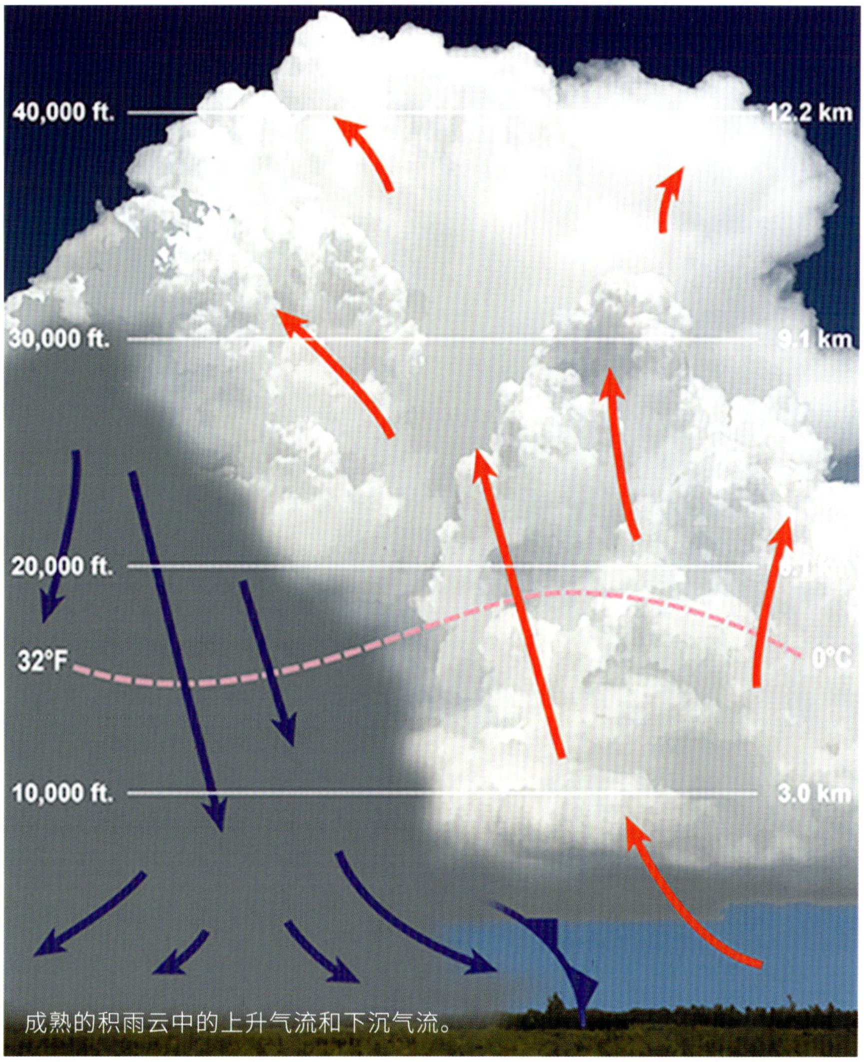

成熟的积雨云中的上升气流和下沉气流。

天气思维（weather wise）

具有“天气思维”是指敬畏天气，知道出发之前获取可靠天气预报的重要性，然后在航行过程中更新天气预报。这还意味着要知道天气条件会怎样影响航行计划，以及必要时怎样调整航行计划。天气预报可能是错的，而具有天气思维的水手会观察天空和水面，发现天气变化的征兆。

解读天气图

天气尺度的地表天气图，是由经过训练的气象学家，根据广泛的观测数据、卫星图像和数值模型而绘制的，它显示了大范围区域内的天气特征。这些天气图分为分析图（分析当前的天气条件）和预报图（对未来天气的预测）。

你只需对这些天气特征及其相互作用有些初步的了解，就能根据天气图推断出未来数天的天气。下一页的天气图展示了一些典型天气特征是怎样描绘在一张天气尺度预报图上的。

气压：大气层中的一根空气柱的重量。对于海洋气象，我们用毫巴（millibar）作为单位，描述气压。

- 高压（H）：高气压系统覆盖的区域，天空通常大部分晴朗，风通常是轻风到中等风。
- 低压（L）：低气压系统覆盖的区域，经常伴随着阴天和降水。
- 等压线：连接相等气压的点的线。
- 锋面：不同湿度和温度特征的两种气团之间的分界线，根据前进的气团的温度特征命名。
- 暖锋：暖气团与被它代替的冷气团之间的分界线，通常伴随有到来的低压系统。
- 冷锋：冷而稠密的气团与被它代替的暖气团之间的分界线，通常伴随着离去的低压气统和前进的高压系统。
- 风羽（wind barb）：箭头表示风的方向，羽毛表示风的强度。风速近似到最接近的5节倍数风速。

气团和锋面

在太阳热力差异和地球自转的驱动下，地球的大气处于时刻不停的运动之中。在这个动态的环境中，高压和低压只是其中的两种现象。

空气会从高压流向低压。地球自转产生的地球自转偏向力（科氏力），会改变气流的方向。结果就是，在北半球，风从高压系统顺时针向外辐散；风逆时针旋转汇聚进入低压系统。（南半球的情况正好相反。）等压线的间距反映了高压和低压之间的气压梯度。这种天气尺度的风的速度，与高压和低压之间的气压梯度有关。等压线越密集，风力越强。

气团的温度和湿度不同，它们的密度也会不同；气团之间的交界，就形成了锋面。在中纬度地区，即30°N和60°N之间，这些气团及伴随的天气模式，与盛行风的方向一样，都是自西向东移动。当温暖、潮湿的气团追越一个干冷气团时，两者的交界处会形成暖锋。对于水手，这意味着可能出现强风和持续降雨，具体情况取决于伴随的低压和等压线间距。在暖锋之后是暖区，它的特征是持续稳定的良好西南风。

在很多情况下，当后面有一个前进的冷气团追赶前面的暖气团时，同一个低压系统之中还伴随有一个冷锋。尽管冷锋通常预示着晴朗的高压天气，但是如果气团之间的温度和湿度差异很大，水手就先要面对强风、飑，有时甚至是雷暴天气。在每个锋面经过时，风向会顺时针摆动。

低压的移动方向是由高空大气的特征决定，预报图一般会画出移动的方向。在北半球，当预报有一个低压从你的北方经过时，预计风会顺时针摆动（veer）；如果它是从你的南方经过，预计风会逆时针摆动（back）。

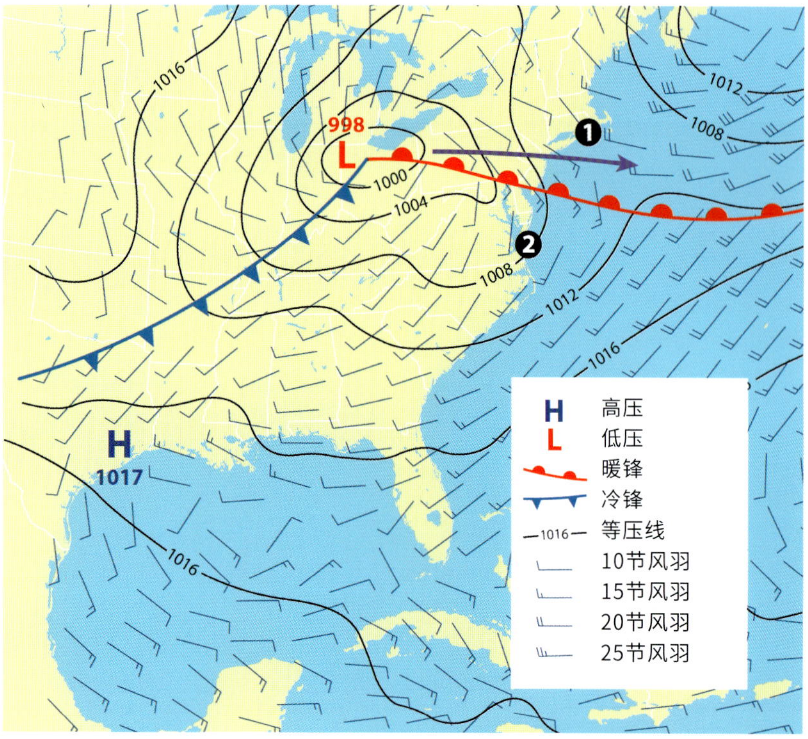

这张天气尺度的天气图显示了在特定的预报时间，北美东海岸及毗邻水域的预测天气系统。蓝色的箭头表示低压的预报移动方向。下图是针对两个沿岸区域的NOAA海洋预报。

Marine Zone Forecast

Hazardous marine condition(s)

Gale Warning
Hazardous Weather Outlook

...GALE WARNING IN EFFECT FROM THIS EVENING THROUGH FRIDAY MORNING...

Synopsis...STRONG LOW PRES FROM OHIO VALLEY WILL TRACK E TODAY...PASSING S OF LONG ISLAND THU NIGHT...THEN SE OF NANTUCKET FRI. HIGH PRES WILL BUILD OVER THE OHIO VALLEY SAT...THEN SHIFT E OF THE MID ATLC COAST SUN. A WARM FRONT WILL APPROACH THE WATERS MON.

Today: SE winds 5 to 10 kt...increasing to 15 to 20 kt this afternoon. Seas 2 to 4 ft. Patchy fog this afternoon. Rain likely this afternoon with vsby 1 nm or less.

Tonight: NE winds 20 to 25 kt with gusts up to 35 kt. Seas 5 to 8 ft. Patchy fog. Rain. Vsby 1 nm or less.

Fri: NE winds 25 to 30 kt...diminishing to 20 to 25 kt in the afternoon. Seas 5 to 8 ft. Patchy fog. Rain likely. Vsby 1 nm or less.

Fri Night: N winds 10 to 15 kt with gusts up to 25kt... Becoming NW 5 to 10 kt after midnight. Seas 3 to 5 ft.

Sat: NW winds 10 to 15 kt... becoming W in the afternoon. Seas 2 to 3 ft.

Sat Night: SW winds 10 to 15 kt. Seas 2 to 3 ft.

Sun: SW winds 10 to 15 kt. Seas 2 to 4 ft.

Sun Night: SW winds 10 to 15 kt. Seas 2 to 4 ft. A chance of showers.

Mon: SW winds 5 to 10 kt. Seas 3 to 5 ft. A chance of showers.

Marine Zone Forecast

Hazardous marine condition(s)

Small Craft Advisory
Hazardous Weather Outlook

...SMALL CRAFT ADVISORY IN EFFECT THROUGH FRIDAY AFTERNOON...

Synopsis...A STRONG COLD FRONT WILL PUSH ACROSS THE MID ATLANTIC STATES THIS AFTERNOON AND EVENING...WITH A WEAK TROUGH SLIDING ACROSS THE AREA FRIDAY. HIGH PRESSURE WILL RETURN FOR THE WEEKEND.

Today: SW winds 10 to 15 kt...increasing to 15 to 20 kt with gusts to 25 kt in the afternoon. Waves 1 to 2 ft...building to 3 ft in the afternoon. Showers and tstms likely late. Vsby 1 to 3 nm late.

Tonight: W winds 20 to 25 kt with gusts up to 30 kt...becoming NW after midnight. Waves 3 to 4 ft. Showers and tstms likely in the evening with vsby 1 to 3 nm.

Fri: N winds 15 to 20 kt...diminishing to 10 kt late. Waves 3 to 4 ft...subsiding to 2 ft late.

Fri Night: N winds 5 to 10 kt...bcoming NW after midnight. Waves 1 to 2 ft.

Sat: NW winds 5 to 10 kt... becoming N in the afternoon. Waves 1 foot.

Sat Night: SW winds 5 to 10 kt...becoming S after midnight. Waves 1 foot.

Sun: SW winds 10 to 15 kt. Waves 1 to 2 ft. A chance of showers through the night.

Mon: SW winds 10 to 15 kt. Waves 2 to 3 ft. A chance of showers. A chance of tsms.

winds and waves higher and visibilities lower in and near

云

你很少会在海上看到完全没有云的天空，而且只看到某一种类型的云也无法得出很多信息。因为云既能预示好天气，也能预示坏天气。因此你必须要知道怎样识别云的基本类型，认识与水手有关的云变化模式或出现顺序。观云至少可以成为海上的消遣。

当一团空气在大气层中上升时，它包含的水蒸气会冷却和凝结，形成云。云是根据它在大气中的形态和高度来分类的，划分成了10种基本组合类型（还有超过100种变形）。更多细节参考附录中的观云指南。

形态

- 卷云（Cirro）——成缕，由冰晶组成。
- 积云（Cumulo）——堆高的云，表示空气竖直抬升。
- 层云（Strato）——分层、稳定的空气。
- 雨云（Nimbo）——降水，暗色的底部。

高度

- 高空：统称卷云。薄、白色，由冰晶组成。
  卷云（Cirrus）；
  卷积云（Cirrocumulus）；
  卷层云（Cirrostratus）。
- 中等高度：统称高云（Alto）。中等高度的云，主要由水滴组成。
  高积云（Altocumulus）；
  高层云（Altostratus）；
  雨层云（Nimbostratus）。
- 低空：由水滴组成的云。
  积云（Cumulus）；
  层积云（Stratocumulus）；
  层云（Stratus）；
  积雨云（Cumulonimbus）。

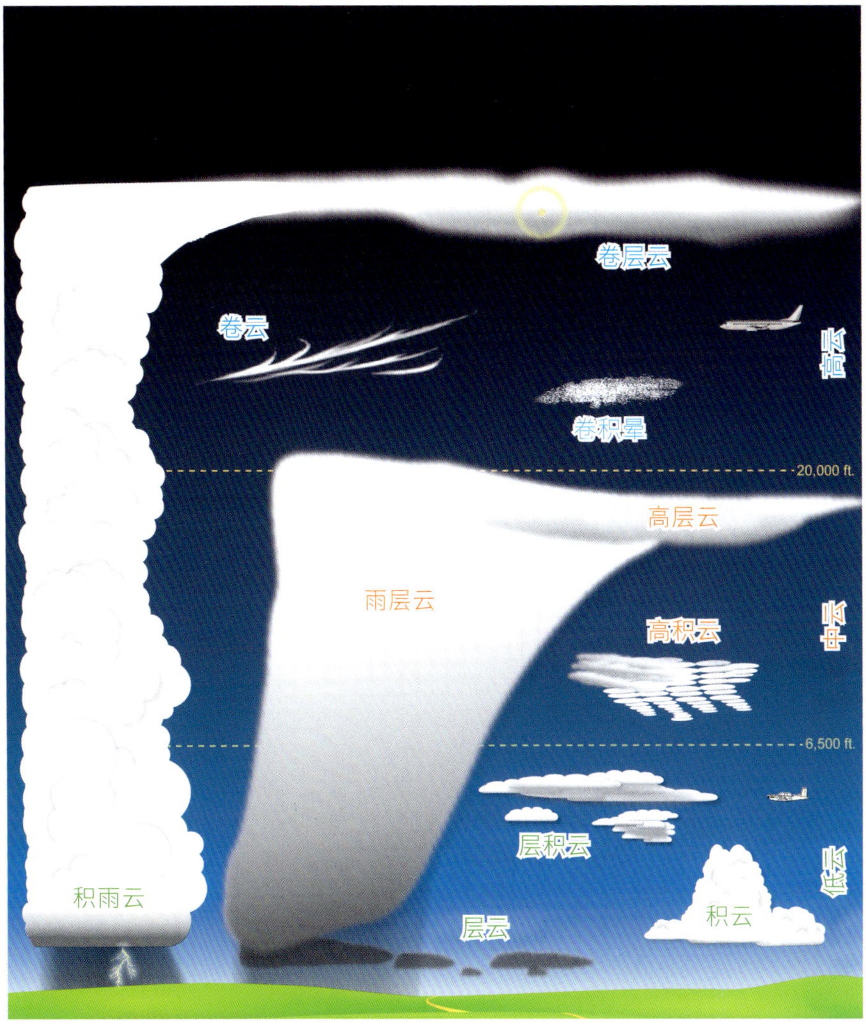

这十种基本类型的云是根据其形态和高度描述的。积雨云最初只是积云，但是强烈的上升气流导致它穿透三层高度，变成高耸的云山。图片由NOAA供图。

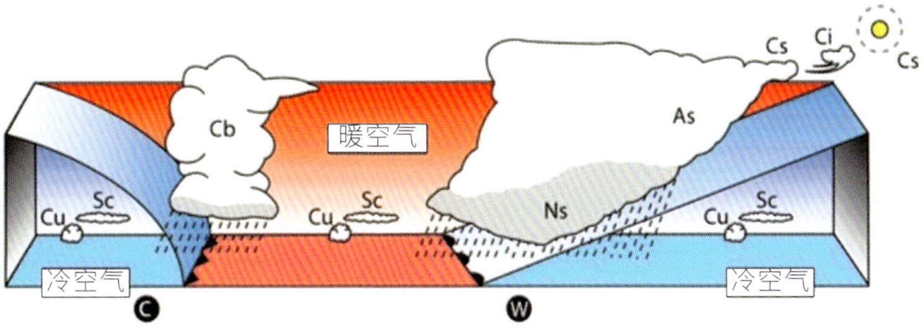

冷锋与暖锋，及其附属云的截面图，系统向右移动。暖锋的降雨，从卷云到地面锋面一半的位置开始，距离大约是500海里。最活跃的冷锋天气在地面上的跨度只有50海里。锋面的斜坡并没有按照比例描绘。插图由David Burch所著的*Modern Marine Weather*提供。

锋面和云

因为前进的锋面气团存在密度差异，因此它们的相互作用也不只局限于地表，而是存在一个垂直的结构，或者说斜坡。对于暖锋，前进的暖空气会逐渐上升，在冷气团的上方形成一个和缓的斜坡。这样就在锋面的前方形成了一片范围宽广的层云，跨度可达400~800海里。锋面的前缘是卷云（马尾云）和卷层云（形成日晕或月晕）。暖锋到来时，它们是你最先看到的征兆，可能会提前2~3天出现（暖锋的移动速度一般是10~15节）。卷云后面跟着逐渐变低、变厚的层云。雨层云大概出现在卷云和地表锋面的中间位置，因此你可以预计，暖锋经过时会有12~24小时的持续降雨。

对于冷锋，前进的冷气团把稠密的冷空气楔进暖空气的下方，迫使暖空气在大气中剧烈抬升。这种升高的温暖、潮湿空气形成了高积云，高积云的后面就是冷锋标志性的积雨云——带来非常狭窄的雨带，通常伴随着剧烈的雷暴，这些活跃天气一般出现在锋面附近50海里以内。冷锋移动速度要比暖锋更快，一般是15~25节。

观云——天气变化的视觉征兆

除了晴朗天气下的积云，所有的云都是天气变化的征兆。除了暖锋和冷锋伴随的云朵序列，还存在其他几种值得注意的云模式，它们预示着不良天气的到来。

卷积云“鱼鳞云”意味着高空的不稳定性。当它跟在马尾云后面出现时，我们就知道暖锋正在接近。

“鱼鳞云（mackerel scales）”是积云形态的云，预示着大气的垂直运动（垂直不稳定性）。它们之所以叫鱼鳞云，是因为它们的波纹形态类似于鱼鳞，但是在一些地区，它们又被称为“脱脂乳天（buttermilk sky）”或者“绵羊云”——就看你的想象力了。它们可能是高空的卷积云，或者是中等高度的高积云——无论是哪种，它们都预示着天气变坏。

高积云（鱼鳞云）是中等高度大气不稳定的征兆。这预示着降雨天气，因为大气不稳定性意味着良好天气下的积云可能发展成积雨云。

羽毛状的卷云——马尾云，说明高空有强风。

“马尾云和鱼鳞云，高帆船也要挂低帆。”这句谚语就说是高空大气的云，预示着地面上的低压系统；尤其是卷云和卷积云的组合，它意味着高空有强风，因此低压系统移动速度会很快。

积雨云开始只是低的积云，在上升气流的作用下，它的高度竖直贯穿了全部三个高度。成熟的积雨云形态会同时拥有上升气流和下降气流，这会带来狂风、冰雹和雷暴。积雨云越高，底部越暗，风暴就越猛烈。

积雨云是冷锋的标志，但是它们也会独立出现；当暖湿空气在不稳定的大气中竖直抬升时，就会形成积雨云——比如海岸地区炎热的夏天。它们的形态可能是独立分开的朵云，每朵云持续大约1小时。有时它们也会形成一条直线（飑簇或飑线），每朵云的下降气流又反过来哺育旁边云朵的上升气流——这种组合风暴可以持续数小时。

飑（squall）是突然到来的一阵强风，持续时间超过1分钟（相对于只持续几秒的阵强风）。在海洋气象中，美国国家气象局（NWS）把飑定义为一种剧烈的局部风暴——通常伴随有积雨云、大风、降水、雷和闪电*。

来临的锋面通常会有众多的先兆，但是飑的形成速度和移动速度非常惊人，因此你必须要留意天气。通常，飑会从地表真风偏右30°的方向到来，因为它们追随着受地面摩擦很小的高空气流移动。冷的下沉气流会朝各个方向散开，你能在风暴前方数海里外提前感受到这股冷风。

夜间的飑更难以被发现，因此在黄昏时查看一下天气是明智的做法。如果良好天气下的积云不再上升，而是变成了云层（变成了层积云），说明大气比较稳定，不太可能形成飑。但是如果黄昏时的积云继续增高，那你就要准备应对夜间的飑——合理缩帆，复习你的风暴演练。

留意天边的风暴（飑）。

*译者注：因此你也可把飑简单地认为是局部雷暴天气。

气象雷达

雷达可以探测到稠密、潮湿的云团，因此我们可以借助气象雷达手机应用来追踪锋面和雷暴。这种多普勒气象雷达可以展示风暴的移动方向、移动速度，还有严重程度，给你留下准备和躲避的时间。

如果你的船上配备了雷达，它能给出当地风暴的回波——探测距离可达24海里。你可以使用船上的雷达来辨别锋面或飑，追踪单个的风暴云。你可以选择绕过或者穿过飑线，或者是避开最糟糕的部分，准备好应对前方的一切。

海洋预报

海洋国家拥有气象服务，会定时通过无线电或者互联网，广播天气预报。虽然天气预报的格式多种多样，但是重点都是风的强度和海况（波浪高度）。

在美国，海岸线被划分成了众多的预报区域，而且天气预报也专门分成了岸上、近岸和离岸三个区域。美国国家气象局通常会发布5日海洋天气预报，开头是描述整体的天气形势，包括高压低压的预计移动，还有伴随的锋面。然后是针对未来的每个12小时周期的预报，其中包括持续风力和阵风风力（通常近似到最近的5节），还有海况。预报还包括危险或者不利条件的预警，比如雷暴或雾。

海洋天气预报通常不包含气温。通过其他来源（互联网或智能手机应用）查看气温也是值得的，因为晴朗的天空和白天的高温可以形成下午的海风。

信息来源

美国国家气象局的海洋天气预报有语音（无线电）格式、本文格式和图像格式。一张天气尺度的分析图或者预报图，可以抵得上一千文字的说明。

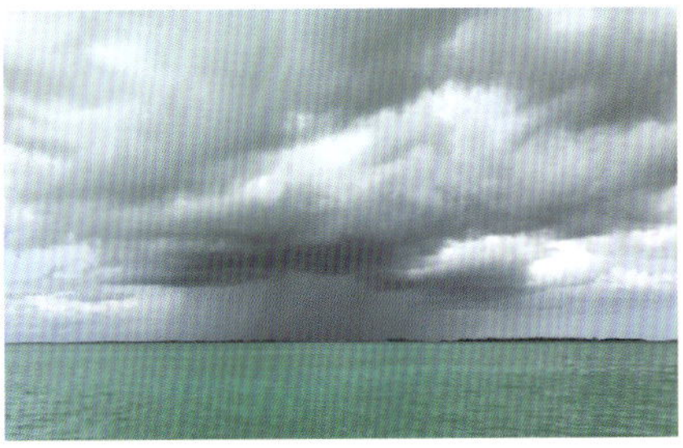

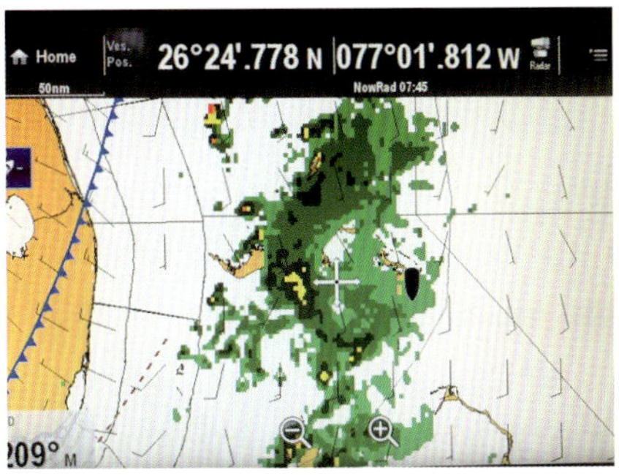

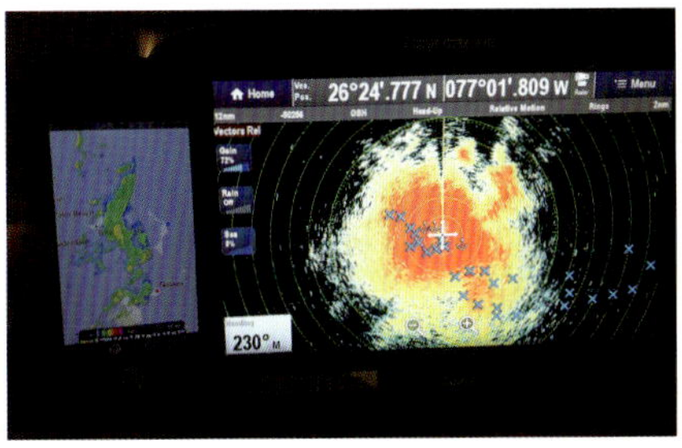

热带雷暴（飑）同时显示在带气象信息订阅的船舶海图仪上，雷达上，还有智能手机应用上。

! 安全小知识

风会对帆施加力量，但是这种关系并不是线性的。事实上，力量的大小与风速的平方成正比（F∝风速²）。如果风速从10节增加到20节，力量会变成原来的4倍！

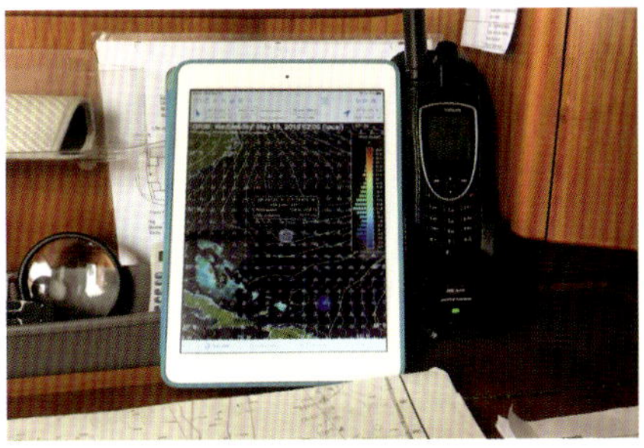

不在手机信号覆盖范围之内时，使用卫星的数据链路下载GRIB文件。

商业天气服务商把这些信息打包，经常再添加上额外的天气或海况参数，然后通过电子邮件、互联网甚至卫星数据分发给用户。

气象浮标安置在值得观测的地点，包括岸上和水上。它们的自动实时观测记录可以通过手机或互联网查看。

专业的商业海洋气象预报员，可以专门针对你的船舶提供定制气象数据，提供航线指导和航行中的气象信息更新。在选择这样的公司时，研究一下他们对你的航行区域是否有经验，还有确保能与他们正常通信。

GRIB文件

GRIB（Gridded Binary，网格化二进制）是一种快速传输大量网格化数据的数据格式，它只消耗很少量的带宽——这在你身处手机信号范围之外时格外重要。计算机生成的天气建模输出结果，可以根据你的用途来定制传送，只提供你感兴趣的区域、时间和气象参数。大部分GRIB文件是纯粹的模型输出数据，没有经过气象预报员的干预；然而，这种情况正在起变化，因为很多美国国家气象局(NWS)的预报，现在也能以GRIB格式发布。水手能够以GRIB格式接收NWS的气象产品，以及各种商业气象和海洋预报产品。

GRIB文件可以导入导航应用程序，或者是导入海图仪。这样你就能看清计划航线上的天气情况，或者是根据预报的天气，制定一条最优的航线。

尽管所有工作看上去都已经实现自动化了，但是船长仍然必须对天气和导航有个整体的认知，选择合理的策略和战术决策，保证船的航行安全。

海况与风力

风是帆船的驱动力量，水手们总是担心风太大或者风太小，但是波浪也是同等重要的考虑因素。有时，海况决定了某一段航行是否可行，或者是否安全。

波高

波浪是由风引起的，它们沿着产生波浪的风的方向传播。波浪的高度（波谷到波峰的距离）取决于风的强度、风吹过的时间，还有浪程（风吹过水面的距离）。预报员利用表格，根据风力、时长和浪程来推算出发展成熟的海况。

早在风速计发明之前很久，人们就已经知道了风与海况之间的关系了。这种关系被总结成了蒲福风级表（Beaufort scale）——根据海况推断出风力。例如，蒲福5级风等于17~21节的风速，对应产生了很多带白尖的小波浪。今天，蒲福风级表仍然被应用在气象引航图和英国海洋预报上。

NWS报告使用海况（seas）这个词汇，并给出了有义波高（Significant Wave Height，SWH）——预测或观测到的最高1/3的波浪的平均高度。尽管大部分波浪只有这个高度的一半高，但是个别波浪会达到这个高度的2倍。

涌浪（swell）是指波长更长、形状圆滑的海浪，它是由远处的风形成，可以传播数千海里。它们的方向和高度与当地的风没有关系，而大的涌浪可以扰动原本有遮蔽的锚地。当风产生的风浪骑在涌浪上时，这种组合被称为总海况（总波高，combined seas）。远洋预报中的海况（seas）一般是指总海况。

波高还会受水深和水流的影响。进入浅水或者逆着水流传播的波浪会减速，变得更陡峭、更紧密。短碎浪会带来不舒服的航行体验。原本在深水中无害的大浪或涌浪，进入浅水之后就会变成危险的溃浪，哪怕是在平静的天气下。

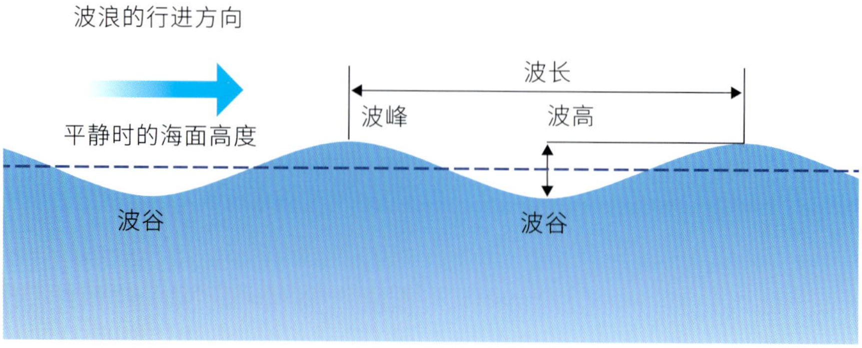

波浪参数的基本定义

波浪的陡度

波浪的陡度（steepness）是其高度与长度的比例，S=H：L。当陡度超过1：7时，波浪就会溃掉，很多波浪在陡度为1：10时就溃掉了。遇到摩擦时，波浪就会变得更加陡峭——无论是浅水海底的摩擦，还是逆流的摩擦。溃浪可以只是微小的白头浪，也可以变成足以掀翻船舶的危险大浪。如果溃浪的高度超过了你船长度的30%，就有可能在船横对浪时把船掀翻。船会不会翻很大程度上取决于船的稳性，但是你要记住这种危险确实存在，尤其是在浅水、强水流或者恶劣天气条件下。

这些浪陡峭得足以溃掉，它们以垂直于风向的直线排列，顺风前进。

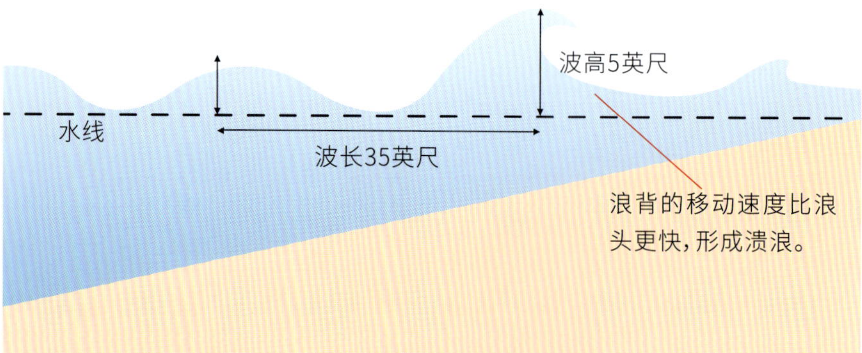

波浪在遇到摩擦时变得陡峭，陡度超过1：7时就会溃掉。

雾与水手

雾是水手的天罚。它不仅消除了能见度，而且通常还伴随有微风。在雾中，GPS能够显示位置，雷达能帮你“看见”水上的危险。然而，它们都不能让你被其他船看到。

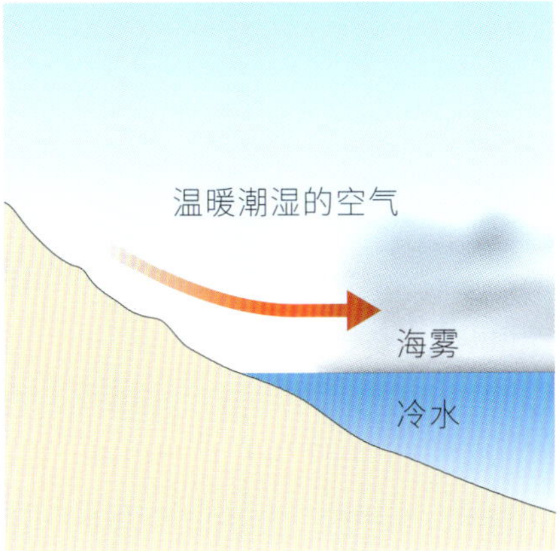

暖空气移动到寒冷的水面上，产生了海雾。

雾：同一个主题的不同变形

暖空气比冷空气能携带更多的水蒸气。当一个气团，温度降低到它的露点以下时，水蒸气会凝结，形成了云。从根本上讲，雾就是在地面高度的云，因此雾和云的形成原理是一样的。雾有很多种形式，但是水手们最感兴趣的形式是辐射雾和海雾（又称平流雾）。

雾形成的条件

雾在特定的地面温度、空气温度、空气湿度条件下形成。雾的形成需要有稳定的气团（基本不存在混合空气和温度层的垂直流动），因此这使得雾的预报非常可靠。气温必须不能高于露点5℉（3℃），这就意味着空气是相对潮湿的，是处于饱和状态。一般来说，当暖湿空气流过冷的地面时会产生雾，或者说冷空气在暖湿空气的下方时会产生雾。在大部分情况下，雾伴随着无风或者轻风，但是当暖锋移动到冷水上方时，雾会伴随着强风出现。

辐射雾

辐射雾，也被称为山谷雾，通常在晴朗无风的夜晚，在陆地上形成，而且一般出现在高气压地区。在晴朗无风的夜晚，陆地通过向无云的天空辐射热量而降温，这会冷却地面附近的潮湿空气，使其降到露点或者低于露点。这时就会形成一层高度很低的雾。尽管它主要在陆地上形成，但是辐射雾也可能会溢到邻近的水面上。它会很快会被太阳烤干，或者被增大的风吹散。

海雾/平流雾

当一层暖湿空气流动到冷水的上方时，会形成海雾。这种天气在夏季的新英格兰很常见，此时气温要比海温高很多；或者是出现在美国西海岸，这里的海温全年都偏冷。海雾也会出现在寒冷的大型内陆湖泊上。海雾是一种平流雾，因为它需要有一些风把暖空气推到寒冷的水面上（平流）。与辐射雾不同，海雾可以与中等风甚至强风共存。

蒸汽雾

当寒冷空气流过暖水的表面时，会形成蒸汽雾。这在秋季常见，此时湖泊和海湾里的水温仍然相对温暖。蒸汽雾是一种蒸发雾：暖水表面蒸发水蒸气，遇到上方的冷空气之后迅速凝结成了雾。

有雾的海岸日出，对于导航和避碰来说是一个挑战。

热带气象

每年的11月到来年的4月，北半球的水手蜂拥前往加勒比海，以躲避北方严寒的冬天，期盼着在温暖明媚的阳光下，在水晶般清澈的海水里，乘着信风航行。然而，热带航行在全年都可以进行。

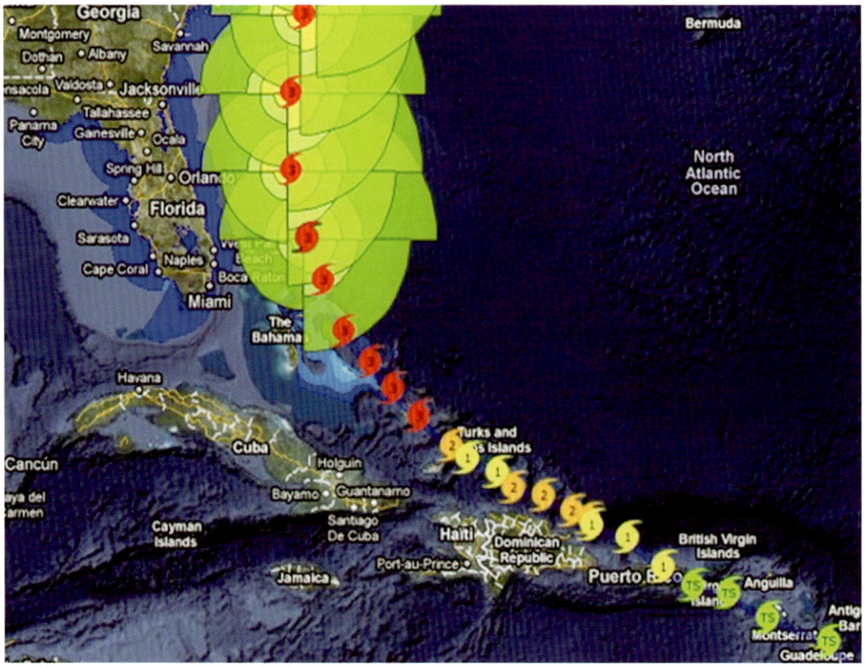

热带气旋向西运动，然后向两极运动，最终转弯向东。热带气旋的风向与风暴自身的运动方向叠加，使得热带气旋的右半圆最为危险。

热带气旋（tropical cyclones）

太阳加热了热带的海洋，上升的空气在大气中形成了一个潮湿的低压带。来自中纬度高压的空气流向赤道来填补这个低压。在地球自转偏向力的作用下，这股气流演变成了偏东的信风——北半球是东北信风，南半球是东南信风。尽管信风通常是稳定的，但是它的强度会有波动，也伴随有潮湿的雷暴（飑）天气。

在夏季，太阳的加热作用要比冬季更强，这与其他的因素共同叠加，产生了热带气旋。在北大西洋，持续风力超过34节的气旋被称为热带风暴（并且被分配一个名字）。当持续风力超过64节，它又被称为飓风（hurricane）。热带气旋顺着信风向西运动，然后朝着南北方向进入中纬度地区，最后转为向东，汇入盛行西风带。

热带气旋要比中纬度天气尺度的气旋的规模更小，数量也更少。尽管它们威力强大，但是很容易预报，具有天气思维的水手拥有充裕的时间来躲避。即使相距很远，热带气旋的极端低压与中纬度的低压或高压相互作用时，也会形成很强烈的气压梯度，带来强风和大浪。

信风

信风之所以被称为信风（trade wind，贸易风），是因为数百年来，帆船一直利用它来进行贸易。在两个信风带的中间，有一片覆盖赤道的多变风带。水手们把它称为“赤道无风带”（the doldrums）。在开阔大洋上，信风的平均速度是15节。信风通常在冬季比夏季更强，也更稳定。信风带的一个特点是，海浪很有秩序，这是因为风吹的时间和浪程都很长。另一个特点是天空存在成行排列的朵朵小块积云，它们被称为“信风积云”。信风中还常见一种信风雷暴(飑)——这是一种大型的云朵，下方有悬挂的雨帘。这种雷暴经常会伴随着风力的增大，尽管持续的时间很短，但帆船还是需要缩帆。一些水手在缩帆之后，会拿出洗发水，充分利用随之而来的降雨。

信风

与中纬度地区的高压、低压系统的圆形等压线不同，信风带的等压线基本呈直线，方向是东西方向。在北纬10°附近有一条相对持久稳定的等压线，来自中纬度的高压会从北方压缩热带的等压线，增强信风。在加勒比海地区，20~25节的“圣诞风”就是这样的例子。当有一个强烈的中纬度锋面的尾巴扫过热带时，信风会中断一两天。这时候，风就会很轻，而且是从不同的方向吹来。同样，陆地也会影响信风。横跨在信风中的高山岛屿，能在很大的范围内改变信风的方向，或者打断信风。

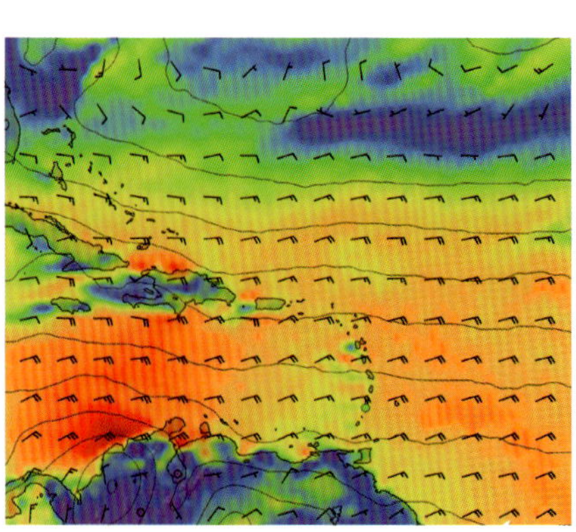

在这款Predictwind手机气象应用上，可以清楚地看到信风带。

影响风的当地因素

尽管天气尺度的高压系统、低压系统决定了一片大陆或者一个大洋的总体风况和天气条件，但实际上，沿岸水域的风还经常受到当地因素的影响。温度和地形都会影响风的强度和方向。

海风/陆风

地面在太阳下的升温速度快，在夜晚冷却速度也快，但是水面的温度相对保持恒定。当陆地升温时，它会加热上方的空气，空气会膨胀，密度减小。这样就在地面形成了一个热力低压。附近水体上方的空气依然较凉，气压也相对更高。空气从水面上的高压流过来填补岸上的低压，这样就形成了海风。

在中纬度，海风在温暖的月份最常见。它们一般从下午到傍晚最活跃，可能向海里延伸数海里。在夜间，整个过程就反了过来。陆地及其上方的空气要比海洋冷却更快，凉空气向外海流动，形成了陆风。陆风通常不如海风强。

在任意特定地点，海风永远是沿着从海到岸的总体方向吹。取决于当天的天气，海风可以增加，或者减少，甚至代替天气尺度的风。观察当地海风和陆风的水手，能知道怎样最有效地利用它们。

地形的影响

地形能以多种方式影响风速和风向，有时是增加，有时也能完全压倒天气尺度的风。信风中的高山岛屿就是很好的例子。在岛屿的上风面，风被迫抬升，通常在岸边产生了一个风小且风向多变的区域。在背风面，风继续从高空吹过好长一段距离——长达岛屿高度的8倍，之后才又下降到海平面高度。偏东信风中的岛屿效应，为很多加勒比海的港口提供了遮蔽。

尽管高山岛屿的下风区域大部分都是平静的，但是高山和峡谷可能让风加速，产生了多变的阵强风和下坡风。这种阵强风存在的迹象就是水面发暗，若是风力很强，甚至会出现带泡沫水花的白色海面。

抬高的海岸线和岬角也会影响风，通常是改变风的方向，导致风加速。

地形对海岸附近的风有着重要影响。

下坡风（katabatic wind）是冷空气从丘陵山地向下流动产生的。它们可能受天气尺度因素或者当地因素，还有地形因素的驱动。地中海地区著名的密史脱拉风（Mistral），还有加利福尼亚的圣安娜风（Santa Ana），就是地区级别的下坡风。

海风也可能会与天气尺度风和地形风同时存在，产生明显的（可能是暂时的）风力变化。

影响风的当地因素

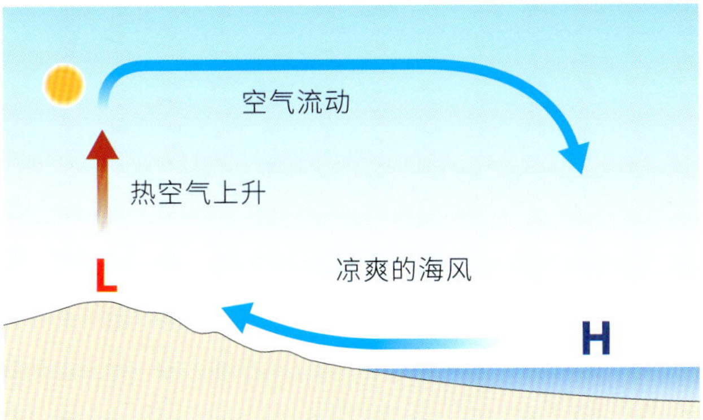
空气流动
热空气上升
L
凉爽的海风
H

海风：当陆地被太阳加温时，它会加热地面上方的空气，热空气上升。冷空气从水面上流过来填补，形成了海风。

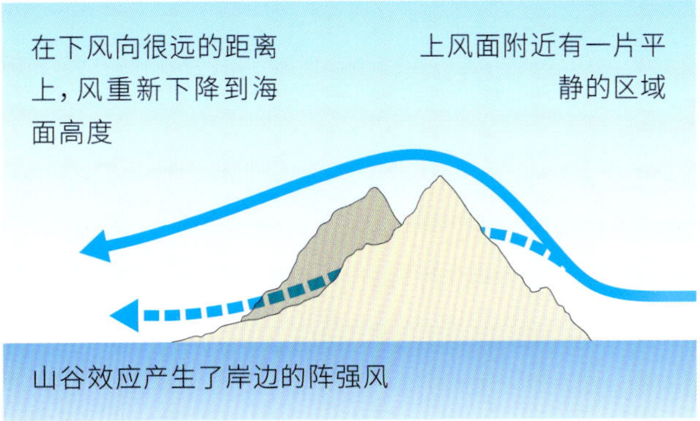
在下风向很远的距离上，风重新下降到海面高度
上风面附近有一片平静的区域
山谷效应产生了岸边的阵强风

地形的影响：地形特征可以改变风的方向，或者通过狭管效应让风加速，产生强风和阵强风。

天气观测

天气预报的精确程度、预报范围、时间长度都在不断地提高。曾经不可靠的天气预报现在已经精确得令人惊讶。但是沿岸水域（水手们经常航行的地方）天气的预报，依然很困难，它要求更精细地考虑地形、温度差等因素。

即使拥有了全部可获得的信息，最好的观测工具仍然还是你的眼睛和仪表。要重视检查你周围的情况，把观测结果记录进航行日志里。定时记录这些信息能让你发现变化趋势，并同当前时间、当前区域的预报做对比。

对比观测结果和预报天气能帮你判断天气预报的准确性，还有它的可靠性。如果你是从多个来源获取天气预报，那么对比观测结果能提高你对整体预报的信心。

查看气压的变化趋势。观察天空中云彩模式的变化，尤其要注意接近的低压、暖锋和冷锋。注意在锋面过境时，风向的摆动和温度的变化。

气象浮标是重要的海上观测工具。

记录风向的摆动和风力的变化。风的变化意味着等压线模式的变化，或者是你在其中的位置的变化。在靠近陆地的水域，地形和热成风也会有影响。

注意海况，包括风浪和涌浪，以及相对于当地的风，它们看起来如何。

要具备天气思维，留意天边快速发展的雷暴和积雨云。根据风追踪它们的移动，在你感受到雷暴的第一股冷风之前，就要准备好采取合适的行动。

目视观察云的形态和波浪高度。仪表能够计算出真风信息。

下面是一些值得观测和记录的参数：

- 气压和变化趋势。
- 真风速度和方向。
- 海况——波高、涌浪方向。
- 云和云的出现顺序。
- 降水。
- 海面温度——如果是靠近墨西哥湾暖流或暖海流。

小知识：成为一名气象专家——参加ASA 119 海洋气象专修课程，了解更多的海洋气象理论和应用，学会使用最先进的科技。

气压是最重要的监测数据之一。

天气和巡航计划

无论你去哪里航行，研究气象和季节天气都是巡航计划的重要组成部分。在一些地区，天气尺度模式决定了天气，但在另一些地区，当地因素对水手有着最直接的影响。在下一章，我们将讨论怎样把天气和导航融合在一起，制订一份完善的沿岸航行计划。还有怎样寻找你所在航行区域和计划航行区域的天气信息来源。

沿岸导航

学习和培养沿岸导航的高级技能，能够帮你建立自信，让你更加确信船的状况，而且这也是船上生活中很有趣和很有成就感的事情。

沿岸导航要求你对沿岸巡航（103）和光船巡航（104）中的基础导航技术再度进行扩充，而且要有实践。

优秀的导航员要把科学和艺术融合在一起。他们要利用所有可得的资源和方法，来判断船的位置，然后做出正确的决策，安全地航行。首先，你要制订良好的航线计划，避开危险，根据当前和预报的天气优化航行路线。下一章，我们会探讨完整的流程。

在航行中，你还要在受限水域中引航（piloting）——根据罗经操舵，频繁地查看罗经和参考陆标、参考浮标，以此做出定位。这还意味着你要记录航行日志，做出航迹推算（DR）作图，根据风压差和水流修正航向，在地文参照稀少时做移线定位，并且结合可用的电子手段定位。现在大部分手机都带GPS功能，你船上拥有的GPS可能比船员都多。

无论你的主要作图方法是电子海图还是纸海图，都必须要制定一套导航工作流程，其中包括记录航行日志，还要制定一套备用方案。对传统作图和导航技术的理解有助于你更好的理解电子导航。电子导航仪器会出故障，因此传统导航技术依然很重要。我们下面会同时讨论传统沿岸导航和电子沿岸导航。

小知识： ASA 105沿岸导航在理论和实践上覆盖了内陆和沿岸导航，是一门非常全面的课程。

航行计划的基础要素

在计划一段航行路线之前，我们需要考虑几个似乎显而易见的船舶参数。在可能遇到桥梁的受限水域内，它们尤其重要。

记录航行日志，和航迹推算作图，是沿岸巡航水手的重要工作。

- 吃水深度。要求有多大的水深，理想的安全边际距离是多少？
- 净空高度。从水线到桅顶的高度（包括安装在桅顶的仪器）是多少？

核实确认用于记录航行日志的仪表。

- 水深。深度计数是从传感器量起，还是有偏移距离？测深仪的读数是否匹配海图上的数字？
- 速度。速度计的桨轮是否清洁，读数是否准确？
- 航向。船上是否有带操舵基座的罗经，有没有电子罗经？
- 风。仪表是否能演算出真风方向和真风速度？

最后，确定你带上了导航工具，你需要分规、作图尺（量角尺或平行尺），还有一个手持罗经。

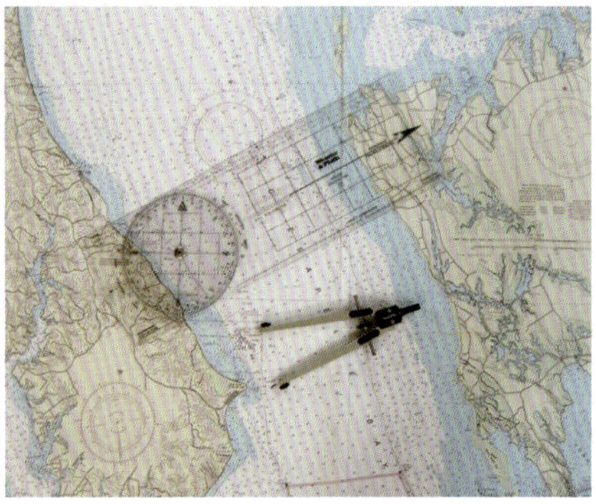

导航员所需要的工具——海图、分规、量角作图尺。

检查深度计

要想判断深度计的标定方式，在深度传感器的船舷位置测量水深。如果你没有测量水深用的铅绳（lead line），可以用一根系有重物的细绳代替。打开深度计，记下读数；在绳子上用胶带做一个标记，标记到重物距离等于深度计的读数距离。把重物放到水中，直到绳子刚好变松——重物触底。如果胶带标记正好位于水面上，那么深度计就是从水面测起。

如果胶带是位于水面以上或以下，你需要重新标定深度计。先使用测深绳量出实际的水深，然后调节深度计，与之匹配。为了测量准确，你或许需要从船的两侧船舷分别测量。

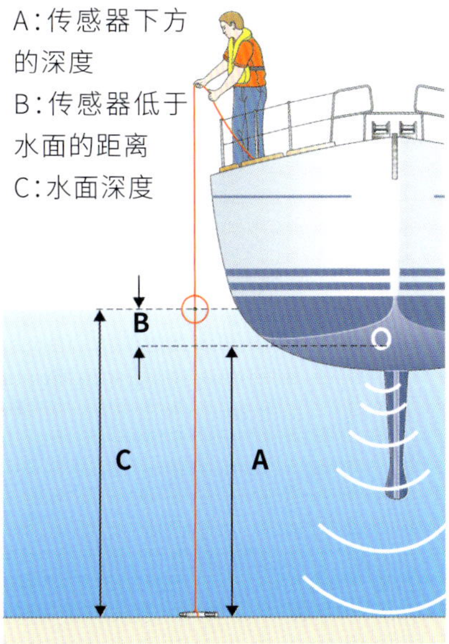

海图和航海出版物的选择

可行的话，找一张能覆盖你计划航行距离的大海图。这张海图可能缺少航行所需要的细节，但是它能让你看到整条航线，还有可选的备用航线和备用港口。

然后选择分别覆盖起航、航行和进港时，比例尺足够大的海图；图上要有助航标志、等深线，以及相关的地理特征。尤其要注意有限制的水域，比如运河和桥梁。

NOAA 1号海图是一张包含所有海图符号和缩写的完整图例。你可以用它来复习可能会遇到的助航标志（参考本书附录）。

收集相关的巡航指南或者海岸引航出版物——它们包含了有价值的导航信息，可以用作海图的辅助参考。

获取本次航行的潮汐和潮流信息，可以在图书、表格或者软件应用上找到。

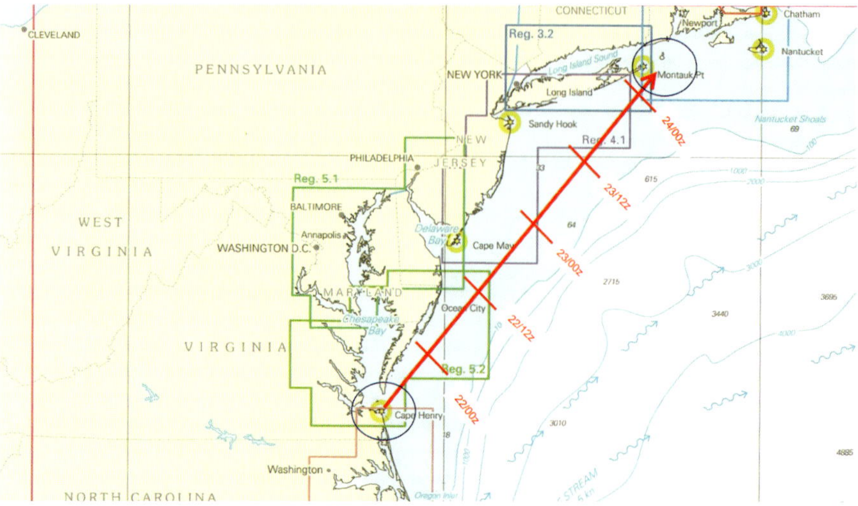

在规划海图上先画一条整体的航线，制订总体上的计划，这里画出了预计每天行驶的距离。然后把这些路点转移到更加细节的导航海图上。

规划你的路线

下面是一些用于安全和有效地规划路线的小知识：

- 先从航线规划海图开始，画出一条航行路线，确保有足够的水深，并且避开危险物。
- 记下你可能会穿越的轮船航道。假如你必须平行于轮船航道行驶，航向要与轮船的通行方向一致，这样你的航行灯和航行意图就不会令其他船迷惑。
- 可能的话，避开商业捕鱼区域、捕鱼陷阱，还有不发光的助航标志（在低能见度下和夜间，它们就会变成危险物）。
- 注意存在水流影响的区域，尤其是注意某一段航程只能是在涨潮或者退潮时进行的情况。
- 标绘出航路点，把它们转移到大比例尺海图上（或者是电子海图上）。在这些更详细的海图上，重新检查路线，根据需要调整。
- 如果你的路点包含了助航标志，要设定一个偏移距离，保证以安全的距离驶过这些标志。
- 要牢记，用帆航行的航段可能需要迎风换舷或顺风换舷，这会增加你实际航行的距离（也增加了变化和乐趣）。
- 选取一个现实的平均巡航速度，估算出特定航段的在途时间。相应地注释好海图（后面我们会用于分析天气信息）。

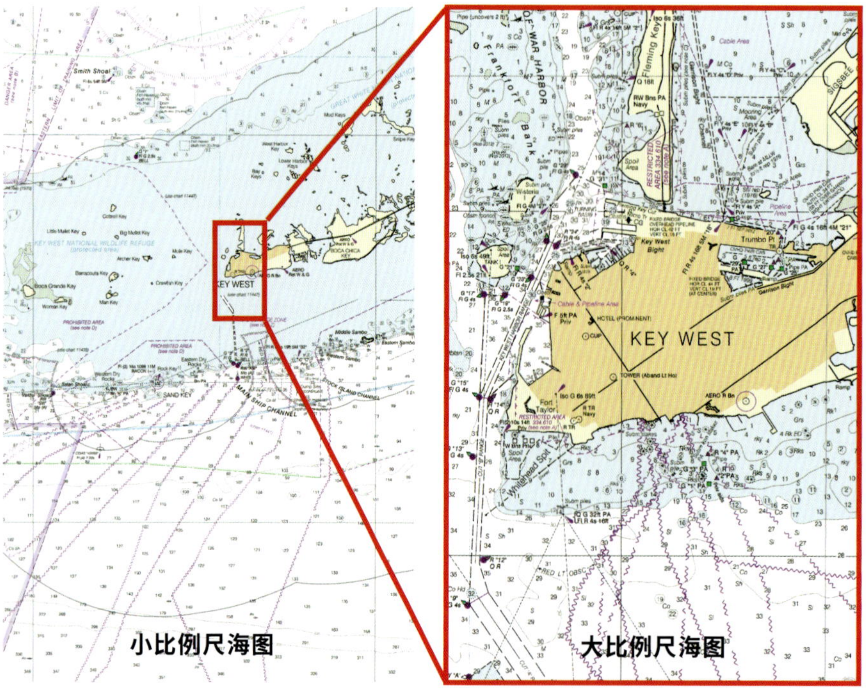

在小比例尺海图上（1∶180,000），比如这张基维斯特（Key West）海图（左图），某些地方的信息被省略掉了，使用这张海图导航会不安全。右图大比例尺海图（1∶30,000），用更详细的细节，显示了更小的区域。

航行中

终于，我们离开了码头，开始了航行。既然我们已经制订了稳妥的计划，还有优秀的船员，起航就是一种解脱。现在，你可以把注意力放到航行上了——让船和船员安全和快乐地驶往目的地。我们会复习一些引航和导航的基础知识，还会讲一些小技巧。

记录日志

船上的航行日志（ship's log）基本上就是一个数据库，用来记录和存储所有与导航和船舶操作有关的信息，包括航迹推算数据、引擎工作时间、气象观测、加油和加水。

对于导航员，每一页日志是航行进度、天气变化的一张快照，是计划下一步航行的基础。对于轮机员，日志记录了引擎的保养工作，还有保养维护计划。船长，通常同时兼任导航员和轮机员，可以根据日志条目重现发生过的事情，帮助未来更好地管理船舶。

航行中，要频繁地记录日志——可行的话每小时记录，但最少是每次瞭望换班时记录一次。给船员讲清楚正确的日志条目，以及记录信息的位置。瞭望换班时，回顾一遍航行记录是一件很重要的事情——确保日志清晰可读，不要有惊讶。

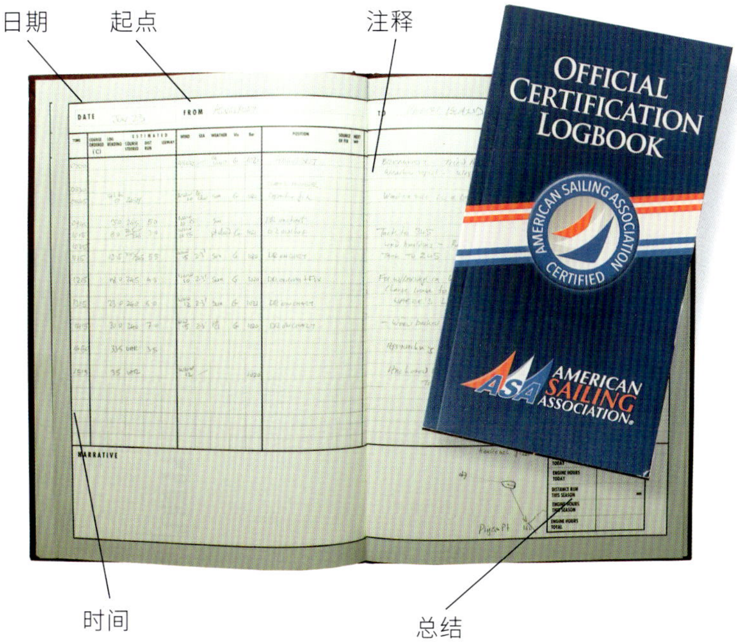

航行记录用来记录你船的航行进度，记录所有与天气、导航和船上系统有关的信息。你还可以把自己的海上航行时间记录进ASA航行日志。

如果你找不到一份适合你想记录信息的航行日志，你可以制作自己的日志页。

有用的日志条目包括：

- 日期和时间；
- 位置（坐标或描述）；
- 速度（根据速度计）和对地速度（来自GPS的SOG）；
- 行驶的距离（来自计程仪）；
- 计划航向，船首向，对地航向（COG）；
- 真风速度和方向；
- 海况；
- 天空（云的类型，能见度，降水）；
- 气压；
- 电池状态；
- 引擎工作时长（用于计算燃油）；
- 燃油高度和淡水水位；
- 升起的帆和换帆；
- 完成的保养；
- 遇到的技术问题；
- 瞭望换班；
- 值得记住的事情。

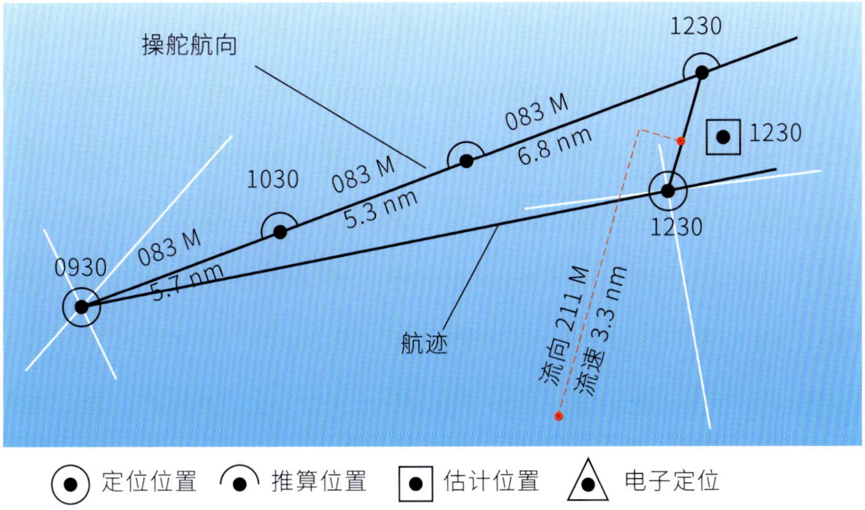

使用传统的作图符号，根据航行日志的信息，在海图上画出计划船位和实际船位。

航迹推算

导航员使用航迹推算（Deduced Reckoning，DR）方法，仅根据记录的数据监测船的位置。最纯粹的航迹推算，只考虑船的首向、速度和到最近定位位置或推算位置的时间。不考虑其他假定条件或者估计因素的影响（比如水流或风压差）。

即使是使用电子海图仪，在纸海图上作图的技术也是一项值得掌握的导航技能。

定时记录航迹推算作图，可以提供位置信息，记录操舵航向和行驶的距离。它能让导航员知道船的航行进度，必要时用作设定新航向的基础。

从一个已知位置或者定位位置开始航迹推算，比如出港时近距离驶过的某个浮标，然后每隔一段时间更新。

在更新时刻，算出离开定位位置之后保持的平均船首向和平均船速，记录在航行日志中。

从你的起航定位位置出发，沿着平均磁船首向的方向画一条直线。

根据起航时的定位位置，以及记录的船速，计算行驶的距离（D=S×T）。

使用分规在推算航线上量出距离，用推算位置符号和时刻，标出推算位置（参考作图符号）。一定要使用纬度刻度来量取距离。

从新的推算位置出发，继续执行整个过程。在选定的间隔时刻，以及在明显改变航向或船速时，更新航迹推算作图。

估计位置

航迹推算并没有考虑水流和风压差，但是谨慎的导航员不会因此无视它们，而把船和船员置于险境。通过画出估计风压差和估计水流的影响，你可以得到一个估计位置（EP，Estimated Position）。

要想画风压差，在航线的下风侧，沿着与推算航线偏差几度的方向画一条线。风压差角度通常是2°~5°，具体数值取决于船的特性和帆向角。沿着这条线，量出行驶的距离，找到估计位置。

再加入水流因素，估计出水流的速度和方向，或者从潮流表上推算出来。把这个矢量叠加到刚才根据风压差推算的位置上，得到一个同时考虑风压差和水流的估计位置（EP）。

你还可以从推算位置（DR）向一条位置线（LOP）画一条垂线，得到估计位置。这条线必须要垂直于位置线。这条垂线段，是从你认为自己所在的位置（推算位置），到你实际所在位置线的最短距离。

视觉定位

沿岸引航是指在能看见海岸、地貌特征和助航标志的范围内导航，你看到的这些东西也要能在海图上找到。如果已经事先画好了海图，推算位置能帮助导航者判断当前应该能看到哪些物体。在指定的时刻，导航员测量这些物体的罗经方位，并把它们以位置线的形式画在海图上。两条或者多条位置线的交点，就是定位（fix）位置。

测量方位

手持罗经是一个测量方位（bearing）的好用工具，它的大小和外形类似于一个冰球。选择自带良好的光学系统的那种手持罗经，这样你就能边观察、边读数。一些船用望远镜内部集成有罗经；它们尤其适合用于辨认和测量远方物体的方位。在夜间航行时，自带发光的罗经很实用。如果你没有手持罗经，可以采用不太精确的方法，穿过操舵台上的罗经观察远方物体，量出方位。

选择观测哪一个陆上标志很重要：你距离目标越近，方位测量不精确导致的误差就越小（永远都要假定测量的方位是不精确的）。

要想获得最高的精度，在选择测量两个方位时，尽量选择相隔90°的标志。

在测量三个方位时，尽量选择彼此相隔60°的标志。三条方位线的定位会更精确，而且若存在明显的误差，还可以丢弃某次测量。

航行中，你要提前准备好测量定位。参考你的推算位置，在海图上辨别出计划观测的物体。接近定位时刻时，靠视觉辨认出你的目标。

正横方向上物体的方位变化很快，因此要先测量正横物体的方位。船头或船尾的物体最后测量，因为它们的方位在较长一段时间内基本保持恒定。为了提高精度，尽量在最短的时间内测完所有的方位。比如，船速为6节时，船每分钟就能前进600英尺，即十分之一海里。你要保证测量方位的物体确实是海图上你要观测的物体（可以用双筒望远镜确定）。

冗余可靠是个很微妙的事情。假如船上有GPS，在进行视觉定位时，同时也记下坐标读数，这样你可以对比精确度。

使用质量优良的手持罗经，稍加练习，你可以测量出精确的视觉定位。

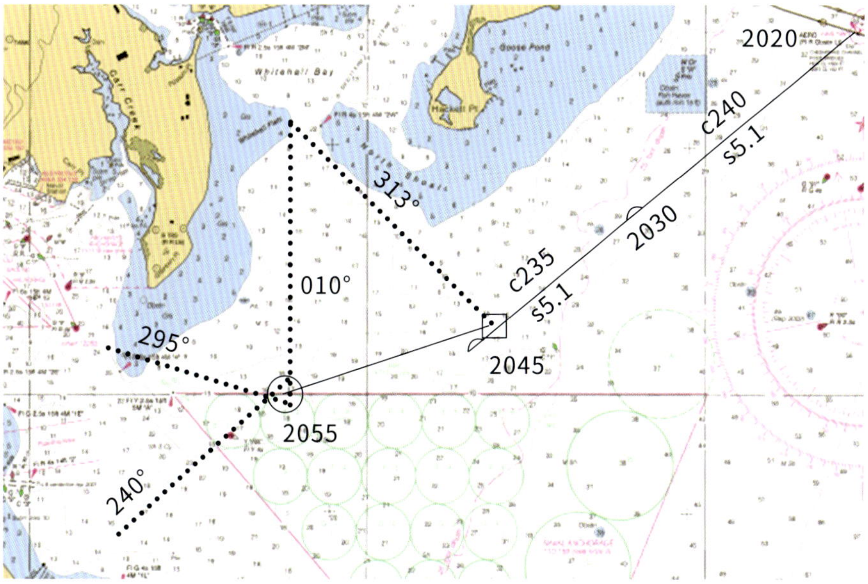

这张图上，我们可以看到20:30时刻的推算位置，还有根据推算位置和一条20:45时刻的位置线做出来的估计位置，以及在20:55时刻的定位位置。

到物体的距离）。这个距离也可以当作是一条位置线，这条位置线和方位线结合，就能得到一个定位。

例如：某个物体的相对方位（以船头为参考）是45°，当这个角度变成90°时（正横），你所行驶的距离就等于你到这个物体的距离。假如两次测量方位之间的时间是10分钟，而你的船速是6节，那么行驶的距离就是1海里。画一条90°的相对方位线，截取1海里的距离，这就是你的定位位置。

这种方法适用于所有舷角加倍的情形，尽管测量狭窄的角度可能不那么精确。在我们的案例中，30°/60°的测量读数能够给出一个定位，也给你留下了必要时修正航向、远离这个物体所需要的时间。

更多类型的位置线

一些位置线不是用罗经得到的。当海图上的两个物体在视觉上重叠时，你就得到了一个叠标。在海图上，穿过这两个物体画一条直线，标记上时刻，这就是一条位置线。

在深度有变化的区域，等深线也可以用作位置线，而且深度读数可以帮助你确认定位是否准确。

如果船上配有雷达，你可以同时获取某个物体的距离和方位，并根据这两条位置线得到一个自动定位。我们在下一章的避免碰撞章节，还会进一步讨论雷达。

标绘位置线

在海图上标绘出位置线，注意线要画到正确的物体上，还有方向不要弄反。画三条位置线可以显著地减少误差边际。如果你的方位线相交成一个三角形，那就再检查一下方位、目标和作图误差。完成之后，标出视觉定位位置，标上对应的GPS坐标位置，对比两者的结果。从新的定位位置出发，继续航迹推算作图，填写航海日志。

误差修正

比较同一时刻的推算位置和定位位置。假定推算位置是正确的，那么两者之间的差别可能是因为水流或风压差引起的。通过测量偏移的方向，以及到上次定位的时间和距离，计算出相应的矢量。如果你偏离了航向，用这个结果修正你未来的船首向，补偿偏差。

倍角法

舷角加倍法是判断某个物体的距离的一种方法。让某个物体相对于你船的舷角（相对方位）变为原来两倍，你船所需要行驶的距离，就是这个物体到你船的距离（行驶的距离=

移线定位（running fix）

沿岸航行时，你能观测到的目标很稀少，有时只能找到一个可以测量方位的物体。利用观测这个物体得到方位线，与你的航迹推算结合，你可以得到一个估计位置（垂线作图）。然而，你还可以在时间上平移这条方位线。根据时间和速度计算行驶的距离；把原来的方位线沿着你行驶的方向平移这个距离，就得到了一条平行的方位线。然后对准该物体（或者另一个物体）再测量一次方位，再画一条新方位线，使两条线大概有60°~90°的相交，交点就是移线定位位置。移线定位要比估计位置更加精确，但是准确度只会与用来平移方位线的航迹推算信息一样可靠。

移线定位使用两个不同时刻的位置线，根据行驶的距离平移第一条位置线，得到定位位置。

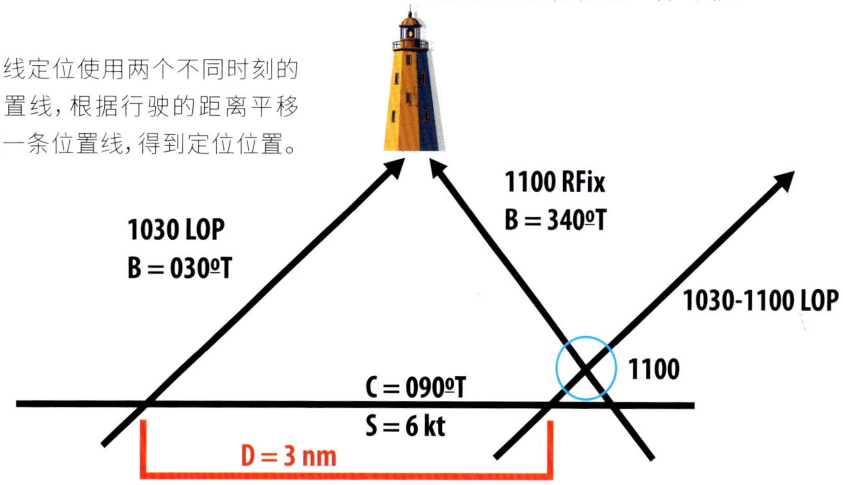

引航驶入港口

巡航的一大乐趣就是探索陌生的港口，但是第一次进入陌生港口往往令人迷惑，甚至感到恐惧。为了保证顺利地进港，你要提前做好准备，这样你才能在寻找陆标和其他参考物的同时，还能欣赏美丽的风景。

提前计划

你能从导航软件和互联网上获取大量的信息，帮助你制订计划。一些导航软件包含有港口的全景照片，而且网络上也有软件可以让你坐在电脑前虚拟地“驶入”陌生港口。

要想找到最详细的导航信息，一定要去查看大比例尺海图，无论是纸海图还是电子海图。作为备份，还要阅读巡航指南——曾经到过那里的人编著了巡航指南，它们通常包含了航拍照片和小海图，上边有推荐的进港、出港路线，以及特定陆标的距离和方位。它们还详细地标明了锚泊区域、码头和船舶服务，以及岸上的景点。

查询潮汐表和潮流表，尽可能地了解目的地的未来情况，并相应地计划好进港。尤其要注意港口是否位于河流或者河湾附近，那里可能存在强劲的水流；可以的话，计划好在平潮时到达。

引航细节

制订计划时，要记下怎样引航入港的详细笔记，引航需要频繁地观察海图上的参考物体。你可以把它们写在海图上，或者是写在一叠纸上，方便带进驾驶舱。可以选择以下几种或全部物体作为参考：

- 浮标：沿着有浮标的航道行驶。记下你要转弯或离开航道时，所经过的浮标的特征和编号。如果是夜间进港，尤其要注意发光的助航标志，并且远远地避开不发光的日间标志。
- 叠标：在海图上查找可以引导你安全入港的官方（政府设置的）叠标。在夜间，你可以利用助航标志或者高塔作为非官方的叠标。
- 方位：在海图上找一个容易识别的陆上标志，朝着这个标志画一条航线，让船能保持在安全水域中行驶。然后根据罗经操舵，沿着这条航线行驶。
- 水深：记下计划进港路线上的水深。利用测深仪，你或许可以沿着一条安全的海底等深线行进，绕过某个岬角或者突堤。

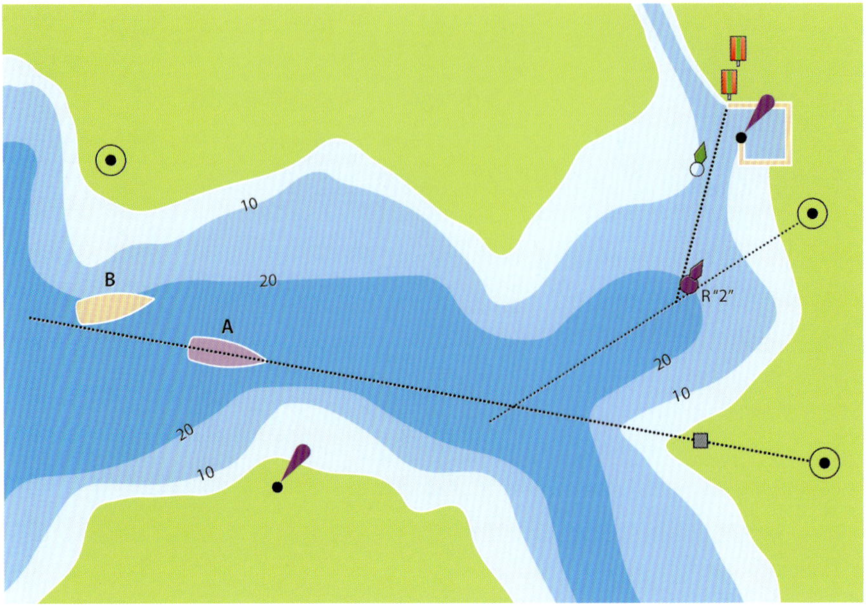

在良好能见度下，船A利用陆标和助航标志做成一个叠标，保持在安全水域中行驶。在糟糕能见度下，船B可以沿着20英尺等深线，驶到R“2”浮标，然后靠罗经操舵，沿着航道进港。

进港之前

在进入陌生港口之前，要考虑好天气和海况。如果能见度有限，而你恰好又要依赖视觉引航，那就在港外的安全距离上多等一会儿，等到能见度改善或者风暴过去。在下一章的夜间巡航部分，我们还会讨论更多的备选方案。

进港之前先做一次定位。在海图上画出定位位置，确认你处于一个安全的引航起点。然后，手里拿好笔记，心中记住上边的内容，继续进港。

当海图上的两个物体在视觉上对齐，你就拥有了一个叠标。在海图上，穿过这两个物体画一条直线，标记上观测到相叠的时刻，这就是一根简单的位置线。

潮汐和潮流

潮汐是水面的上下移动，它是太阳和月球的引力，作用于地球上的水体产生。潮流是高潮和低潮交替变化时的水体流动。你还可能会遇到洋流、河流、风驱动的水流，它们与潮汐无关，但是会影响潮水的流动。一定要确认上述哪种组合会影响你的航行。

潮汐表和潮流表有很多种形式，包括印刷版本、在线版本，还有海图仪或应用程序版本。你必须至少拥有一种获取它们的途径。一些潮流表上还带有潮流图，尤其是在有复杂潮流的区域。

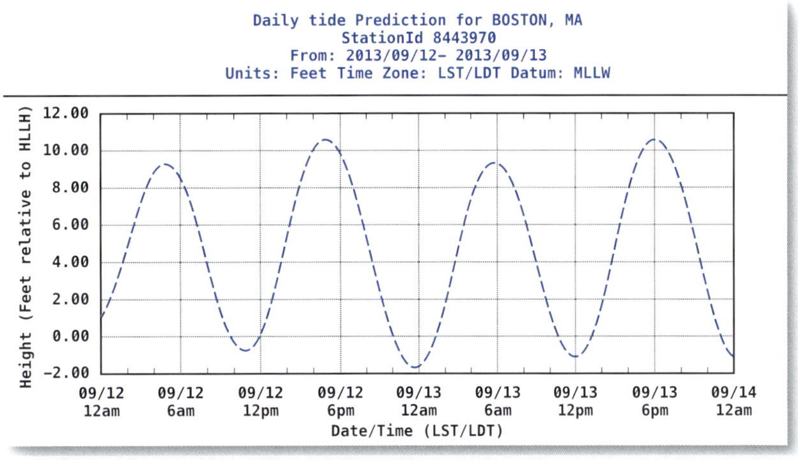

潮汐并不是以线性的方式升降。它开始上涨很慢，在潮汐中间时刻，上涨最快，在接近高潮时又趋缓。下降方式也是类似。这张潮汐图描绘了半日潮的情形（每天两个潮汐周期）。

潮汐

潮汐会追随月球绕地球转动，就像是波浪一样。由于每个太阴日（月球接连两次通过同一子午线）是24小时50分钟，因此高潮和低潮每天都会晚到50分钟。每个完整的潮汐周期是29.5天，其中在满月和新月时，月球会和太阳，相对地球连成一条直线。它们的引力合力会产生大潮，即该农历月的最高高潮和最低低潮。小潮——对应了较低的高潮、较高的低潮——发生在月球和太阳与地球相互垂直时。

在一些地区，潮汐是全日潮：每个月球日有一次高潮和一次低潮。而半日潮，每天会带来两次高潮和两次低潮，彼此相隔6小时。混合半日潮在每个月球日有一次较高的高潮和一次较低的低潮。

潮差是高潮与低潮之间的高度差。它的幅度，不仅会受潮汐周期的影响，还会受地形特征，有时甚至是天气的影响 。

桥梁高度是以平均高潮面为基准，给出了安全净空高度的保守估计。

潮汐表列出了高潮和低潮的时刻，以及每次潮汐高于某个声明基准面的高度[在美国，这个基准面是平均较低低潮位（Mean Lower Low Water, MLLW）]。潮汐修正表给出了计算副站潮汐数据的修正量，你需要用主站数据加减修正量。

要想获得高潮或低潮时的水深，海图上的深度要加上预测的潮汐高度——预测的潮汐高度有时是负值，因此要格外小心负号！你也可以利用图形预测方法（可以是电子形式）来估算任意时刻的潮汐高度。当你在锚泊，或者是对比深度计读数和海图深度时，这个数据很重要。在使用表格时，无论是纸质表格还是电子表格，一定要注意单

水流的小知识

- 水流并不总是以直线流淌，尤其是靠近岸边时。它经常会拐弯绕过某个岬角，形成一个漩涡。潮汐流会随着潮汐周期而倒换方向。
- 注意风对水流的影响，尤其是在浅水湾。强风会让潮流减速、加速，甚至倒换方向。
- 如果你正在驶近一片强水流区域，在你驶进这片区域之前，先驶向上游一侧。

水流从左向右流动时，浮标会产生尾波。

位（是英尺还是米），还有参考时间（当地时间还是GMT），以及计算修正量的指导说明。

在通过桥梁的时候，潮汐高度很重要。桥梁高度的基准是平均高潮位，因此只要你不是在高潮时通过，桅杆上方总会留有一点余量。

潮流

涨潮流伴随着上涨的潮汐，退潮流伴随着下降的潮汐，而平潮是水流停止和倒换方向的时刻——大概与高潮时刻和低潮时刻重合。潮流表（和应用程序）上有平潮的时刻，最大涨潮流和最大退潮流的时刻，以及潮流的方向（set）和流速（drift）。

你必须要计算出潮流的时刻和强度，并且把这些信息变成你的优势，尤其是在潮流很强的情况下。水流可以在你的对水速度的基础上，增加或者减少数节的速度，这对于帆船来说，是一个非常巨大的比例了。抓住流向海岸的涨潮流的机会窗口，是涨潮之前的平潮到退潮之前的平潮，而最强的潮流出现在二者之间的中间时刻。

知道了潮流的方向和流速，你可以估算出一段时间内它对船的影响，并且通过把船首向转向上游，抵消水流的影响，保持船沿计划航向行驶。

你可以利用矢量作图方法，在海图上计算出要求的船首向，或者是你也可以通过视觉的方法，朝上游方向偏转10°左右，并且：

- 使前方远处的某个物体保持恒定的罗经方位。
- 使用叠标，即近处的某个物体与远方的某个物体在视觉上对齐。如果两个物体始终保持对齐，你的船首向就已经完全补偿了水流的影响。
- 比较罗经船首向和后方（你之前经过）的物体的方位。

我们应该区分两种航行进度的度量方式：

- 对水速度和对水船首向，它们可以在速度计和罗经上直接读数。
- 对地速度和对地航向（SOG和COG）。它们包含了水流和风压差的影响。你可以利用沿岸引航的方法计算出SOG和COG，并把结果与航迹推算做对比；你也可以利用GPS直接读数。或者同时使用以上两种方法，当作一种练习。

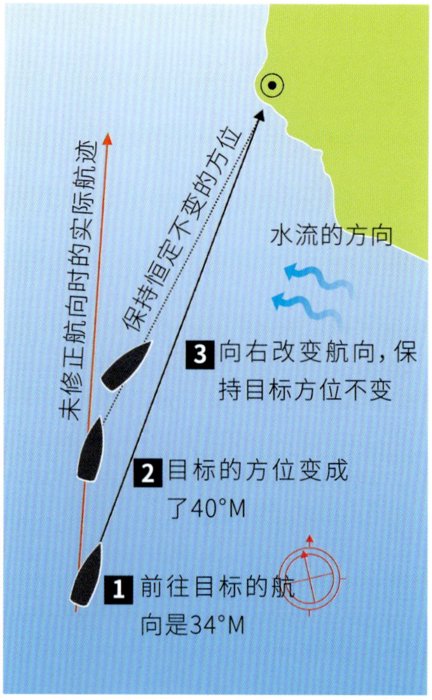

当你被水流推到航线的一侧时，船头前方的物体方位会随着时间而变化。船头稍微朝上游的方向偏转几度，修正水流的影响，使物体的方位保持恒定。

电子导航

GPS和其他电子工具使得导航变得更加精确，更加省时。但奇怪的是，水手们依然会搁浅，而且经常是开着GPS搁浅。明智的船长知道电子仪表虽然功能强大，但是也有自身的局限；它们可以用来提供支持，但不能代替谨慎的基本导航技术。

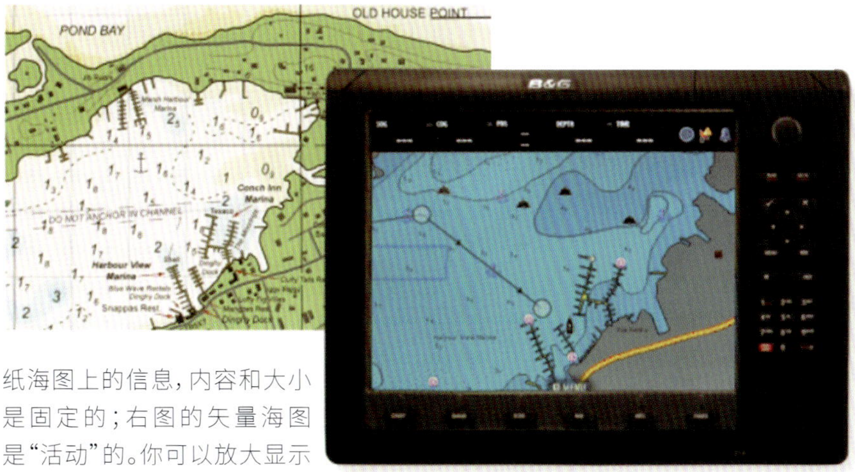

纸海图上的信息，内容和大小是固定的；右图的矢量海图是“活动”的。你可以放大显示更多细节，缩小隐藏细节。

GPS和海图仪

能够显示电子海图和GPS坐标的仪器有很多，包括智能手机，还有专用的海图仪。它们还自带计算功能，显示众多的信息：

- SOG：对地速度。GPS大约每秒更新一遍位置坐标，这样能计算出对地速度（Speed Over Ground, SOG）。SOG是船相对于大地的速度，而不是相对于水的速度。SOG和船速可能会有差异，原因可能是存在水流或者速度计故障。
- COG：对地航向（Course Over Ground，COG）是船在两次位置更新之间的移动方向。COG显示了船的实际运动，反映了水流、风压差、罗经误差对操舵航向的影响。
- 航迹（track）：这是对地航向的历史记录，显示了船曾经到过的位置。
- 路点（waypoint）：通过设置路点，海图仪可以计算、更新和显示路点的方位、距离和预计到达时间。
- 路线（route）：你可以按顺序选中一系列你要到达的路点，编辑成路线。选择好要遵循的路线之后，仪器会在你每次靠近路点时提醒你，这样你就可以进行必要的操舵，转向下一个路点。
- 航迹偏差（Cross Track Error，XTE）：海图仪还能显示航迹偏差，它表示向左或向右偏离两个路点之间的等角航线（直线）的距离。
- 电子定位：GPS仪器能够显示位置的经度和纬度，这些坐标可以画在纸海图上，成为电子定位，把传统导航和电子导航结合在一起。

电子海图

电子海图汇总了来自NOAA的信息和其他水文服务商的信息，可以从很多的销售商那里买到，用在电脑、专用海图仪、平板电脑和智能手机上。

广泛使用的电子海图有两种类型——光栅（raster）海图和矢量（vector）海图，它们看起来区别很大。光栅海图就是纸质海图的数字扫描影像。而矢量海图则是一个数据库，它是由多个层次的数据组成，可以根据缩放级别和用户选择的范围来显示。在小比例尺海图视图下（缩小），电子海图显示的细节很少；而在大比例尺视图下，细节更多：这经常导致很多重要的细节被“遗漏”。

矢量海图包含有额外的信息，比如商业服务的地点，还有港口的照片。记住，不管海图的外观有多么华丽——无论是光栅海图、矢量海图、纸海图，它们的质量只取决于绘制海图时的测量精度，以及导航员是否勤奋地更新海图。在今天，只有10%的航行水域能达到GPS标准的测量精度。所以，尽管GPS在地球表面上的定位误差可以只有几米，但是海图的误差可能会偏差几百米甚至更多！

小知识：断电之后，GPS就无法定位了。每隔一段时间，在纸海图上更新你的位置。

海图仪可以集成到船上系统中，也可以是独立的平板电脑。

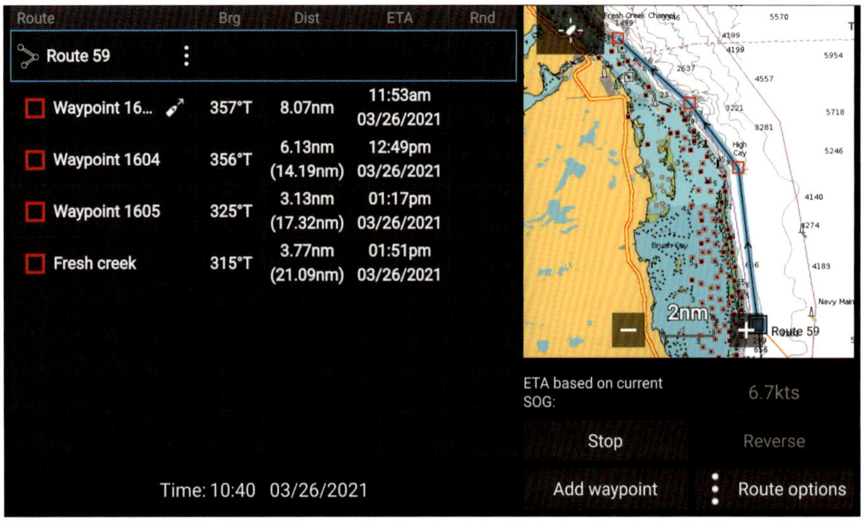

通过向航行水域添加航路点的方法，编辑成路线。SV Gemeaux号帆船的海图仪上显示了方位、距离，以及到达每个路点的时间、总距离，整条路线的预计到达时间（ETA）。

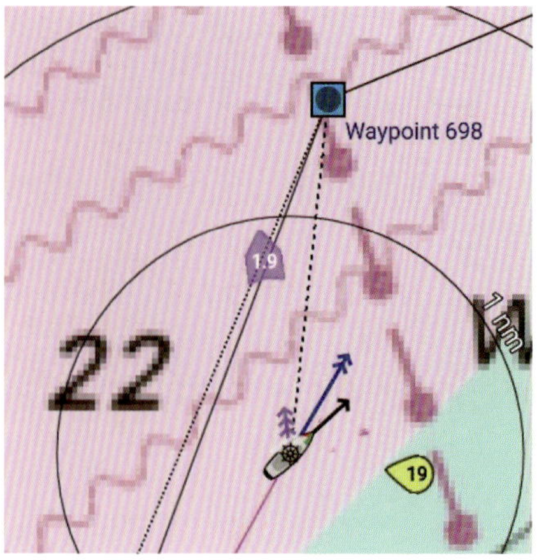

覆显的矢量显示了SV Horizon号帆船的船首向（黑色箭头）、对地航向（蓝色箭头）、水流（紫色箭头）和风（黄色）。虚线表示到达路点的方位和距离。

SV Gemeaux号帆船正在墨西哥湾暖流中以2.6节的速度斜行。分屏界面可以同时显示海图和AIS相遇（左屏），以及道路视图（右屏），道路视图上显示了偏离航迹误差（XTE）和返回航线的方向。其他的数据区域还显示了路点的距离、方位，ETA和VMG。

路线规划

海图仪简化了路线规划，你只需在海图上“放置”几个路点就行。创建路线的一种方法是先缩小视图，然后在起点和终点之间画一条线，然后再放大视图，查看路线上的危险物，然后再放置路点，使路线避开危险物。

小比例尺视图可能无法显示规划安全路线所需要的全部细节，因此你务必要在足够大的比例尺下，“预先航行”一遍整条路线，查看路线上所有可能的危险——就像在纸海图上所做的那样。

很多应用程序能够自动规划路线。你只需输入船的吃水深度和净空高度，程序会自动计算出一条可航行的路线。一些应用程序还能根据船在不同帆向角上的速度参数（类似速度极图），优化路线和起航时间，并且考虑进潮汐、水流和GRIB文件上的天气预报。

位置和航迹

船的GPS位置会以图标的形式显示在海图仪上，通常是用一个船形标志表示。海图仪绘制了一条“航迹”，就像是洒在你曾经经过位置上的电子面包屑。

研究航迹可以发现是否存在水流（或者风压差，或者糟糕的操舵技术），正在让你偏离航线。你还可以保存航迹，创建一个回程路线，留作未来使用。

航向预测矢量

航向预测矢量（course-predictor vector）是船的对地航向的向前延伸。它显示了水流和其他因素对船的航向的影响。你还可以添加一个显示船首向的矢量，但是矢量太多也会带来混淆。

航迹偏差（XTE）

如果保持航向对于避免碰撞很重要，你要特别注意自己的航迹偏差XTE；调节船首向，抵消掉产生航迹偏差的因素。你可以把航向预测矢量当作是一个参考。然而，不要总是盯着航迹偏差；用帆航行时，要根据风和帆来操舵。

小知识：不要把航行时间用来盯着海图仪。只在你想确认传统导航技术的结果时，再去参考它，你应该养成环顾四周的习惯。没有什么仪器能代替甲板上的眼睛。

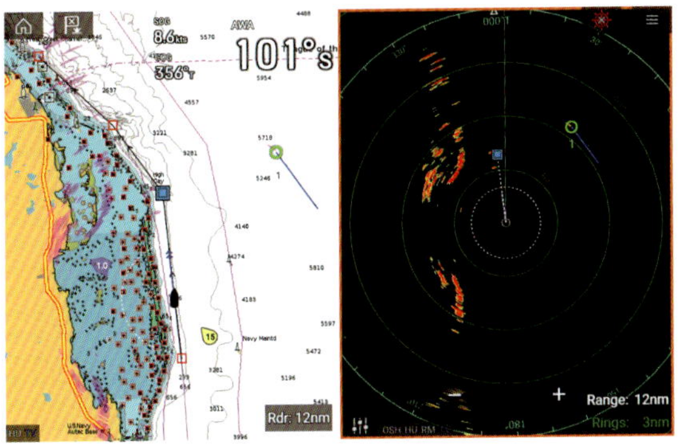

SV Gemeaux号的雷达回波图（品红色）覆盖在了海图上，可以用来对照海图上的陆地。在水上，雷达可以探测和追踪没有发射AIS信号的水面船舶（比如一艘潜艇）。

指针表盘上清楚地显示了真风和相对风角度。

SV Horizon号正在驶过一群锚泊的轮船（右下角）。移动的船舶会显示一个COG矢量。覆显的雷达回波（品红色）显示了雷达波射程以内的船舶和助航标志。近距离报警可以在拥挤的航道里提醒你注意情况。

雷达和AIS覆显

如果船上装配了雷达和AIS，海图仪可能允许你把它们的信息覆盖显示在海图上。雷达的功能非常强大，可以用于导航、避碰和气象。AIS是一种很强大的避碰工具。无论你是把它们覆盖显示在同一屏幕上还是单独显示，这些工具都极大地提高了你对环境的感知。下一章有这两种工具的更详细介绍。

显示的设置

海图仪允许你选择想要查看的数据，比如COG、SOG、路点的距离和ETA。海图仪还有显示鼠标的距离和方位的功能，适合用来把观察到的助航标志和陆标，与海图上的符号配对。如果海图仪与其他仪器联网，它还可以显示风、水流、深度和船首向。

装载了合适的软件之后，海图仪还可以显示预测的潮汐和潮流。这在计划航行时和航行中都很有用。

阅读手册，了解怎样能最好地利用海图仪，并保持更新到最新的软件版本。

电子导航的技巧

与我们每天都在使用的电子工具一样，导航仪器也集成了很多的功能。单独来讲，每个功能都有助于更简单、信息更充分和更加安全地导航。然而，花里胡哨的功能有时候会分散你的注意力，让你看不到真实世界的情况。阅读仪器的使用手册，按照上面讲的使用步骤，正确地使用工具。

- 把路点设置在助航浮标的安全一侧，并且距离要足够远，不要与使用同一浮标作为路点的船舶扎堆。
- 确保你不会穿过浮标位置到达路点。
- 对于从网上或从出版物上找到的路点，要慎重使用。如果你要使用这些路点，再次检查它们的位置正确。
- 如果GPS海图仪容许设置带颜色的“安全等深线”，要确保这个深度比你船的吃水深度多几英尺。
- 使用对地航向预测线，直观地了解对地航向和船首向，帮助你修正罗经误差、水流和风压差。
- 海图仪上，对你想要观察的东西要有选择性。这样可以减少显示屏上的杂乱，更便于阅读。
- 把海图仪的时区设置成你的当地时间。这在计算潮汐、潮流和ETA时格外重要。
- 所有的仪表要显示同样的单位：磁方向（推荐）用于航向和方位；英尺或米要与海图上的单位一致；海里表示距离；节表示速度。
- 海图仪可以设置成“北在上（north up）”或者“航向在上（course up）”。在港口、航道和狭窄水域内操作时，一些人认为“航向在上”更容易解读。
- 检查电子罗经已经校正过自差。
- 确保GPS已经设置成与海图同样的基准（通常是WGS 84）。

第七章
沿岸航行

瞭望值班

开启一场沿岸航行，会在空间上、时间上和环境上扩展你的巡航边界。沿岸航行跨越了数天的时间，包含了夜间航行，能让你探索远方的水域，或者是超越光船租赁的地理限制。沿岸航行需要一系列的规划和操作技术，其中包括瞭望值班、航线规划，以及安全地夜间巡航。

谨慎的船长会设计一个瞭望值班系统，保证24小时能安全地航行，同时还要留下吃饭、休息和维护保养的时间，同时还要应对各种突发情况。瞭望值班要求设计一套船员轮班系统，还要有一套值班的常规命令，让船员们知道值班时应该做哪些事情。

给船员讲解清楚，准备出航。

船员轮班表

时间	值班	
0100 - 0700	泰德	值班长：泰德，艾丽斯
0400 - 1000	鲍勃	早餐：自助
0700 - 1300	艾丽斯	
1000 - 1600	卡罗尔	1230：午餐*
1300 - 1900	泰德	
1600 - 2200	鲍勃	1830：晚餐*
1900 - 0100	艾丽斯	*值班的人：准备和打扫
2200 - 0400	卡罗尔	夜宵：自助
		日间值班
		上午：打扫驾驶舱、厨房、厕所。检查给养，记录燃油和水量。
		下午：机械检查、舱底、通海阀、操舵系统、安全器材。索具：检查磨损。

瞭望值班系统

在设定瞭望值班系统时，有多种选择。选择最适合你的船员数量、船员技能和船员性格的系统。如果船员数量足够，可以在夜间或者恶劣天气下，尽量安排两名船员在甲板上值班。每一个值班小队由一名指定的值班长领导。然而，巡航夫妻或者人数有限的船员，可能需要单人值班。瞭望值班的选择有：

传统的值班系统，是相隔4小时的两班倒。一些船员喜欢在夜间只值3小时的班。在长途巡航中，白天一班4小时，夜间一班3小时，这个系统是自轮班的，即每人在下一天都会自动轮换到另一个时间段值班。如果你是采用4小时值班，那么1600到2000的一班可以分成两部分：1600－1800一班，1800－2000一班，这样就完成了轮换。

有些船员喜欢混合值班系统，它有更多的连续性，每3小时就换一班新人。若船员有4人，值班长值6小时的班，在0600和1200时刻换班。值班伙伴也是值6小时的班，但是在0300和0900换班。这种方法有更长的时间对船员进行交叉训练，休班睡觉的时间也更长。

另一种选择是把船员分成3组。例如，对于6名船员，2人一组值一班，第二组休班，第三组预备。在天气良好的条件下，值班组自行操船，预备组可以休息。在更有挑战的时间段，召集预备组，让三分之二的船员上甲板。这个系统允许船员在可行的情况下多休息一会儿，而在必要时也能增加人手。

数量更多船员可以分成四组，每2人一组，值班2小时，值预备2小时，4小时休班。当航行条件允许短时间值班时，这个系统效果最好。

2名船员或许可以采用“5－4－3”的值班系统。白天5小时一班，黎明和黄昏4小时一班，难以保持警惕的深夜3小时一班。

无论你采用哪种系统，船员必须要能得到休息。很多船员，尤其是那些第一次巡航的船员，他们很难适应船上的日常生活，还有巡航时的早睡。疲劳会导致糟糕的判断和错误的决策。从白天开始执行值班系统，让船员习惯一种生活节奏，鼓励船员在休班时休息，哪怕他们当时无法入睡。

这个日程安排，或者说瞭望安排，应该与船员的家务工作相协调，并且要张贴在醒目位置，方便船员查看。

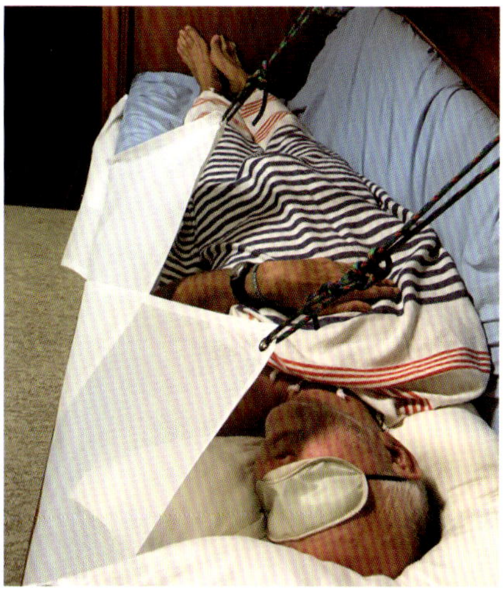

下风布（lee cloth）可以让不值班的船员，安全和舒适地躺在床铺上睡觉。

驾驶舱里的瞭望值班小组把安全绳挂扣在坚固的眼板上。船尾护栏上固定有MOB示位浮标，罗经基座上还绑着一把应急刀。

常规命令

常规命令（standing orders）明确地描述了船长对值班船员的要求。把常规命令用纸笔写下来，这样会迫使船长努力想好优先事项和阈值标准，更有助于清晰地向船员传达——船员可能是你的好友或家人。这些内容应该在向船员做介绍时就口头讲清楚，然后再留下书面的版本以供参考。

小知识：常规命令应该让所有人都能参阅，类似还有前面第五章的航行计划和应急流程。把它们夹起来放在导航桌上就可以。把常规命令张贴在容易看见的位置。

☑ 常规命令的内容

- 安全指导（比如什么时间必须穿救生衣，如果有船员离开驾驶舱去前甲板，必须有监督者）。
- 在接手值班之前需要完成的交接检查，保证了解周围的状况。
- 瞭望值班的职责。
- 航行日志条目，以及重要的项目（比如位置、航向、速度、天气观测、帆装、与其他船的通信）。
- 导航作图和天气更新的频率。
- 向岸上报告位置的频率（AIS、手机、卫星通信器材）。
- 值班的交接事项，确保顺利地交接给下一班船员。

常规命令还包括“在什么情况下叫醒船长”的准则。告诉你的船员，他们若能不加迟疑地叫醒你，你会睡得更踏实。

☑ 在下列情况下叫醒船长

- 风摆动了，或者天空或温度剧烈变化。
- 你船的位置不确定，无论是你的引航和GPS位置之间有偏差，还是观察到意料之外的灯标或陆标。
- 你无法与另一条船保持预先设定的距离。
- 所有不寻常、让船员不安的事情。

在轻松的条件下遵循一套常规的流程，等到了环境恶化或者装备故障时，这些习惯就会显现其价值。

沿岸航行规划

航行规划

导航和天气对于巡航是紧密相关的，而且这种关系在准备沿岸巡航时更进一步地加强。作为船员，你必须承担一系列与航行规划相关的工作。

首先，了解当地气候，查看在当月或最近几个星期，预计会遇到哪些典型的天气。引航图（pilot charts）和海岸引航（coast pilot）是很好的气候学资料来源，它们呈现了特定区域多年来的平均气象数据。你是否选对了航行的季节？或者是对于当前季节，你是否选对了巡航的目的地？还有哪些备选的目的地？

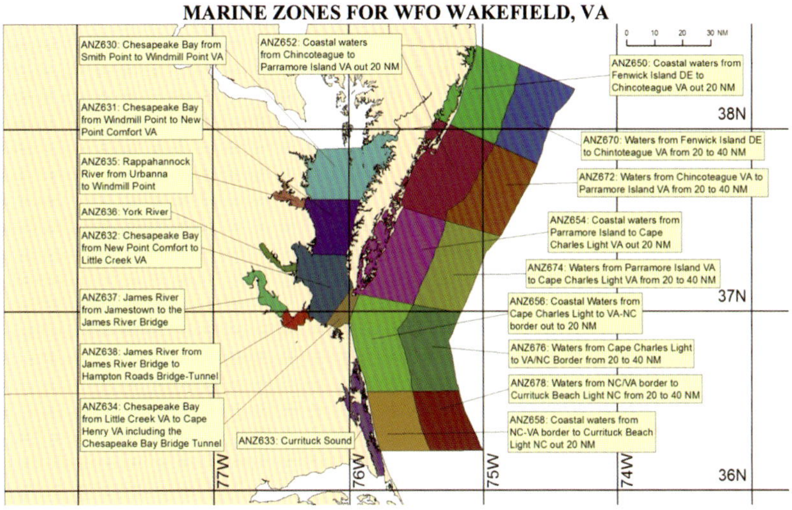

NOAA海洋分区可以让你高效地选择天气预报信息。

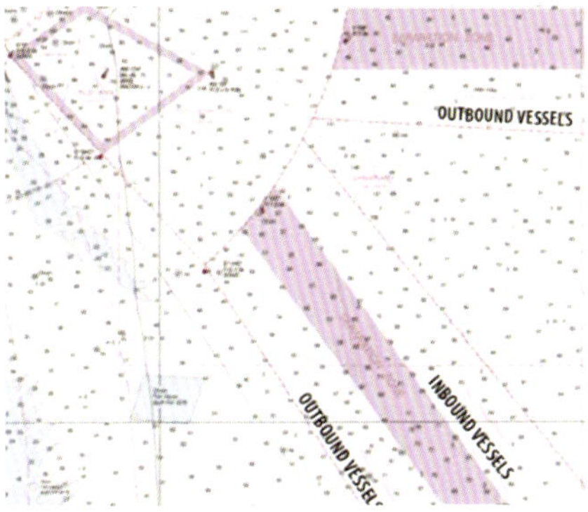

记录下计划路线上的分道通航区域。

气象规划的步骤

在出发之前，研究天气预报，确保你有一个天气窗口——持续一段时间的好天气，还有你的船和船员技术水平能够完成航行。没有什么理由值得亲身赴险，你可以调整路线、目的地或者起航的时间。气象规划的步骤有：

- 查看地面天气分析图和天气预报图。
- 根据你每天的平均速度，标记出每隔12/24小时预计到达的区域或地点（见78页）。
- 根据路线，下载所在海洋天气预报区域的文本天气预报。
- 记录下重要的参数：高压、低压、锋面、风速/风向、波浪、水流、危险的降水。
- 对比天气预报和GRIB文件，记下二者之间重要的区别。

根据天气预报，选择合适的天气窗口，调整出发的时间（或者目的地），保证能安全地航行。判断你究竟是应该分段航行，还是不停留地行驶完整段航线，看怎样能避开不利的天气。

下一步，拿出海图，画一条最短的可航行路线，前往你的目的地。即使你主要使用电子海图导航，纸海图也能让你在规划航行时有一个整体的感知。计算总的距离，选取一个现实的平均巡航速度，判断在良好条件下的大概的行驶时间。要记住，你可能无法直接行驶某个航向；迎风换舷或顺风换舷会在直线距离上增加50%。标绘出路点，记录下路途中会遇到的轮船航道、运河、桥梁和其他潜在的危险。估计潮汐和潮流，尤其是在它们可能影响你的预计到达时间的情况下。记录下合适的港口和锚地，还有万一需要时，沿途有哪些庇护地点。

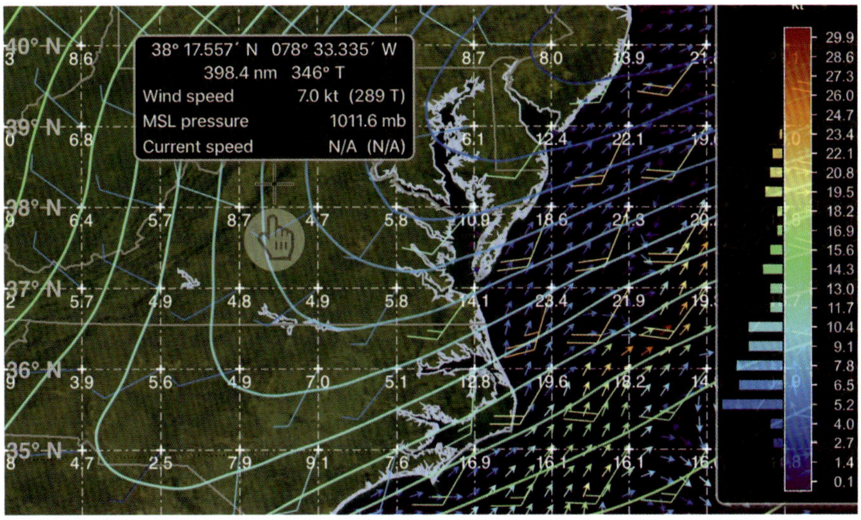

气象GRIB文件是NOAA天气预报的补充（但是不能替代）。这张OCENS GRIB Explorer软件的截图显示了气压、风和洋流。

导航讲解

向船员们讲解完整的导航计划和天气预报。其中包括记录完整和清晰易读的航行日志（很重要），查看记录的信息，还有日志条目的更新频率。强调船上天气观测，以及更新天气预报的重要性。海图、海事出版物和导航工具要易于随时取用。

安全讲解

在起航之前，向船员讲解瞭望值班的常规命令，应急配置表（Emergency Station Bill），以及所有安全器材的位置。确认所有船员都有合适的个人安全装备。

后勤

出海计划。一定要填写一份出海计划，交给岸上信赖的人，然后制订一个计划，定时地向他报告你的位置，比如每天一次或两次。

外国清关。如果航行会驶入另一个国家，研究并且遵守当地清关的要求，起航前确保你有合适的文件和旗帜。至少，你需要出境证明、船舶注册文件或船籍证书，船员的护照，检疫旗，所到国家的礼遇旗。清关步骤的细节在本章后文。

航程的限制。比较你的预计在航时间和燃油航程、淡水容量和污水箱容量，确认此次旅行是否能跑完整段，还是这些限制要求船必须半途补给停靠。在途时，监视和记录水箱、油箱的用量，这样你就能建立一个基本的消耗速率基准。这样做还能发现问题，比如水箱漏水，你就能采取行动补救。

燃油。最好有足够的风让你用帆行驶完大部分旅程，你只需要开动辅助引擎进出港口、穿越运河，还有给电池充电。在出发之前，判断出最有效的发动机转速（RPM）是多少。引擎手册上有不同转速下的燃油消耗速率（加仑每小时）。记录下船在这些转速下的船速（节）。要想计算出机动力行驶时最有效的转速和航程，使用下列公式：

- 速度/耗油速率=海里每加仑（MPG）
- 船上加仑数/耗油速率GPH=航程（小时）
- GPH，加仑每小时，表示耗油速率。
- 船上加仑数×海里每加仑=航程（海里）

保守地估计。计划保留1/3的燃油作为预备，以备多走距离、绕道和加油受限。还要记住，航程会受船体脏污、水流、波浪和风的影响。

淡水对于船员的饮水和卫生都很重要。计划每人每天饮用0.5加仑的淡水，生活用水每人每天2~5加仑。还要预留几加仑的淡水饮用水作为预备。

污水箱容量在内陆水域可能是限制航程的一个因素，它决定了中途需要停靠几次来泵空污水箱。

垃圾是长途旅行中问题。指定一个存放垃圾的区域，直到你能安全地在岸上处理垃圾。

食品给养。让船员吃上各种温暖、营养丰富的饮食，这对于24小时不停歇的操船，以及安全和士气都很重要。把航行之前做好的一锅餐（one-pot meals）冷冻起来，航行途中加热之后就可以上桌。尽量把全体船员聚在一起享受一顿晚餐，正好趁此机会给船员做一次总结讲解。有策略地储存食品，这样在需要做饭和用作零食时，可以方便地取用。给船员们分发可以重新加水的水杯，保证大家的饮水，同时准备好足量的淡水和能量饮料。

航行规划涉及方方面面，但是你准备得越充分，旅行就越享受。尤其是在包含夜间航行的时候！

气象规划的步骤

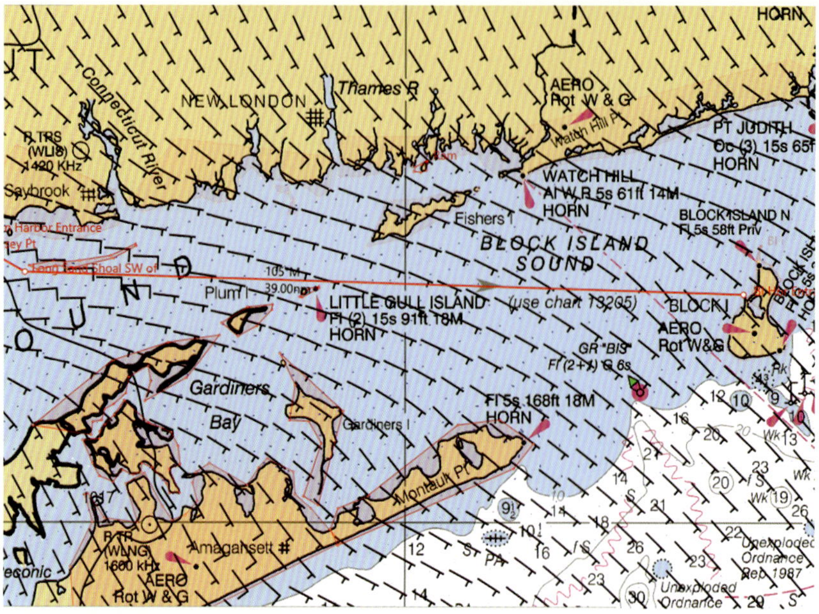

航线规划软件和应用现在越来越普遍，可以根据你船的航行限制、性能参数、水流和预报的天气，帮助规划和优化路线。这些软件即包括免费的应用，也有付费订阅服务，可能已经安装在你的海图仪上了。图上是Expedition导航软件的截图。

夜间巡航

感知与感觉

夜间航行是巡航最大的快乐之一，这种独一无二的体验带来了很大的回报，但是它要求你额外的准备和特别的警惕。夜间航行能让你与自己的知觉，还有与周围的环境，建立一种奇妙的联系，这是白天航行所不具备的。由于再也无法过度依赖视觉，因此我们身体的所有感官都会活跃起来。我们能感受到来临的天气锋面，因为空气的湿度和温度、风的强度都会变化。我们通过船的运动和力量，感受到调帆的状态。我们会注意到迎面而来的波涛的声响，还有船体在海水中滑行的声音。幽暗的厨房里散发出来新鲜咖啡的芬芳，也让我们的嗅觉变得更加敏锐。视线的焦点，也从岸上和船上的灯光，转移到点亮天空和船帆的月光和星空上来。单凭眼睛就能看到这么多奇妙的美景，心中也会觉得惊奇和喜悦。

从实践的角度讲，夜间航行也扩宽了我们的巡航的边界。我们不用停泊在安全的港口里，可以多行驶三倍的距离，这让我们能够抓住天气的窗口，还能抓拍美丽的日出。

夜间巡航也是很多水手盼望已久的旅行方式。只要做好明智的准备和规划，这是回报最大的一种巡航。

日落之前，系好甲板安全带，绞盘上多绕一圈绳子。

船的准备

我们在第五章讲到了巡航安全器材，现在就来看一下夜间航行的重要事项。这些事项应该在航行前就检查一遍，而且在每天黄昏前再检查一遍。

甲板以上的检查，在日落之前，检查一遍甲板：

- 检查所有航行灯正常发光，且没有被遮挡。
- 黄昏前要铺好甲板安全带，检查好；所有上甲板的船员都要穿救衣，并且要用安全绳扣在甲板安全带上或者驾驶舱板眼上。
- 所有的器材要准备好随时取用：带红色镜头的手电筒、VHF电台、空气号、罗经、双筒望远镜、探照灯或高功率白光灯。
- 清理驾驶舱中的多余器材、水杯、餐具。
- 检查所有羊角结，保证绳结一致且牢固。
- 确保所有绞盘都已经绕上了几圈绳子，保证安全。
- 升起雷达反射器。
- 标记好活动索具（升帆索、缩帆绳），准备好快速缩帆。使用手摸可以辨别的标记[比如在绳子上缠细线捆扎（whipping）]，能让你在夜间摸到和辨别绳子。
- 在天黑之前缩帆，除非你确信天气预报说未来不需要缩帆。
- 如果是顺风行驶，务必要设置好防止意外顺风换舷的保险索。
- 把仪表的背光调到接近最低，然后随着天色越来越黑继续调低。可以的话，调到夜间颜色面板。
- 测试雷达，检查发射状态、预备状态和关机状态下的功率损耗。在频繁使用雷达时，特别要留意电池电量。
- AIS，测试，并且和眼睛的观察结果做比较，与雷达交叉印证。

缩帆

船应该设置好快速缩帆，缩帆绳和升帆索要就位。每名船员应该都预先安排一个岗位和职责，夜间时可以全员上甲板缩帆。下午的雷暴（飑）演练可以让船员做好准备。在黑暗时再演练一遍，确保在黑夜中一接通知就能立即缩帆。

甲板下方的准备：收拾完晚餐之后，为值夜班的船员灌满一瓶热水，然后整理船的内舱。

- 检查电池组已经完全充满电。
- 做一遍完整的机械检查。
- 内舱灯切换到红光模式，保护夜间视力。
- 固定好值班休息床铺（用下风布、下风板），这样即使在船侧倾时也能睡觉。
- 放好易于取用的零食和饮水，这样就不会打扰到正在休息的船员。
- 必要时，值班人员要叫醒船长。
- 准备好舱梯口挡板（washboard），防止进水。

灯光

LED航行灯能提供非常好的辨识度，而消耗的电力又很少，而且密封很好，比白炽灯更不易出故障。桅顶三色灯的能见距离更远，但是只能在用帆行驶时使用。靠近海岸时，甲板高度的航行灯更合适，因为周围的船可以更容易地认清你船的大小和方向。靠帆行驶时，这些灯可以独立地使用，也可以配合桅顶的上红下绿环照灯使用。机动力行驶时，它们与蒸汽灯一同使用。

明亮的白光灯非常适合寻找不发光的浮标，或者是照亮自己的船（让其他船看见），而且是营救落水人员的重要工具。但是由于它很刺眼，因此最好使用可调亮度的灯。

红光灯很重要，因为它们能保护人的夜间视力。人的眼睛依靠视杆细胞和视锥细胞两种细胞来看清东西：白天时，视锥细胞可以分辨颜色，以及提供空间视觉锐度，但是它也可以看清红光；视杆细胞围绕在视锥细胞周围，产生单色周边视觉。视杆细胞在低光条件下工作，更适合夜间视力。视杆细胞中含有一种对光敏感的蛋白质，称为视紫红质（rhodopsin），它不会受到红光的影响，但是会被明亮的白光光致漂白。因此，暴露在明亮的白光下，会导致你失去夜间视力长达45分钟。白天配戴太阳镜，有助于保存视紫质，用于夜间视力。简而言之，红光能够让视锥细胞正常工作（这样你就能看清仪表上的读数，看清星星和助航标志），但又同时不会影响你的夜间视杆细胞。

环境感知

简单来说，环境感知（Situational Awareness，SA）就是理解周围的状况，这样你就能更好地预测将来发生的事情，提前反应。导航讲解、应变部署表、值班系统和常规命令，它们都是让船员建立环境感知识的手段。

良好的瞭望值班人员不只是从

桅顶的LED三色灯，要比甲板高度的航行灯能见距离更远。

床上下来，然后去甲板接班。他要提前起床，让大脑完全警醒起来，这在黑暗、红光的环境下更难以做到。提前按照交接指引，按部就班地理解周围的状况。这其中包括检查引擎（比如检查舱底和燃油量），查看海图和航行日志。画出船的位置，查看未来值班的这段时间，将会遇到哪些导航问题。穿好航海服，挂好安全绳，然后再去驾驶舱。如果上一班船员积极一些的话，你甚至还能喝上新鲜的咖啡。

在甲板上，先适应一下夜晚的环境，然后和上一班的船员全面地交接。交接时的重要事项有：

- 帆装——风速和风向角度，缩帆的设置，防止意外顺风换舷的保险索。
- 相遇的船——视觉、雷达和AIS上的相遇，以及它们相对于你船的让路地位。
- 导航——已经看到的，或者预计出现的助航标志，航向或速度的变化。
- 天气或海况的变化。
- 机械或器材的问题。
- 船员的状态。

值班时，有几种保持方向感和感知环境的方法。缓慢地扫视地平线，增强眼睛对空间的感知力，定时停下来让眼睛聚焦。或者采用另一种方法，用双筒望远镜扫视天边，查看那些被眼睛错过的灯标和物体。优良的船用双筒望远镜专门针对低光照环境进行了优化，有的还集成了罗经，这对于导航和避碰尤其有用。

培养另一种扫视的习惯，在仪表、帆、船舶和地平线之间来回扫视——这有助于培养整体的环境感知，同时不断在近景和远景之间变换，可以缓解眼睛疲劳。

夜间看到的物体，未必就是你认为的那个物体。根据海图确认你看到的物体，测量它的方位、使用电子定位，还有VHF电台。还可以征询另一名船员的意见。

一心多用有其自身的限制，因此要用上所有能用的工具和值班的船员。团队合作在瞭望值班时很重要；抓住机会去训练和了解你的值班小组。

在甲板下方，调暗的仪表背光灯和红色的照明灯可以维持夜间视力。

安全小知识

如果你感觉疲劳，可以设置一个10分钟的定时器，这样你就不会遗忘下一次扫视。

用帆航行和操舵

在夜间调帆本身就是一种挑战，哪怕是用一个明亮的手电筒，也很难看清帆的形状。帆的扭曲可以设置得额外大一些，以产生一个更宽的临界操舵角度范围，并且定时测试一下调帆。放松帆产生飘帆，然后收紧。利用仪表来测量船的速度。

夜间会缺失很多与速度有关的视觉线索，这时就要注意视风角度和视风速度的变化，还有船感的变化，利用它们提醒调帆。通常，最好的做法是先调前帆，然后再调主帆。必要时用手电筒检查帆，试着让前帆中间的气流线保持飘扬，主帆后缘的气流线也是同样如此。

小知识：除了能见距离更远之外，桅顶的三色灯还能照亮风向标和帆顶。

如果某一名船员需要在夜间去前甲板，他必须时刻用安全绳挂扣在甲板安全带上。身上系好带两根带子的安全绳，一根带子6英尺长，另一根3英尺长，这样始终有一根带子连接着船。甲板上要留一名安全观察员。

夜间在看不到远方的条件下操舵很有挑战。避免严格地行驶罗经航向——这很困难而且会导致舵手失去方向感。相反，根据罗经设定好航向，然后对准某个星星，或者是根据调帆和船感来操舵；定时查看罗经，确保你的航向正确。

避免直接朝附近的助航标志行驶，因为夜间更难以判断物体的远近，要保持一个横向的距离偏差，保证不会撞上助航标志。

开自动舵行驶时，最容易的做法是先手动操舵，然后开启自动舵。质量好的自动舵是一件很有价值的工具，但是你要密切地监视它，尤其在海浪很大且从后方涌来，或者是风摆很大的条件下，自动舵可能会停止工作。

桅顶的三色灯有助于照亮风向标。

即使借助手电筒，也很难看清帆的形状。这张照片中的热那亚帆自带一根反光的帆弧条，前支索旁边的亮点是月亮。

夜间训练

在你出发进行一次完整的夜航之前，先在熟悉的水域进行一次夜间航行练习。测试一下器材，还有你自己的技术水平。练习在黑暗中驾帆航行、导航和缩帆。带上几名懂得夜航的船员或者是一名经验丰富的教练。

准备夜间航行或许看起来很麻烦，但是这些努力都是值得的。夜间航行不仅能为你开拓新的巡航领地、带给你更多探索的时间，而且夜间待在水上本身就是一种享受。你只需坐下来，静静地享受水上的神秘磷光，还有天上的魔幻星空。继续阅读下一章关于避免碰撞的小知识，还有在夜间驶入一个港口。

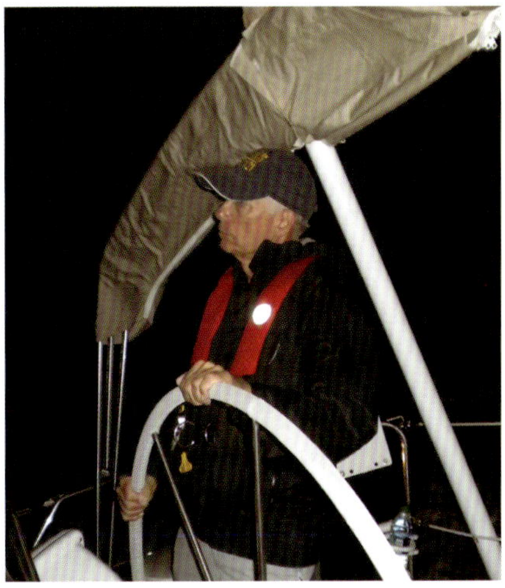
掌舵时要警惕地观察。

避免碰撞

对于受轮船航道限制的船舶，从它的船尾通过，并且清楚地向它说明你的意图。

航行规则要求船舶通过视觉、听觉及一切可用的手段，保持合适的瞭望。在当今电子时代，我们拥有各式各样的工具，可以判断是否与其他船存在碰撞危险。我们还有与他们通信的方法，进一步澄清我船的意图。首先第一个，我们必须非常熟悉航行规则，这样才能知道我船的地位，并消除碰撞的危险。本书附录中有航行规则的简单总结，而船上应该携带全本的航行规则书。这些规则同样适用于日间和夜间。

AIS

商业船舶要求安装船舶自动识别系统（Automatic Identification System，AIS），这是一个很有用的安全装置。AIS现在变得越来越流行和廉价，也可以用于休闲船舶。

AIS系统有一个应答器和一个接收器。应答器广播关于船的身份、位置、航向和速度的信息。这种广播是自动进行的，但并非是持续的，这中间有一个延迟。接收器接收来自周围船舶的数据，显示在海图仪或者计算机上。它还能计算出最近会遇点，以及到达最近会遇点的时间（Time to CPA，TCPA），这远比人的瞭望更准确，而且可以让AIS在最近会遇点的距离低于某个阈值时，发出警报。

休闲船舶不要求安装AIS；那些安装AIS的船可以选择安装“只接收”和“发射/接收”两种类型的机器。这两种机器消耗的电量都很少。AIS是一种极好的工具，可以配合视觉瞭望和雷达一起使用，但是你不能完全依赖它。

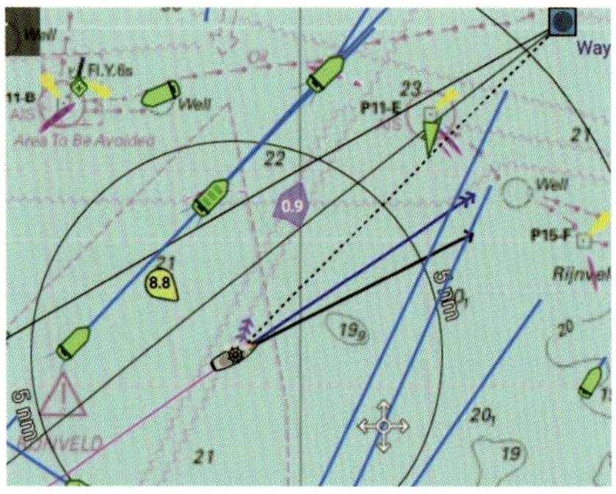

SV Horizon号帆船同时使用AIS和雷达，以便更好地侦测船舶和助航标志。覆盖显示在海图上，AIS的符号（绿色）稍微地偏离雷达回波（紫红色）。

雷达

在所有能见度下，雷达都是很有价值的工具，尤其是在夜间。如果船上安装了雷达并且可以操作，航行规则要求必须使用雷达获取碰撞危险的早期预警。雷达能告诉你物体的距离和方位，能让你追踪它相对于你船的运动。它还可以发现和追踪不发射AIS信号的船舶。当与AIS和视觉瞭望配合时，雷达能给你带来明显的优势。稍加训练，你还能利用雷达识别和追踪船舶、雷暴，发现助航标志，以及辨认海岸线。

雷达消耗的电力很多，在“发射（transmit）”模式下耗电最大。“待机（standby）”模式耗电少一些，而且在需要时可以快速激活。雷达通常需要1~2分钟的开机时间，从“关闭（off）”状态下启动。如果你预计瞭望时需要频繁地使用雷达，要确保电池完全充满，密切监测用电量，随时准备用引擎或者发电机来重新充电。

! 安全小知识

利用即时的雷达回波得出的船舶位置，要比有时间延迟的AIS位置更加精确。

发起呼叫和通信

积极主动的瞭望员会与其他船舶交流，在VHF电台上澄清双方的意图。如果两船都安装了AIS，你能知道对方的船名，呼叫对方会更容易。你可以在16频道上发起呼叫，但是不能在这个频道上长谈；船舶通信是在第13频道上低功率进行。很多商业船舶还会守听13频道，你通常可以直接在这个频道上呼叫他们。如果你的VHF电台能同时守听两个频道，可以守听第13和16频道——通过守听船舶之间的通信，你能学到很多知识。

不要假定另一条船已经看到了你，哪怕他们已经回答了你的呼叫。他们或许会首先查看AIS，而你恰好没有发射信号。讲清楚自己的相对位置，这样他们就知道要去哪里寻找你的船："我是你船左舷1海里处的帆船。"让他们知道你的位置，然后声明你的问题或者意图。例如，"我已经看到了你的航向，我打算改变航向，从你船和你的拖船后方通过。"

风险评判和行动

无论你是直行船还是让路船，你的义务都是要采取行动，避免碰撞。积极主动的航行规划一般能够让你避开商业渔船和轮船航道，这样你就不必应对多艘船舶。当无法避开这些区域时，最好在甲板上多安排几双眼睛。不管怎样，商业船舶和休闲船舶都是巡航生活的一部分，正确的理解和应用相对移动的原理非常重要。用上所有的工具——视觉、罗经、AIS、雷达和无线电台。无论白天还是夜间，以下是三种主要的情形。

追越。如果你是被追越船，保持航向和速度。如果你不确定追越船能够看到你，或者能够保持安全距离，呼叫那条船舶，问清他的意图。

对遇。对遇情形的碰撞危险很大。及早且明显地向右转向，除非你和对方商定好了不这样做。

交叉相遇。判断是否存在碰撞危险的最可靠方法是，频繁地测量对方船舶的方位，判断它相对你船的位置。方位可以用罗经测量，也可以用船上的两个固定物体组成的叠标线测量（比如绞盘与支柱、侧支索）。如果你是让路船，变更航向或速度，让清对方，并从对方的船尾通过。及早并且大幅度地改变航向，让对方看清楚你的意图。

交叉相遇时的避碰

除了把航行规则熟记于心，你还必须知道怎样判断你船的让路地位和消除碰撞风险。首先，你要判断是否存在碰撞风险，最可靠的方式是密切观察可能与你航线交汇的船舶。

方位不变，距离减少（Constant Bearing Decreasing Range, CBDR）

当你观察另一艘船舶，发现经过一段时间后，它相对于你船并没有移动（方位不变），而是变大了（距离减少），你现在就处于碰撞航线上。

你可以利用雷达或者罗经来判断他船相对你船的方位，也可以使用视觉上叠标（Line of Sight, LOS）。

- 在稳定的航线上，对齐船上的两个点（比如支柱和绞盘），创建一个叠标，再对准有疑问的船。观察另一条船相对于这条叠标线的运动。
- 如果对方船向后远离这个叠标线，相对你船的方位在增加，那么它会从你的后方通过。
- 如果对方船向前远离这个叠标线，相对方位在减少，那么它会从你船的前方通过。
- 如果对方船停在叠标线上不动，它的方位就是恒定的：你们是在碰撞航线上。

采取的行动

- 判断你是直行船还是让路船。
- 如果你是让路船，用信号表明你的意图，然后采取避碰行动，及早、明显和大幅度地改变航向。如果你没有改变航向的海面空间，可以减速或者停船，让直行船安全通过。
- 如果你是直行船，保持航向和速度不变，并且密切观察让路船。继续测量它的方位。如果让路船没有改变航向，你要发出5短声信号，立即改变自己的航向，以避免碰撞。还有不要朝着让路船改变航向！

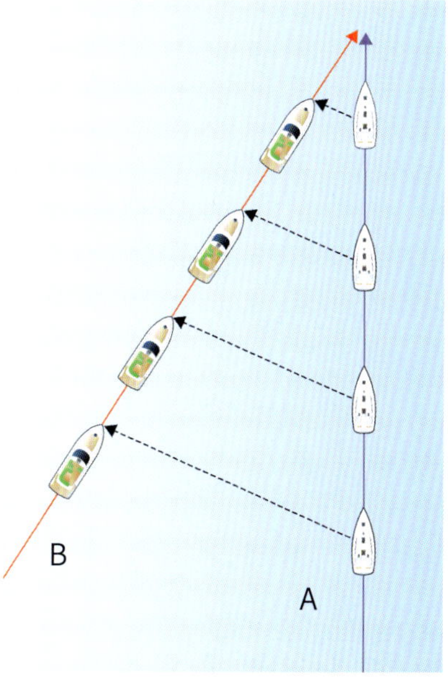

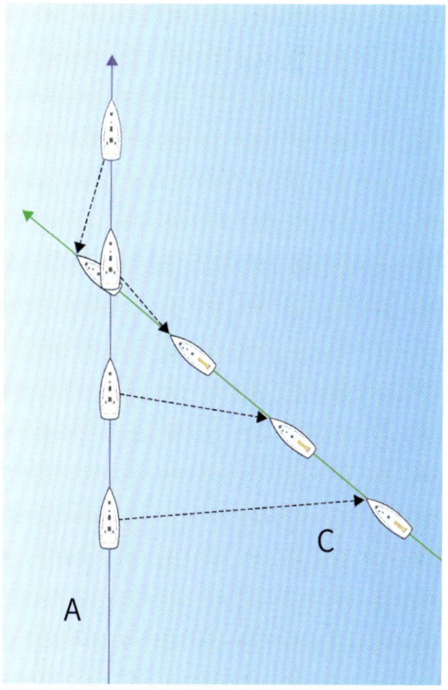

CBDR，左图，如果你是船A，你会看到船B的方位不变，而距离在减少：这是碰撞航线。A是直行船，B是让路船（规则15），船B必须立即采取行动避让船A。右图，船C相对于船A的方位在不断增大。船C会从船A的后方通过。两船都可以保持航向行驶。

如果可行，计划在有月光的夜晚进行初次夜航，以利用月光的天然照明。

安全小知识

看到任何没有认出的竖直排布的灯光，都要特别小心。绝大多数情况下，你需要给这样的船舶让路，甚至要让出很大的空间。黄色的航行灯表示这是一条拖船，而被拖船可能就在不远的后方，特别是在开阔的沿岸水域。

船用双筒望远镜，特别是集成有罗经的设计，是航行和避碰的重要工具。

夜间的避碰

夜间的避碰带来了新的挑战，因为人眼对远近的判断更不准确。从另一方面讲，凭借航行号灯，对船舶行驶方向的判断或许实际比在白天更简单。航行规则要求在日落和日出之间，以及在低能见度下展示号灯。规则明确了号灯的颜色和发光角度，以及怎样放置，它们能传递关于船舶类型、大小和活动的信息。这些号灯的配置能够让其他船舶判断出船舶之间的相对方向——它们是在汇聚还是在分离？参考附录中的船舶号灯识别图。

感知环境需要使用前面讲过的扫视周围的技巧。在扫视远方，观察往来船舶、助航标志和陆标时，你要利用眼睛的周边视觉和聚焦视觉。扫视四周时可以使用双筒望远镜。

要有“夜间思维”，要知道夜间看到的表象，未必和实际情况一样。船舶的号灯是稳定发光的，但是如果它们出现在地平线附近，远方的船舶灯光看起来会眨眼。发光的助航标志会以固定的序列节奏闪光，这种发光节奏可以在海图上查到。检查海图，确认眼睛看到的是哪一个物体，并用罗经测量它的方位。如果安装的话，使用AIS或雷达，果断使用VHF无线电台与对方通信。

雾对于避碰来说是更大的挑战。除了夜间使用的技术和电子设备之外，如果你能听到另一艘船舶的引擎声，也可以利用耳朵来听声辨位。在密度大的空气里，声音的传播效果很好。把手捧在耳朵旁边，然后慢慢地360°转动头部，仔细听声音是来自哪个方向。利用声音信号和VHF电台，让其他船舶知道你的存在，试着联系其他船舶，了解其意图。

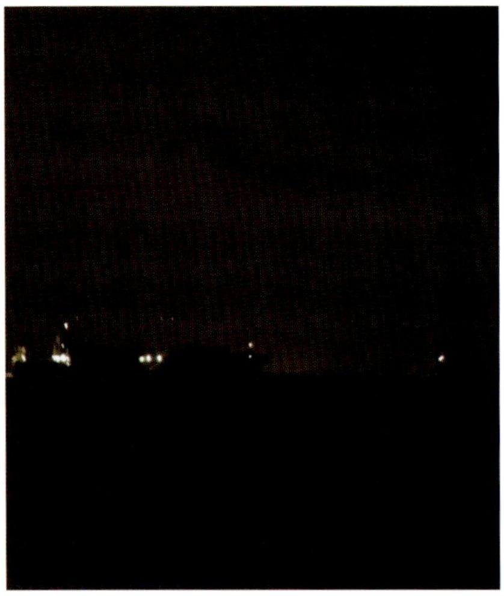

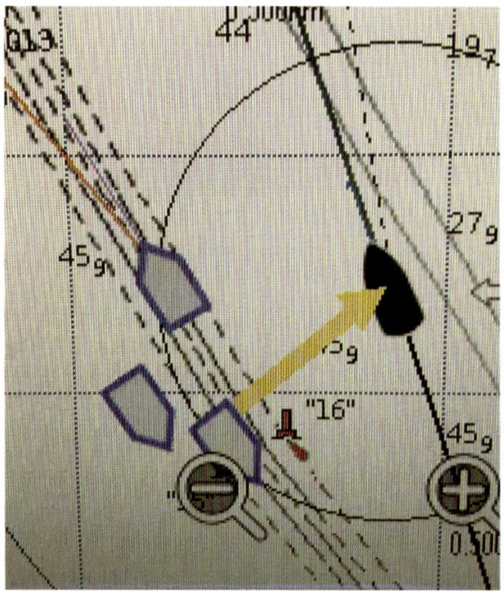

正在与其他三艘船舶一起在轮船航道里行驶，左图是眼睛看到的景象，右图是AIS屏显。

有限能见度下进港

仔细考虑好替代方案，然后再在有限能见度下进入不熟悉的港口。

尽最大的可能，计划在能见度良好的白天进入不熟悉的港口。有时候，计划和现实可能不会一致；或许你是在浓雾或者暴雨中进港，或许是在日落之后很晚才进港。

下面是进港前需要考虑的几个事项：

- 如果你能找到安全、结实的锚地，选择锚泊。
- 缓行，等待天气好转，但是要确保有足够的海面空间。
- 选择一个替代目的地。
- 朝远海行驶，直到天气有利于进港。
- 研究进港路线，同船员制订一个计划。

如果你决定继续进港——在纸上写下进港笔记，方便快速查阅，其中包括预计会看到的助航标志、转弯的方位，预计水深，码头或锚地的位置。让所有船员都参与进来，多安排瞭望人手。准备好一个探照灯，但是不要让它照射甲板，否则白光会伤害船员的夜间视力。谨慎地行驶，如果情况看起来过于冒险，就掉头返回。在有些情况下，返回或许不是可行的选择，尤其是波浪从船尾方向涌过来时。

如果在你驶向目的地的途中遇到了雾，使用所有可行的导航方法，同时保持仔细的听觉和视觉瞭望。计算出前往目的地的方位，然后故意地错过它。故意对准偏离目的地的安全一侧行驶，直到你到达与目的地有相同水深的位置。然后继续沿着海底的等深线驶到目的地。这样故意地偏向一侧行驶，等你靠近岸边时，就能清楚地知道应该朝哪个方向转弯了。

夜间锚泊

夜间锚泊需要格外谨慎。详细研究海图，记下深度、潮汐和潮流。进场时要小心，检查周围是否有其他船在锚泊或系泊。明智地使用探照灯——扫视水面，确保这是一个空旷的锚泊空间。查看已经锚泊的船的船头，看它是使用锚链还是锚绳，这一点应该能够揭示对方的摆动空间大小。特别注意要让锚牢牢地抓地，安排值锚更，直到自信地确认一切都好。

穿越国境

巡航是一种很好的国际旅行方式。在每个访问的国家，你需要完成一些海关和出入境手续。因为不同国家对船舶和船员的入境流程要求各不相同，所以在出发前要做一些功课。

在你离开某个国家之前，一定要先拿到出境清关。很多国家现在有了电子清关通知，极大地加速了入境、离境流程。

尽管在紧急情况下，你可以在任何地方寻找“安全港口”，但是在正常情况下，你需要在一个官方的“入境港口（port of entry）”入境。进港时，在右舷撑臂上悬挂“Q”旗，然后根据要求的流程锚泊或停靠码头。

收集好入境需要的文件。你会被要求填写海关和移民局入境表格。移民局官员会检查每个人的护照（要求的话还有签证）。海关需要你的船籍文件副本和上一个访问国家的出境文书。入境和巡航税一般是以当地货币现金的形式缴纳。

注意，你将会与穿着制服的政府官员见面，要尊重他们的权威，花点时间整理好自己的仪表。在一些国家，只有船长能上岸来填办手续。在一些国家，可以在线完成入境清关，船长和船员要用手机虚拟会见。在其他国家，包括美国，全体船员都必须亲自现场清关。在所有情况下，你都必须直接前往部门办公室，不能逗留吃午餐或者购买纪念品。

人员和船舶官方清关入境之后，降下Q旗，在原位置升起东道国的礼遇旗（入境国的国旗）。礼遇旗上方不应再悬挂其他旗帜。

无论你在哪里航行，你的船都应该悬挂船旗（ensign）——船籍所在国家的旗帜。船旗悬挂在船尾的荣誉位置，可以挂在旗杆上，也可以挂在后支索上，从0800时刻一直挂到日没。很多国家使用国旗作为船旗，然而另一些国家，尤其是有着数百年航海历史的国家，比如英国，使用另外一种旗帜。

在右舷撑臂上升起所在国家的礼遇旗，表明你已经完成了海关和移民局的清关手续。

升起当地国家的礼遇旗，表示你已经完成入境清关，可以在此停留。

船旗悬挂在船尾，这是你的船上最大和最重要的旗帜。

第八章
恶劣天气航行

恶劣天气航行

卷轴云(roll cloud)和滩云(shelf cloud)预示着恶劣天气即将到来。

在强风中良好的航行，能够让你跨越很多的航行里程。技术高超的水手能够利用风的力量，轻而易举地应对大浪，保持对船的控制。那种情景真的是非常精彩刺激，但是我们下面将会看到，这并不是真正的恶劣天气航行，因为恶劣天气航行所需要的，是一种完全不同的思维。

恶劣天气不能以绝对的风速来衡量。当风与波浪的组合，让你开始担心船员的安全、担心失去对船的控制时，这才是恶劣天气。对于小帆船的新手水手来说，这不过是12~15节的风。另一方面，对于船员经验丰富、装备完善的巡航帆船，即使遇到35节的大风也会很开心。恶劣天气就是让你感到不舒服的大风和大浪。

对恶劣天气的警惕

大型风暴很少会不加宣告地到来。然而，恶劣天气和局部雷暴可能会趁你不小心偷偷地袭来；尤其是在视风相对较小的尾风行驶时。

恶劣天气的类型

我们来看一下三种恶劣的天气：强风、风暴（storm）、雷暴（飑，squall）。

对于沿岸巡航者，在中等风下自信、安全地驾驶帆船的能力很重要。否则，你会生活在对强风的恐惧之中，无法享受巡航。作为沿岸巡航水手，我们不会计划在持续数天的大风暴中行驶；然而，针对这种罕见的情况做准备还是必要的。

雷暴是沿岸巡航的一部分，尤其是在炎热的夏季，此时最容易出现雷暴。尽管雷暴天气持续的时间很短，但是破坏力很大，经常带来超过70节的风速。

恶劣天气的预报

在第六章，我们讨论了风暴天气的形成原理和预报，它们伴随着中纬度天气尺度的低压系统或热带气旋到来。这两种成因的风暴都能非常准确地预报和追踪。类似地，密集的气压梯度带来的强风也能够很好地提前预报。天气预报、气象航线规划和通信技术的进步，极大地提高了避开恶劣天气的概率。

最难以预测的是雷暴天气（飑）。美国国家气象局（NWS）把飑定义为快速增大的风，持续风速22节以上，持续至少1分钟时间。对于海洋天气，美国国家气象局把飑定义为剧

这些由风推动的波浪正在崩溃，可以看到卷曲的波峰和白顶。

烈的局部风暴，就是积雨云、强风、降水、雷电的统称（因此本书也称之为雷暴）。它们可以快速生成，迅速移动，因此水手必须要留意天气。

一定要注意气压计的升降变化、云的形态的变化、海洋天气无线电预报，还有风、浪的变化，温度、湿度的变化。这些因素中的任何一项都可能预示着显著的天气变化。尽管在美国，蒲福风级表应用不是很广泛，但它是描述天气剧烈程度的一种很有用的工具，因为它同时描述了风和波浪的情况，从1级到13级，分别对应着平静无风和飓风。

风

一定要记住，风力是与风速的平方成正比。例如，40节的风，风力是20节风的4倍。

在风暴系统中，恶劣天气的大风是由于等压线的密集排列引起的。等压线越密集，风力越强。气压的迅速下降预示着风暴的中心正在快速到来。风暴会带来强烈的阵风（来自伴随的雷暴），还有强烈的降水（降雨或冰雹）。

雷暴（飑）的风是由快速下沉的气流从雷暴云的下方向四面涌出形成的。当下沉气流与雷暴的移动方向相同时，风力最强。你可能曾经在炎热的夏天，体验过从雷暴中吹下来的凉爽空气。若是在航行中感受到它，这是需要你立即采取行动的警示。

波浪

我们来复习一下第六章讲过的波浪的内容。波浪是由风引起的。浪的高度取决于风的强度，风吹的持续时间，还有浪程（风吹过水面的距离）。稳定的风、浪程和长时间的吹拂，决定了信风带的波浪是“完全发育”的。浪程也解释了为什么大洋上的波浪要比内陆的波浪更大，还有岛屿迎风面的波浪为什么比背风面更大。

海洋预报会给出有义波高（Significant Wave Height, SWH），它表示最高的三分之一的波浪的平均高度。你必须知道，最大的波浪可能是预报高度的2倍。例如，若预报有义波高SWH＝10英尺，大部分波浪大约是5英尺高度，但是每天可能会遇到3个高度为20英尺的大浪。对于水手，波高的重要程度不及波浪的陡度——陡度是波高与波长的比例。当这个比例超过1∶7时，波浪就会溃掉，而溃浪中蕴含着巨大的能量。当风速很大，或者遇到摩擦时——遇到浅水或逆流，波浪会变得陡峭。

按照经验规律，当正横方向的溃浪的高度超过船长的30%时，船就会翻覆。这意味着一道12英尺高的溃浪，打到船舷上，可以掀翻一条40英尺长的船，具体的情况取决于船的稳性。以船舷横对着波浪行驶是最危险的做法，因此最好让波浪对准船头或船尾，这样翻船的概率较小。大浪、溃浪和不规则的波浪难以迎头驶入，因此尽量让它们偏离船头或船尾20°~30°。

涌浪（swell）是指长波长、圆滚的海浪，它们是由远方的风形成，可以传播数千海里。涌浪的方向和高度与当地的风没有关系，但是风推动产生的风浪可以骑在涌浪上，形成“组合海况（combined seas，或者说总浪高）”。对于海洋预报，有义波高是基于组合海况。

雷暴会带来强烈、多阵风的下沉气流，还有强烈的降雨。

恶劣天气策略

第一个决定——在风暴远未到达之前——是最困难的：究竟是要寻找岸上的遮蔽，还是出海获得更大的海面空间？凭借现代天气预报技术，风暴很少会出乎意料地到来。你越是深入远海，被困在风暴里的概率就越大。尽管逃跑寻找遮蔽看起是最优先的选择，但是真正的危险是被困在风暴中的下风岸附近，此时既没有操纵的空间，也无法顺风逃跑。

若是在海上遇到风暴，有两个经典的风暴策略：

- 远离陆地，这样你就不会被吹到岸上。
- 驶出风暴的路径，尤其是它的"危险半圆"，即风暴前进时的右侧半圆（北半球）。风暴的移动速度很快，而帆船的速度很慢，因此这个策略很有挑战，要尽早地规避风暴。

当雷暴袭来时，你希望缩帆，而且留下足够的海面空间，因此你要行驶到安全的开阔水域。相较于雷暴的快速反应和突然到来，在开阔水域驶过风暴则是一场耐力比赛。除了风之外，我们还要应对海浪和疲劳。

准备应对恶劣天气，固定好前甲板上的小艇，缩起主帆，安装防止意外顺风换舷的保险索。

真风和视风

在考虑应对恶劣天气时，船首向和船速是重要的考虑因素。例如，遇到大风级别的风，船可以在25节的视风中轻松地顺风行驶。然而，万一遇到意料之外的问题，船长就会面对一个重要的选择：是不是应该转向风向，迎头对抗40节的视风呢？另一个危险是，转向迎风必须穿过船横对浪，这绝对不是一个明智的选择。替代办法是继续顺风行驶，同时解决掉遇到的问题。

其他恶劣天气策略

另一个风暴策略是"不要出海"。如果被困在风暴里，你不得不忍受它，但是没有人会故意自找麻烦。如果天气条件不好，或者预报天气会变坏，那就不要出海。如果你能避开风暴，那就避开。

如果你是停泊在母港中，就继续待在泊位里。如果你是在巡航中，或许可以留在锚地，只是要多加小心，保证锚良好地抓地，而且有足够的放链比例、防磨措施。考虑到风暴还会带来风摆，你或许想要设置第二只锚。设置一个锚泊警报，目视检查，确认船没有拖锚（而且其他船也没有拖锚，否则可能撞上你）。然后就可以松一口气了，享受和伙伴在一起的时间，等待风暴过去之后的起航。

如果船受到热带风暴或者飓风的威胁，寻找一个受保护的"飓风避难所"（hurricane hole），然后卸下所有帆、帆布和甲板上的多余器材，所有泊缆或系泊缆都做成回头缆，做好缆绳防磨措施，然后下船。总之，不要为了拯救船而将人的生命置于危险之中。

☑ 船的准备

当你知道即将要面对恶劣天气时，你应该开始为最糟糕的情形做准备。过度准备总比准备不足更好。下列项目是一些你可以采取的措施：

- 利用所有的手段，标绘出你船的位置，记下各个方向上的海面空间和安全港口。
- 确定哪里是危险物，哪里是安全水域。
- 准备好快速和及早地缩帆。
- 关闭舷窗和舱口。
- 加固甲板下方的松散器材。
- 甲板下方安装下风布（lee cloth）。
- 准备/安装舱口板。
- 清理甲板上的松散或多余器材。
- 甲板上安装甲板安全带（jack line）。

☑ 船员的福祉

- 穿上恶劣天气航海服。
- 组织好船员，根据相应的技能分配职责。
- 大风和大浪的噪音很大。约定一套交流的手势信号。例如，食指向上表示升帆或者慢慢收紧，拇指向上表示升到顶或者收到最紧。类似地，食指向下表示放松，拇指向下表示完全松开。握拳表示保持不动或停止。
- 穿上带安全背带和安全绳的救生衣，挂扣到坚固的眼板或者甲板安全带上。
- 让最优秀的舵手去掌舵，尤其是在雷暴刚刚到达的那一段时间。恶劣天气对操舵的要求很高。
- 确保手电筒、工具和备用器材都已经准备好。
- 时间允许的话，吃一顿饭，准备一些简单的食品和饮料。

寻找遮蔽

如果你靠近岸边且时间允许，那就朝岸行驶，但是要小心：雷暴天气袭来时，最糟糕的地方就是刚好接近岸边，你会被困在有限的空间内，而所有的船都在拥挤着进港。当然，最好的地方是停在泊位上或者系泊在浮球上。次优的地点是开阔的水域，而且周围没有拥挤的船。

减少帆力和缩帆

我们前边已经知道，风产生的力量是与风速的平方成正比。因此，要想让船不会歪倒，首先想到的就是缩帆。有一句老话说得很对，“如果你认为需要缩帆了，或许早就应该缩好帆了”。恶劣天气下航行，无论你把帆调节得多么平坦，或者是主帆有多么扭曲，或者缭绳放得有多松，帆力还是会太大。船会严重地侧倾，上风舵也会过大。如果你不得不频繁地飘帆来控制侧倾，这时候就该减少帆面积了。

带泡沫或者是绳子的帆前缘，让部分卷起的帆也能拥有良好的帆形。

大风下，相较于帆面积过大的船，调帆良好、缩好帆的船反而跑得更快、更受控制，也更舒适。原因就是深度缩起的帆依然能够产生足够的力量，让船达到理论最大船体速度（水线长度的平方根乘以1.34）。因此，增大帆面积不会带来更高的速度，只会带来更多的问题。

如果是夜间航行，日落之前预防性地缩帆特别有用，因为雷暴天气可能会突然到来，那样在黑暗中缩帆会更困难。

前帆缩帆

根据船的配置，你可以换一面更小的前帆，或者是卷起热那亚帆，以减少前帆的面积。为了保持帆装的平衡，我们需要减少前帆的大小，但是对于安装卷帆器的前帆，这看上去可能并不美观。现代材料的出现，使得帆的强度相较于帆的大小和形状，已经不再是一个问题。

标准的现代量产单桅纵帆船，并不是很适合恶劣天气；大型的重叠热那亚帆安装在卷帆器上，使得帆形有所折中；尽管泡沫帆前缘或带绳的帆前缘能稍微改善帆的形状，确实可以提高一些效率。一个好的做法是，在帆脚上，对应一级缩帆和二级缩帆分别做上标记，分别对应着前帆滑车上的标记，保证滑车位置刚刚正好。

卷帆前帆的最大的缺点，就是缩帆之后，帆上所有的力量都要由一根纤细的卷帆绳承受。时间久了，这根绳子会伸展变形、磨损，在最不方便的时候断掉。若是发生了这种情况，你的整面热那亚帆就会在风中拍打，再也卷不起来。唯一的办法就是安装一根新的卷帆绳，这在大浪中颠簸的船上并不是一件轻松的工作。

更好的方法是在船上配备两根前支索，大型的热那亚帆安装在外侧的前支索上，内侧的前支索上升一面小型的前帆或是支索帆。这种“cutter”型或者说“solent”型帆装很受巡航水手的欢迎，因为它们能良好地应对各种天气条件。内侧的支索可以是临时安装或者永久安装，上面升一面卷起的前帆或者是带挂钩的前帆。

对于卷帆缩帆，在热那亚帆上依次做好标记，分别对应前帆滑车上的标记，使得滑车位置正好。

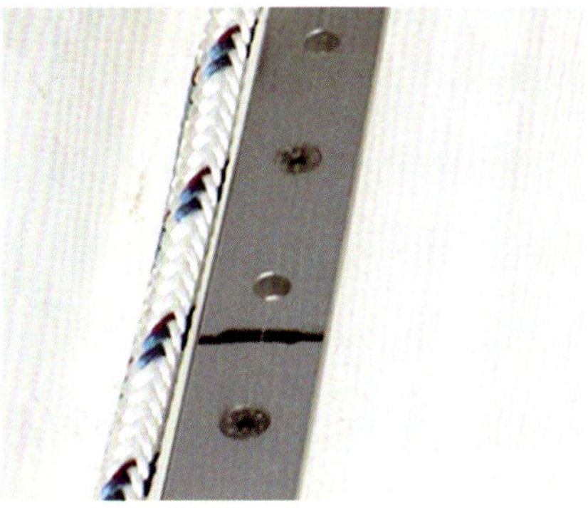

主帆缩帆

大部分巡航帆船拥有两级缩帆孔；一些帆船还有很深的第三级缩帆，就好像是一面风暴帆。在第一级缩帆位置，主帆看起来没有缩小很多，但是帆脚折叠缩起的帆布，使主帆面积总体减少了25%。第二级缩帆的效果会递增，把总帆面积减少了约40%。主帆缩帆的另一个优势在于，帆的受力中心CE明显地降低了高度，这样就减弱了侧倾的效果。

主帆缩帆的有效配置方法有多种，但是重点在于，这些方法都必须简单和方便使用，要易于缩帆，也要易于放出缩帆。其次，缩好的帆必须有适合天气条件的帆形，这就意味着帆形要平坦。缩帆系统必须能够把帆后角向后拉（就像是后拉索），也能向下拉。

缩好帆之后，缩帆前角和缩帆后角要承受所有的力量。帆的肚子上的缩帆孔只是用来绑住松散的帆布，但是不能承受力量。我们在第三章复习了主帆缩帆的基本步骤；一定要多加练习，改进你船上的缩帆方法。

折叠缩帆（slab reefing）是传统的缩帆方法，这种方法可以设置成单绳或者是双绳缩帆系统，缩帆时船员可以不用离开驾驶舱。否则，你需要去桅杆前面，把缩帆前角挂在帆前角钩子上。单绳缩帆系统很

深度缩起、展平的主帆，新的帆后角已经拉紧。

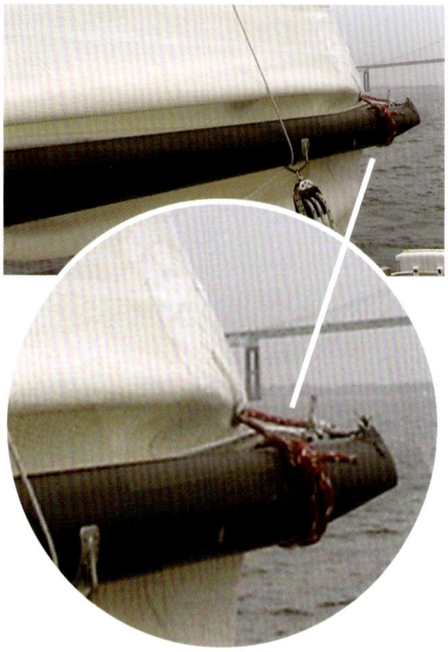

正确设置的缩帆绳会把帆后角朝横杆向下压、向后拉（类似后拉索），形成平坦的帆脚形状。缩帆绳在横杆上绕一圈，再绕自身打一个绳结，这样它会勒紧横杆。

方便，而且简化了驾驶舱中的绳索管理工作。缺点就是多个滑轮会增加摩擦力，帆形也受影响。对于专业的帆船航海，双绳缩帆系统更加耐用，而且提供了更好的帆形。无论是哪种方法，缩帆系统都必须能良好地工作，这样你就不会不愿使用它。

卷帆主帆

卷帆主帆可能是卷在桅杆内部，也可能是卷在横杆内部，这类卷帆主帆几乎能提供无限多的缩帆位置。它们通常使用起来很方便，缩帆也更迅速、简单，从驾驶舱内就能操作。单凭这一个原因，许多巡航水手就喜欢上了这种主帆系统。

然而，它们也有一些独有的问题，比如主帆很容易在最不方便的时候卡住。而且对于桅杆卷帆和横杆卷帆，主要的难题就是保持正确的内拉索和后拉索张力，还有横杆要保持正确的高度。

小知识：如果你是驾驶不熟悉的帆船，所要做的第一件事情就是熟悉和熟练缩帆步骤。

大浪中的操舵

在大浪中航行，是对船艺和操舵能力的巨大考验，因此你需要派最有经验的舵手掌舵。要避免在陡峭的溃浪中横风行驶，这是最容易翻船的角度。

你现在已经缩好了帆，帆力不会过大，但是你必须保持有足够的帆力，来保持船速和对船的控制。还有，警惕拍到甲板上的溃浪水流，它们携带着巨大的力量。波浪可以携带数百磅的海水扫过甲板，造成巨大的破坏。

良好操舵技术的关键，是仔细观察波浪的节奏——无论是迎风还是顺风行驶，都是如此。你会发现自己做到了与波浪同步，总是在正确的时

恶劣天气要求积极主动地操舵，尤其是在夜晚。

间转动舵轮，保持了船和站立的人的平衡。在大浪中顺风操舵，当船从浪头斜坡下来时，有侧倾和转向上风的趋势。最好的方法是积极主动的操舵，让船走直线，抵抗侧倾。等驶过波浪的陡峭部分之后，再朝相反的方向转舵，保持船的尾舷对准波浪来的方向。在夜间，大浪是更大的挑战，但是通过感受船的侧倾，还有倾听浪的声音，你也能找准一个节奏。

在大浪中操舵很有趣，但是也很累人。这时候我们就希望自动舵能派上用场，好让船员休息一下。不幸的是，自动舵不如一名熟练的舵手，因为它只能根据磁航向或者风向的变化来做出反应。它无法预知变化，因此需要费力地工作，消耗很多电量。有时候，自动舵完全不管用，因此，我们需要保持警惕，随时换成手动控制。

在恶劣天气下，减少帆力能够更好地控制住船。

另一个选择是减速。如果船即将从浪头上跳跃起来了，那么就要进一步缩帆。挑战在于，既要有足够的力量来应对大浪，同时还能控制住船。

你还可以通过移走船头的重量，改善船在波浪中的运动。如果你知道要在大浪中出海，要么把锚收纳在船头锚舱里，要么把锚和锚缆从船头锚舱中取走，存放在内舱里。

迎风换舷

大风带来的波浪，会让基本的操纵也变得有挑战。迎风换舷时，寻找一个相对平静的地方，然后船头爬上浪坡时开始转向。推舵，这样下一道波浪会把船头推到新的受风舷。

恶劣天气下顺风航行

顺风行驶时，视风会减小，在大浪中行驶非常刺激和令人满足，而且也非常有趣。

当强风来自后方，你可以把前帆和主帆做成蝴蝶帆（用一根撑杆撑起前帆，撑杆上系防止意外顺风换舷的保险索），顺风行驶很多海里。然而，在极端条件下，这是一个很难控制的航向；它非常累人，而且要求舵手高度集中注意力。在大浪中，你无法阻止船横摇，这可能会导致横船翻覆（broach）。

在更大的海浪中，行驶侧顺风要更容易、更安全。在这个航向上，舵手可以集中精力保持前帆刚好吃满风，这样就能保证一个比较深的顺风角度，但同时又能避免意外顺风换舷。如果天气实在恶劣，你或许想要完全降下主帆，只用前帆行驶。

顺风行驶时，横杆斜拉索是一个重要的控帆手段，因为它能控制扭曲，阻止横杆向上抬高。一般情况下，顺风行驶时，你会希望用力收紧斜拉索。

强风下航行要求使用坚固的器材。如果你是蝴蝶帆行驶，你要有一根坚固耐用的帆杆，用一根吊索支撑，并用一根前牵绳和后牵绳固定。这样帆杆就得到了牢固的三角形支撑。前缭穿过帆杆的末端，从而能够根据需要收紧帆、缩帆，或者降帆。

恶劣天气下意外顺风换舷可能

安装一根向前的保险索，防止意外顺风换舷

在恶劣天气下，设置防止意外顺风换舷的保险索，从横杆末端引到船头的一个滑轮，然后向后引到驾驶舱。

是灾难性的，导致器材损坏和船员受伤。在这种挑战性的环境下，你必须永远都要设置一根防止意外顺风换舷的保险索（preventer）。这根保险索应该从横杆末端出发，向前穿过船头的一个滑轮，然后向后引到驾驶舱。保险索把横杆向外拉，但是不应该绷紧，它需要一点松弛量。设置保险索时，观察万一发生了意外顺风换舷，绳索会怎样移动；你可不想让它干扰到其他索具或救生索。如果预计会有很多次顺风换舷，或许可以在两侧船舷分别设置保险索，以方便使用。

还有其他几种用来阻止或者减缓意外顺风换舷的替代五金件，比如安装到主缭上的横杆刹车就非常有效。

要想从横船翻覆中恢复，坚持住，松掉缭绳。同时放松斜拉索，使横杆离开水面。

顺风换舷

大风中顺风换舷可不是件简单的事情。大风顺风换舷最好是带着速度，趁着船从浪头上滑下来、帆的受力减少时进行。舵手需要与波浪同步掌舵，放慢换舷的速度，给主帆缭手留下更多的时间，在过帆时控制住横杆。

顺风换舷结束后，舵手不能允许船继续转向上风，而是应协调地改成直线。同时，舵手快速放松主缭，避免转向上风。

这里有个小技巧，在顺风换舷之前，记下视风的角度，因为下一次换舷时，还会回到这个角度。另一种方法是，你可以记下磁首向，并计算出顺风换舷之后的船首向。这尤其在夜间的时候很有用，它能帮助你找对方向。

滑浪

除非是最重的排水型船舶，所有船都可以顺着波浪的正面斜坡滑浪。从波浪正面上直接滑下来时，操舵要特别小心，否则船可能会转向上风，或者发生横船翻覆。

横船翻覆（broach）

如果在强阵风到来时，你的帆面积太大，船可能会横船翻覆。船底平坦、船尾浮力大，使用铲形舵的帆船最容易出现这种问题。当一股强烈的阵强风吹来时，船头会扎进浪里，而舵会离开水，失去对水的抓力。

积极主动的舵手可以通过操舵来抵消横摇；船员的快速反应——松开斜拉索和主缭，可以减少影响，但是船依然可能会转向顶风、帆面拍打。在最糟糕的情况下，如果升起的帆面积太大（天呐，还升着球帆！），船可能会横躺倒下，并且被风压制在这个姿势。当船横躺倒下时，可能需要很长时间才能重新直立起来，这其中存在着危险。

首先，坚持住，慢慢来。尽管会有喧哗与骚动，但是只要每个人都能抓住船、待在船上，就没有危险。为了让船站立起来，你需要松掉缭绳。同时也要松掉横杆斜拉索。

当船直立起来时，小心鞭打的缭绳，它的力量很大。现在要把船上下检查一遍，看有没有损坏，同时进一步缩帆，防止再度出现这种情况。

风暴帆

风暴帆与主要巡航帆的大小比较。

你还可以通过升风暴帆，来减少帆面积。风暴帆是面积小、形状平坦、结实耐用的帆，用途是在风暴条件下代替常规的帆。风暴主帆（trysail）代替了主帆，而风暴前帆（storm jib）代替了三角前帆或热那亚帆。风暴帆通常是用鲜亮的橙色帆布制作，目的是为了更加醒目；材料是厚涤纶布，为了经久耐用。

风暴前帆

风暴前帆是尺寸小、形状平坦、非常结实的帆。为了具有实用价值，它必须很容易在最靠内的前支索上升起，这样帆的受力中心就能靠近船的横向阻力中心。风暴前帆还有其他的配置方法，比如有一套系统是在卷好的热那亚帆上升起风暴前帆。尽管这个系统要比使用深度卷起的热那亚帆更好，但是它的升帆并不简单，而且可能会磨损热那亚帆。风暴前帆的缭绳配置需要仔细地考虑好，前缭滑车的位置要正确。由于帆的尺寸、力量和角度能力都受限制，你或许最高只能行驶远迎风航向。

风暴主帆

风暴主帆不是很常见，或许是因为它们太难以设置。除非船上的船员数量足够且富有经验，否则风暴主帆可能永远都不会被从储物箱里取出来。升帆时，帆前角设置在桅杆上很高的位置（高于主帆），目的是为了避开溃浪，而帆后角系两根缭绳，分别向后引到驾驶舱的滑轮上——帆永远都不会系在横杆上。不使用横杆就消除了横杆摆动的危险。风暴主帆适合跑横风，但不适合跑尾风，因为它的帆后角支撑不太好，经常会拍打。

不要等到被困在风暴里了，才去研究怎样设置风暴前帆、穿引缭绳。

风暴前帆看起来尺寸小得可笑，但是遇到风暴时，你就会发现它的价值。

风暴帆的决策

尽管远洋竞赛水手和远洋巡航水手经常会使用风暴帆，但很少有沿岸巡航水手会携带一套完整的风暴帆，原因如下：

- 天气预报技术和通信技术的进步，使得水手可以提前预知天气，更容易避开不利的天气。
- 水手们不打算在风暴天气下出海，他们可以选择在安全的港口里躲避。
- 他们不想在大风天气下登上甲板升帆和穿引新的缭绳。
- 他们从来没有练习过，也不知道怎样使用风暴帆。
- 他们宁愿采用其他的风暴策略。
- 他们宁愿使用很深的三级缩帆主帆，也不想使用风暴主帆。

风暴战术

用船的尾舷去应对溃浪。

本章前面，我们讨论了风暴策略，即总体上，你希望怎样应对风暴。现在我们再看一下风暴战术——当你身处风暴之中的时候，应该具体采取哪些应对方法。下面是一些经过检验的方法，它们的目标都是保持船头或船尾对准波浪。没有哪个战术能在各种条件下适用于所有的帆船。你要考虑最适合你船的方法，在遇到风暴之前，就找好最适合你船的器材，并练习使用。

主动的风暴战术

我们先来看一些主动的技术方法，它们在尚可应对的天气条件下管用，此时你希望积极主动地控制船和驾驭船。采用主动的风暴战术时，船员的疲劳是一项重要的考量因素。

近迎风缓慢行驶（forereaching）

尽管这种方法通常并不被称作战术，但是在对付短时间的雷暴和中等时长的风暴时，它还是非常有效的。下面是怎么做：完全卷起前帆（尤其是大型的卷帆型热那亚帆），缩起主帆，缩到第二或第三级缩帆位置，行驶近迎风航向，集中精力保持船水平。船会舒缓地行驶，每个人都能相对开心；在近迎风航向上，船的速度可以达到2~3节。检查你的对地航向（COG），因为增加的风压差会导致船的实际航迹偏低。这在摆脱下风岸的时候，是个很好的战术。注意，不是所有的船都能轻松地近迎风缓慢行驶，因此最好提前试验一下。双体船尤其是蹒跚难行，风压差会很大。

机帆行驶

有时候，从时间或者安全的角度出发，有必要收起前帆，开动引擎。机帆航行能让船跑出更高的角度，更快的迎风有效速度。不升主帆、只用机动力行驶是不管用的，尤其是在海浪很大时，而缩好的主帆能提供横向稳定性，还有额外的推动力。

收紧主帆，船头的角度要足够高，足以控制住侧倾，设置好自动舵，安排好瞭望值班。由于需要消耗燃油，因此这个方法只能持续不长的时间。

小知识：确保冷却水能正常地从引擎中流出。有些船在侧倾时，引擎的进水口会离开水。另一个困难在于，帆船的纵摇（船头上下颠簸）会搅动油箱底部的沉积物，可能堵塞燃油过滤器。

深度缩好的主帆，前帆反受风，船在缓行。

拖着海锚尾风行驶

升起风暴前帆，还有深度缩起的主帆或风暴主帆，这样或许能提供最好的控制。如果你实在没有风暴帆，一面缩起的前帆也能给你足够的力量，让船有控制地驶过海浪。舵手必须积极主动地操舵，保持对船的控制，自动舵不可能做得和人一样好。

如果速度过大是一个问题，而且船难以控制住方向，这时候拖带一个海锚能够减慢船速。海锚的顶端应该连接一根回收绳，到时候可以拉这根绳子，把海锚收回船上。如果你没有海锚，在船后方拖带一个绳环也能管用。

被动风暴战术

当你疲惫时，你只想让船安静下来，好好地休息一下，下面是一些可行的被动风暴战术。根据海况和船上的器材，这里讨论了几种不同的技术。

缓行

缓行（heave to）是一个非常好的恶劣天气战术，当然，一些船要比其他船更擅长缓行。在遇到恶劣天气的时候，如果你能休息和放松一下，这样岂不是很好？想象一下，在船不停地颠簸和拍击水面的时候，你要是能短时间地休息一下该有多好。想办法在相对平静的条件下，休息一下，吃顿饭，检查一下船，这是可以做到的。

缓行能让你把船“停”在开阔水域。缓行时，前帆反受风（即错误的帆面受风），放松缩起的主帆，舵柄绑到下风舷。最简单的做法是，用力收紧前缭，然后迎风换舷，前缭系住不动。在这种调帆状态下，前帆会把船头往下风推。当船头远离风向时，主帆又会吃风，船会前进。由于舵柄是绑在下风舷的，舵会让船再次朝上风转向。等主帆软了，前帆又再一次把船头朝下风推。然后，主帆重新吃风，舵把船头再推回上风。

要想实现这种微妙的平衡，必须精细地调节船和帆，这要考虑好船的设计，还有船上的帆。例如，你可能需要卷起大部分前帆，以匹配风力。收紧主帆能够保证船头相对于波浪的角度是理想的40°~60°。现代的鳍龙骨帆船的缓行能力不如传统的全龙骨帆船。

实际上，船并不会真的停下，它会与风向保持40°~60°的夹角，以1~2节的速度缓慢行驶，而且朝下风横向漂移。缓行的时候，小心摩擦，前帆的帆后角或缭绳会抵在侧支索上，可能造成损坏。要定时检查这里，偶尔改变一下缭绳的位置，不要长时间地摩擦同一个位置。

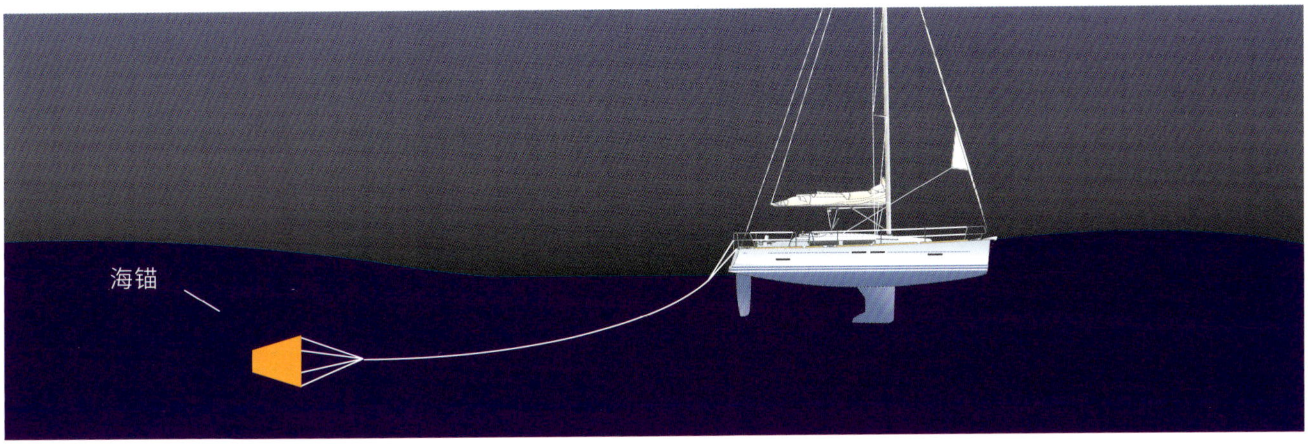

船尾用一根拢头绳释放海锚，以减缓船在顺风时的运动。

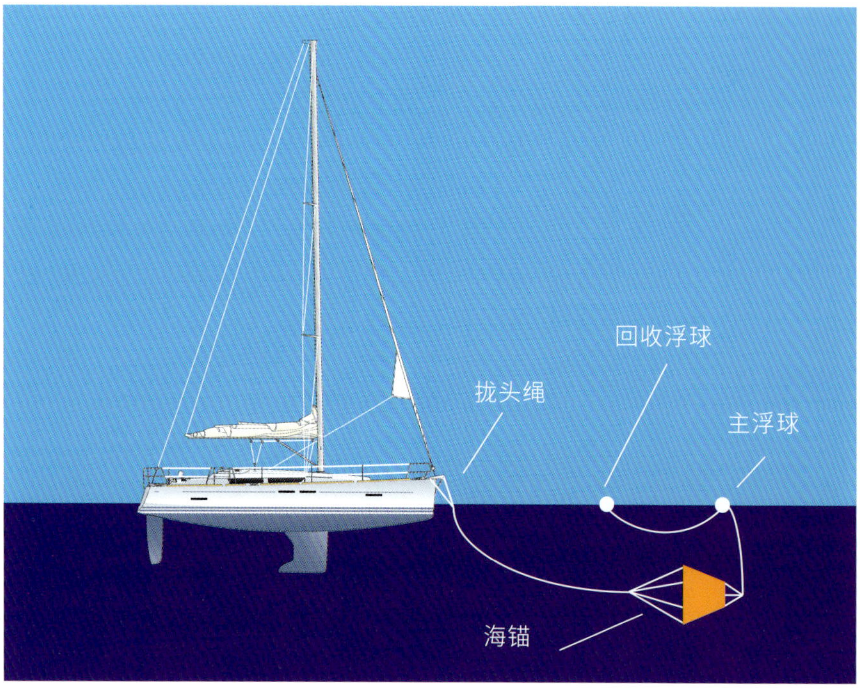

理想情况下，海锚应该利用船头的拢头绳释放，使船头相对于风和海浪保持45°的夹角。

释放海锚

海锚就是一个小型的降落伞，在船头释放。海锚帮助船头面对海浪，这样船舷就不会对着海浪。在大浪中，轻排水量的船舶会剧烈地纵摇，可能会对船头造成磨损和破坏，因此，应设置一根拢头绳，穿过一个扣绳滑轮（snatch block）向后引，使船与浪形成一个角度，这样船的运动会更缓和。使用海锚的一大注意事项就是，当波浪把船打得后退时，舵上会产生巨大的力量。海锚拢头绳上的摩擦是另一个大问题，因此必须定期查看这根拢头绳。

全降帆（lying ahull）

在所有解决方案中，这或许是最简单的一种。该方法只推荐在持续时间不长的雷暴天气中使用，海浪高度不应超过船的舷宽。全降帆就是降下所有的帆，同时把舵轮锁定在下风舷。这种被动方法要比其他的战术缺少掌控，因为你无法让船相对于海浪保持一个安全的角度，船最终可能会船舷正对海浪。

另外，船在波浪中的横摇运动在没有帆的情况下，会更加令人疲惫。当所有其他方法都不管用时，这或许是最终的手段。在这样的情况下，我可能已经精疲力竭了，只想着去船舱睡觉，或者是期盼自己不要待在船上！

风暴过后

作为船长，你必须通过以身作则展示领导力，照看自己的船员，向那些需要的人提供慰藉和帮助，鼓励大家。

记住，难受和恐惧会导致疲劳，人的表现会变差，决策也会出错。不要为了躲避不适，而在帆船的安全、船员的安全上做出妥协。

很少有人完整体验过风暴的猛烈袭击。天气预报、航线规划和通信的进步，使得躲避风暴的成功率大大增加了，但是在有些时候，你还是会遇到风暴。现在，你已经掌握了更多的工具，船员和船舶都变得更加安全。

恶劣天气可能不会令人开心，但是它绝对令人难忘，它会让你变成更优秀的水手。利用风暴的机会去体会大自然的力量；还有让自己认识到，船要比你想象的更加坚固。祝愿你遇到的所有风暴都是小风暴！

风暴过后，船安全地停泊在平静的水面上。

第九章
工程与故障排除

故障排除

排除故障的过程是讲究方法的，有时会很麻烦，但是收获很大。

巡航船现在变得越来越复杂，尤其是那些我们长时间地生活在上面的船。我们把各种各样的居家系统和舒适设施都带上了船，而且还又添加了一些东西。空调、冰箱、丙烷、加压淡水、计算机、通信系统，等等，它们都是为了让我们的生活更加舒适，当然也变得更加复杂了！ASA的《光船巡航入门》，还有其他的入门巡航书籍都讲到了基本船上系统的用途和操作，我们在这里就不再赘述。我们这里要讨论其他的一些小知识和小技巧，来维持船上系统正常工作，而且在故障之后，我们也该知道怎么维修。故障是一定会出现的，可能是在你最不方便的时候出现，因此我们要研究故障排除技术。很少有系统故障会直接威胁到人的生命、身体，或者是船。然而，轻微的系统问题如果不加以解决，未来可能发展成重大问题。

为了从一开始就避免这些问题，最好遵循一套定期的保养规范和检查日程。记录一本保养日志，记下所有的维修，还有发现的缺陷。这样能够追溯保养工作和故障的发生规律，有助于后面解决问题。

故障排除就是要解决问题。它要求逻辑地、系统地寻找问题的源头，并且解决问题，使产品或者过程能继续正常工作。

我们在前面安全与紧急情况一章中探讨了一些主要的问题，这里我们再来看一些小问题，学习怎样排除这些问题。

遇到问题时，最好遵守一套既定的步骤。先问问自己：

- 这对船或者船员有没有造成迫切的危险？
- 你能否找到问题的原因？
- 这个问题是否很重要？
- 能不能修理好，或者能不能临时补救？
- 是否需要改变航行计划？
- 怎样防止问题再度发生？

通信

高级巡航水手很快就会意识到，可靠的通信对于成功的巡航很重要。手机变得越来越复杂，能安装很多应用程序，而且内置有GPS，通信距离和覆盖范围也扩大了。手机很适合水手用来收集和分析众多类型的相关信息。不幸的是，如果我们航行地离岸很远，手机会受通信范围的限制，用处不是很大。因此，我们需要有其他的系统来收集天气信息，与其他船舶通信，发送和接收安全广播。

按下VHF电台上的红色遇险按钮(DISTRESS)，电台就会自动发送数字选择呼叫(Digital Selective Calling, DSC)格式的遇险信号。

甚高频电台

船上用的最多的仪器就是甚高频电台（Very-High Frequency, VHF，下文简称VHF电台）。甚高频无线电是直线传播，传播距离大概是30海里，它是船船通信、船岸通信，还有船与港口管理者通信的主要方式。大多数巡航帆船都安装有固定式的VHF电台，天线一般是安装在桅杆的顶端，这样通信距离更远；船上还有一个手持的VHF电台，用于备份和岸上通信。

现代VHF电台配备了数字选择呼叫功能（Digital Selective Calling, DSC，在第70频道工作），这是发送预编辑数位消息的标准方式。这也是全球海上遇险与安全系统（Global Maritime Distress Safety System, GMDSS）的核心组成部分。DSC发送者把船舶的海上移动业务识别码（Maritime Mobile Service Identity, MMSI）编程进电台，并且连接GPS；这样接收者就能知道是谁、什么时间、在哪里发送的消息。因此，发送遇险信号就非常快捷。

单边带电台

在廉价的卫星通信出现之前，单边带（Single Side Band, SSB）电台是标准的长距离通信方法。它们的价格昂贵，要求使用专用的天线和天线调谐器，而且操作非常复杂。从很多角度来看，它们很类似于业余无线电台。安装之后，单边带电台也会受到大气层的干扰，但是你与其他远距离电台的通信是没有费用的。如果安装额外的调制解调器，它们还能发送和接收电子邮件和气象传真。

卫星通信

随着器材成本和服务订阅成本的降低，卫星电话和其他便携卫星设备越来越受到巡航水手的欢迎。它们的巨大优势是易于使用，就跟手机差不多。另一个经常被忽略的优势是便携性，这意味着你可以在岸上或者救生筏上使用它们！很多卫星通信装置支持数据通信功能，可以与计算机或智能手机无线配对，这样就能使用电子邮件，发送位置报告，接收天气数据。

电子仪器与导航

第七章解释了巡航帆船上众多导航系统的价值。最好的保养建议就是不要去摆弄它们，因为实际上它们并不需要日常保养。只要电线没有暴露在高温或天气中，它们一般都能良好地工作。暴露在海水和浪花中的仪器可以在每次航行结束时用淡水冲洗一遍。这些系统最多就是要求安装最新的软件更新，尤其是导航海图仪。还有要检查仪器的校准，速度传感器经常会堵塞，导致读数不准。务必要检查深度计的标定方式：它是从龙骨下方开始计数，还是以水线为基准计算深度？

在没有手机信号，或者在VHF通信距离之外时，卫星电话是很有价值的工具。它支持语音呼叫、发送文字消息、位置追踪，还有应急信标功能。

电力系统

12V直流系统是每一条巡航帆船的主要电力来源。它为各种电器提供电源，包括引擎启动、灯光照明、导航系统、电台、微波炉，甚至船上娱乐系统。你必须要知道已经消耗了多少电量，以及什么时间、怎样给电池组充电。

电池的推荐最低电压是12.2V，这对应了50%的剩余电量，这时候就该给电池充电了。充电通常是通过引擎上的发电机来进行，或者是外接独立发电机。一定要检查充电的速率，因为当电池达到某个电量水平时，充电器会降低充电速率，以防止过度充电。此时继续充电，只会燃烧多余的燃油，却只能得到几安培的电量。这确实是符合收益递减的规律。因此，每天充2次电、每次充电1小时的做法，要比每天一次充电2小时更好。检查充电速率还能看出发电机的效率，找到最佳的引擎转速。

在日常保养的时候，要保证所有的电力接线都接触良好，没有磨损（为了安全）且电线接头清洁（导电良好）。大部分现代电池都不需要维护保养，但是一些老式的铅酸电池需要添加蒸馏水。在检查电池组的时候，电线接头要有绝缘保护，整个电池组都必须固定好，防止在船歪倒的时候洒出电池液或者电池松脱。

排除故障

电池电量不足，或者电池故障，会在发动引擎时非常明显，或者是灯光变暗。显而易见的解决方案是给电池充电。电池寿命取决于已经使用的年限，以及使用的强度；平均来讲，电池的使用寿命是5年。如果你认为电池已经坏了，那就检测一下。如果真的是坏了，那么就把电池组中的全部电池一起更换掉。对于其他电力故障，采用一种系统的排除方法：检查电池开关是在开的位置，检查电器的开关位置，用万能表测量是否有电。如果一切都没有问题，那就是电器自身坏了。

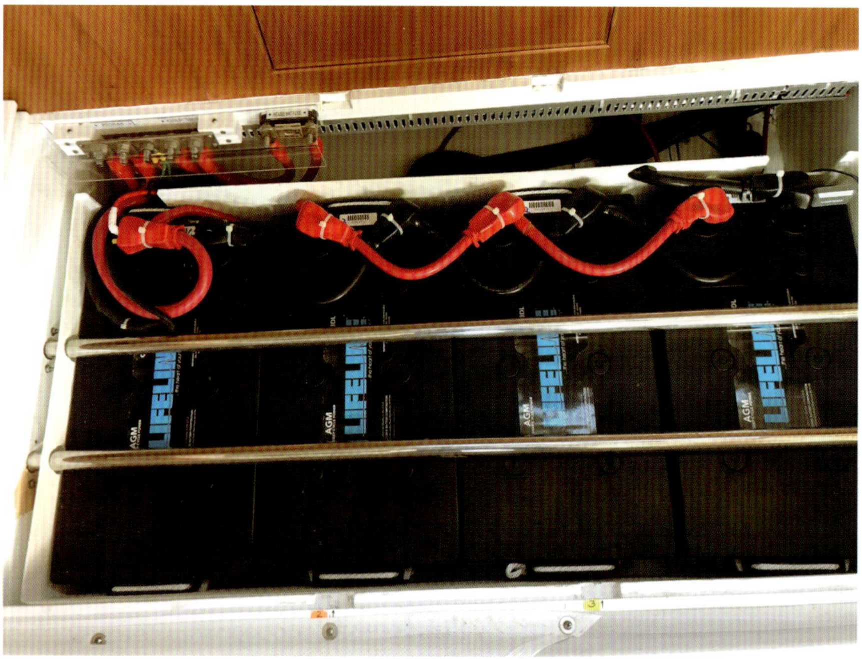

电池应当牢牢地固定住，防止移动，电池接线端子要盖住，防止出现电火花。

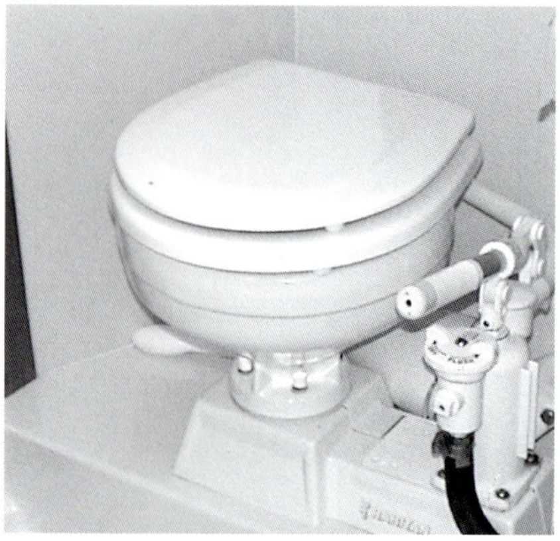
船用马桶要求定期保养，才能可靠地使用。

有很多很多东西
像是别针和细线
滤嘴和其他物件
船上的管道系统不喜欢这些玩意哦
亲爱的你要小心
这是些麻烦也是个提醒
亲爱的你的必需品
只有纸巾

船上马桶系统

正常工作的马桶对于成功的巡航很重要。传统的手动马桶大体上是可靠的，只需定期地维护保养。现代的电动和真空抽水马桶非常方便，而且实际上要比手动马桶活动部件更少，更加可靠。维护保养包括确认马桶能正常工作，没有肉眼可见的漏水。多加一点植物油，润滑一下活动部件，还有用醋来溶解积聚的钙，效果就非常好。

排除故障

马桶堵住了！可能是污水箱已经满了、无法排空坐便器，也可能是系统中有堵塞。如果是污水箱满了，解决办法显而易见。如果无法排空；可能是向船外排空的污水管道堵塞了，也可能是通气管堵塞了。

携带几根铁丝，或者是管道疏通器（plumber's snake），或者是用小艇充气泵来疏通堵塞。

淡水系统

淡水系统通常简单可靠，而且对于船上生活非常重要。淡水储存在水箱里是没有用的，你必须要能汲取到水。每天监测水位的高低，记录日常用量，这样就能注意到不寻常的水位降低，而背后的原因可能是漏水。电动加压泵，通过加压的方法把水压进水龙头，是一个主要的麻烦。一些船在厨房里配备了脚踏泵；这是一种很好的备份，而且节省电力。

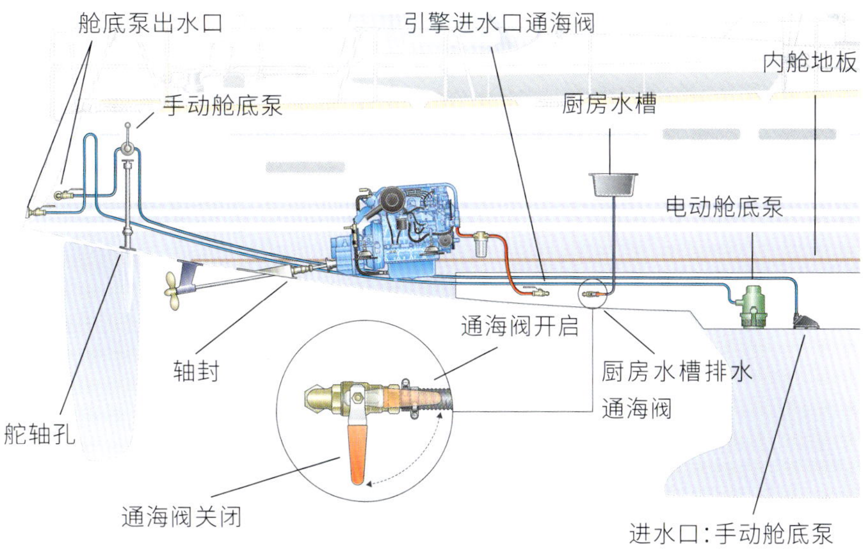

故障排除

如果电泵持续地工作，而所有的水龙头都是关闭的：要么是水箱空了，要么是存在漏水。如果水龙头没有水流出：检查水箱里是否有水，如果电泵的电力接线是好的，那么就需要留意水泵本身。

携带水管膨胀密封带、临时补救带（rescue tape），还有备用水泵。

船体、穿舱口和通海阀

船体

船舶应当定期拖出水，清洁，检查船体/龙骨接合处有无裂缝，然后涂上适合航行区域的防污漆。牺牲电极（锌块）至少每个季度更换一次。龙骨螺栓是需要特别留意的部位，应当拧紧且没有腐蚀；还有船体与甲板的接缝，必须完好，以防进水。舱口要检查是否漏水；定期用防水胶重新密封舱口的外框架，还有每年要润滑内层的密封圈，这样可以保证舱口水密。

通海阀

大部分时间，水手是希望把水阻挡在船外，但有时也需要把水引到船内（用于冷却引擎、冲刷马桶），然后再排到船外（舱底泵、厨房和淋浴排水）。船上进水的开孔被称为“穿舱口（through-hull）”，而且大部分穿舱口都安装有通海阀（seacock），通海阀可以开启或者关闭穿舱口。一些高于水线的穿舱口没有安装通海阀，因此你必须记得哪些安了，哪些没安装。船上最好有一张包含全部穿舱口（高于水线和低于水线）的示意图。定期检查时，要求辨别有无漏水，定期活动阀门手柄，防止锈死。

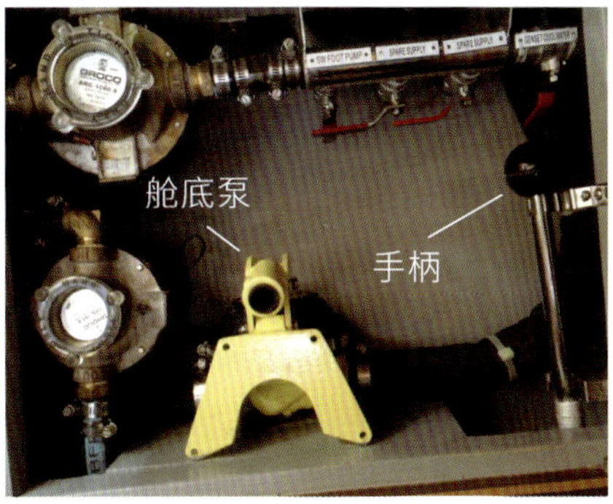

故障排除

穿舱口部件周围微小的漏水，通常可以通过拧紧或者更换管夹来解决。严重的漏水要求关闭通海阀。通海阀失效——尤其是水线以下的通海阀——后果非常严重，可能导致沉船，需要立即采取措施（见第五章进水）。

左上图：四个穿舱口和通海阀排列在一起，可以立即摸到。下图：穿舱口附近放好软木塞，用于修补损坏。

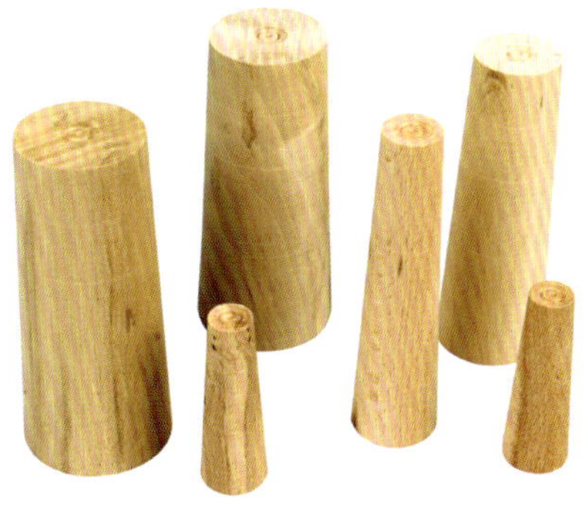

左下图：内置的手动舱底泵（黄色），手柄放在旁边。

丙烷系统

大部分巡航帆船使用丙烷来做饭。它们要比老式帆船上使用的酒精更加安全。然而，丙烷是高度易爆的气体，这是船上火灾的一个主要原因。每次用完之后，一定要关闭电磁阀，燃尽管道中的剩余气体。由于丙烷要比空气重，你可以在舱底区域安装一个嗅探装置，这样就能侦探出漏气。

故障排除

除了气体用光之外，主要的问题就是气体泄漏。这一点极端危险，必须立即解决。关闭气瓶上的主阀门。如果还是能闻到漏气，那就需要更换气瓶。如果气瓶没有问题，可以在所有部件、接口和管子上涂抹洗洁精和水的混合物，找到漏气位置。

柴油引擎

除了帆之外，柴油引擎是船上最重要的系统。我们必须开启柴油引擎离开码头，在没有风的时候继续航行，给电池充电，还有到达安全的港口。

日常维护——包括更换机油过滤器和燃油过滤器，非常重要。查看机油里有没有水——有水的机油看起来就像是牛奶一样的白浆。如果发现有水，不要使用引擎，先修理好漏水（通常是气缸盖垫的问题），然后更换一遍机油。检查原水冷却系统能否正常工作，还有检查加压系统中的冷却液高度。

在进行引擎保养时，要依照制造商的说明。

柴油机通常是非常可靠的，但是会受燃油（柴油）质量的影响，因此要特别注意燃油的质量。首先在购买柴油时要注意；只从质量有保证的码头购买柴油。积攒的灰尘会超出你的预计，在长途旅行之前，清理油箱，并更换初级燃油过滤器，遵照用户手册上的指导。

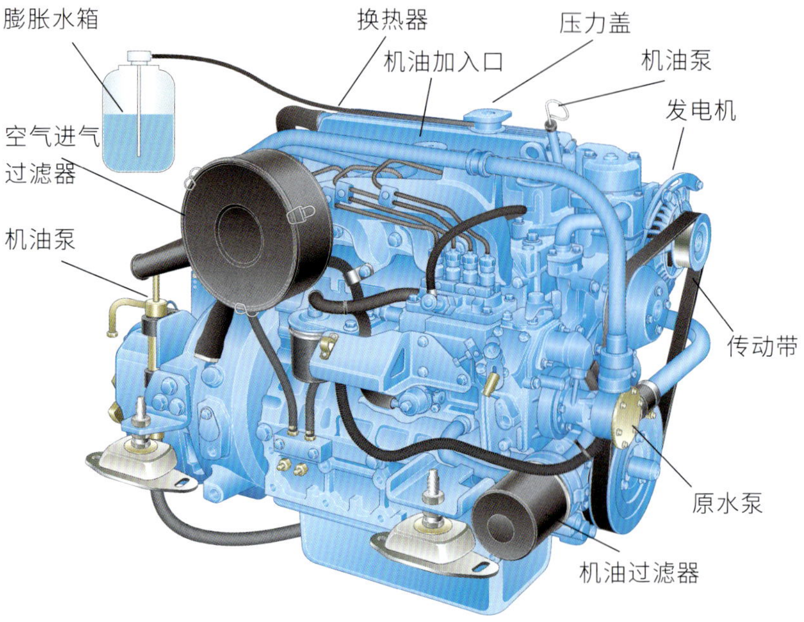

常见的引擎故障

下面是一些船上经常遇到的引擎故障：

引擎转不起来

- 引擎的启动电池电量不足。
- 试着把家用电池和启动电池的选择开关拨到“Both”（并联）的位置。
- 启动马达、电磁开关或者继电器可能有故障。
- 电池与启动马达的连接松动或者锈蚀了。

小知识： 一些老式的小型柴油机带有压缩阀，你可以松开这个压缩阀，帮助机器转动。如果电池或者启动马达无法发动机器，你或许可以手动发动机器。

如果引擎能起转，但是不能点火工作，原因可能是

- 手动关闭开关没有完全松开。
- 没有柴油。
- 油管中有空气。
- 柴油中有水。
- 油管或者柴油过滤器堵塞。

找到原因之后，你需要知道怎样排净油路系统中的空气。

尾气口没有水流出

- 立刻关闭引擎！如果是在拥挤的地方，你可以短时间机动行驶摆脱危险，然后锚泊或者升帆。
- 检查水的进口和穿舱口部件——可能是阀门关闭或者有堵塞。
- 检查原水初级过滤器。
- 如果原水泵的叶轮损坏，更换叶轮。

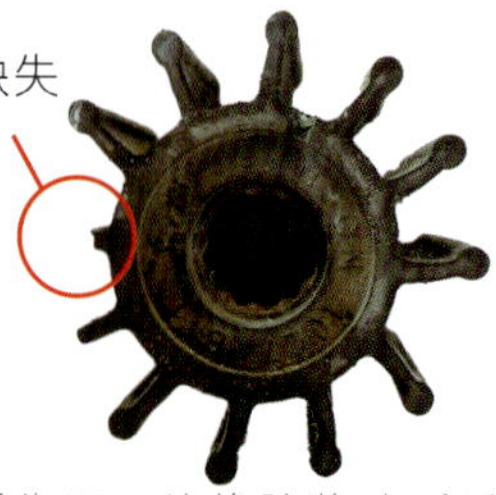

叶轮丢失了一片橡胶桨叶，必须更换。

引擎半途熄火

可能是因为柴油的问题。在汹涌的海浪里，空气或者杂质混入油管的情况并不罕见。另一个可能是螺旋桨缠到了绳子。

换挡杆无法挂上挡

可能是联接问题。试一下相反的挡位。如果还是不管用，可以用一把夹钳，直接在变速箱那里换挡。你还可能会发现，空挡按钮被卡住了。

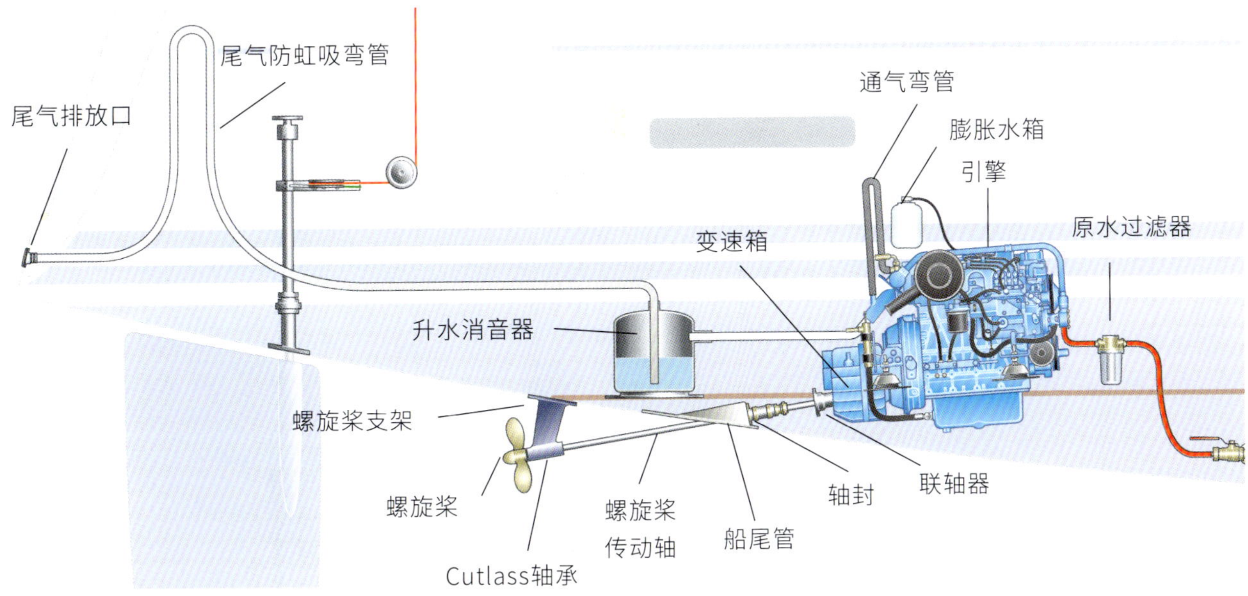

传动系统

传动系统的保养非常简单。因为传动系统是在低温下工作，而且是密封的，所以它不会像柴油机一样燃烧机油。你只需定期检查机油液的高度，确保机油清澈、洁净。变速箱和传动轴之间用联轴器（shaft coupling）相联，联轴器不应有振动。过度的传动轴振动，可以通过调节引擎座来降低。传动轴穿过轴封和船尾管，到达船外。现代轴封都是不滴液（无液滴，dripless）的轴封，早期的轴封需要滴水才能提供润滑作用（如果你还在使用这种轴封，查清它正常的滴水量是多少）。Cutlass*轴承和螺旋桨是最后的部件，它们都应当洁净且没有振动。

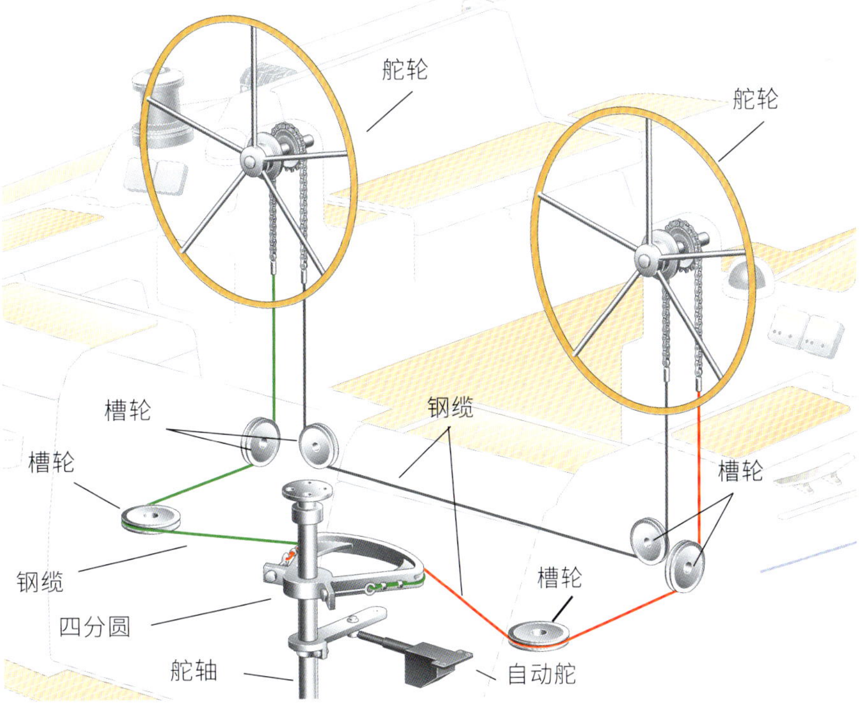

故障排除

螺旋桨缠到了绳子。不要试图重启引擎；这样会把绳子缠得更紧，或者损坏传动轴或传动轴支架。如果你能抓住绳子的尾巴，可以试着倒转传动轴，把绳子解下来。最后的手段就是带着面具潜水下去，切断绳子。潜水的时候，一定要有一名安全员在船上监视。

操舵系统

操舵系统是由多个机械部件组成的。钢缆、链条、槽轮都需要定期检查和保养，保持良好的工作状态。

遇到故障时，你要理解整个操舵系统是怎样配置的。很多船使用插图中的系统，还有一些船使用直推式连杆。操舵故障通常是由于联接故障或者是钢缆故障引起的，这种情况可以通过使用自动舵或者应急舵柄来立刻解决。

*译者注：Cutlass是一个商标名。这是一种内有橡胶衬套的轴承，以水作为润滑剂。与滚珠轴承相对。

帆与索具

固定索具

龙骨底座桅杆，前支索、后支索、下侧支索、上侧支索连接到桅顶，这样的配置是最坚固的巡航桅杆配置。即便失去了某一根索具，桅杆依然还是站立的。相反，甲板底座桅杆完全依赖于固定索具保持站立，任何一根索具失效，结果都会很糟糕。因此在长航之前，完整检查一遍桅杆非常重要。如果你对自己做一遍百分之百的桅杆检查，没有百分之百的自信，那就雇佣一名专业人士来做；百分之百值得花钱！

所有的部件都必须检查仔细，因为整个桅杆系统的完整性取决于最细小的部件。检查的时候，要带着发现问题的心态去查，系统地检查每一项，全部查完。下面是几个重点。

- 侧支索基座（链盘）：检查有无腐蚀，还有防水胶封是否完整。
- 销口（toggle）、花篮螺丝和锻型件（swage fitting）：检查腐蚀。
- 支索：检查有无腐蚀和断丝。
- 开口环和开口销：检查是否牢固。
- 卸扣：拧紧，必要时缠上铁丝。
- 滑轮：检查磨损和是否顺畅。

小知识：一些水手在卸扣销里穿进了一根扎线带。这样就能一眼看出销子是否从卸扣里倒退了出来。这样在航行中检查也方便。

故障：固定索具失效

如果你失去了上风舷的侧支索，立即飘帆，然后迎风换舷，卸掉这根索具上的力量。例如，如果失去了前支索，立即转到顺风；如果失去了后支索，立即转到迎风。把备用升帆索和横杆吊索用作临时的支撑。

U形夹绳扣（bulldog cable clamps）和一段索具钢缆可以提供临时的修复。Spectra *或Dyneema *绳子（用作一些高性能帆船的固定索具），可以很好地代替前后支索或侧支索。

*Spectra，Dyneema是两种绳子的品牌名，特点是延展性低。

活动索具

航行时，帆会产生巨大的力量，这要由活动索具来承受。摩擦是最糟糕的敌人，尤其是在长途航行时。因此有必要定期检查活动索具，确保不会有索具断裂的问题。很多巡航水手只有一面前帆，只能通过卷帆的方式缩帆，这样所有力量就要由一根直径很细的卷帆绳来承受；这个问题带来的故障要比其他所有故障加起来都多。

利用水手吊椅(bonsun's chair)攀爬桅杆是预防性保养工作的一部分。胸前系一根绳子，可以帮助身体贴近工作区域，这样两只手都能腾出来工作。

故障：升帆索跑到桅顶上去了

在航行中攀爬桅杆，即使在海浪不大时也很困难、令人不适。等找到一个受保护的地点再爬桅杆。你需要一个结实的水手吊椅和一根升帆索，哪怕桅杆已经自带梯子。理想情况下，爬桅杆时要有两根升帆索，以免某一根出现故障。不要相信升帆索卸扣。避开卸扣，打一个单套结。

如果人手众多，那么起吊就会很容易。两个人各操作一根升帆索，这样就能产生4倍的拉力，工作会轻松很多。

要想避免卷帆器绳子交叉缠绕，在打开热那亚帆时，卷帆绳要始终保持拉紧。

故障：前缭断裂

当心拍打的缭绳或者帆后角！要么迎风换舷，要么拉紧不受力的前缭，先控制住前帆。在多阵风的条件，转向下风可以使视风减小。重新系上或者更换缭绳。

帆

感谢新材料的出现，帆变得越来越结实。所有帆的最大的敌人都是紫外线。在帆上加盖防紫外线的帆罩可以延长使用寿命。定期检查下列项目：

- 帆骨和帆骨袋。
- 帆顶板和索眼。
- 缩帆孔和绑帆绳。
- 帆滑块。
- 帆上有无撕裂、针脚断线。

故障：丢失帆骨

如果丢失了一根帆骨，赶快换上一根新的。船上携带一根或两根备用帆骨（原料），根据需要裁切成合适的长度。（务必要打磨光滑末端，或者是用胶带缠住断口。）尽管丢失一根帆骨只不过是个小麻烦，但是长时间地缺失帆骨航行，会缩短帆的使用寿命。

故障：卷帆绳交叉缠绕

卷帆器鼓轮上的交叉缠绕难以解开。为了防止出现这种情况，在打开前帆时，卷帆绳上要保持拉力。要想理顺已经发生的交叉缠绕，你需要松开卷帆绳，手动理顺绳子。这绝非易事，尤其是要在航行中完成这项工作。

故障：帆的损坏

如果帆撕裂了，在撕裂进一步发展之前，赶快把帆降下来、修好。船上可以携带上一套专用修帆工具。

热那亚帆的损坏通常是由于帆反受风倚靠撑臂，或者是在支柱上摩擦造成的。针对撑臂和支柱，在帆上打补丁可以避免这个问题。

主帆的损坏通常是在帆骨袋附近发生。过度的飘帆拍打会加速帆的老化，导致损伤。全帆骨主帆能减少飘帆，但是需要定期检查靠里的帆骨末端（即帆骨与帆前缘的相交位置）。其他常见的主帆损坏原因还有帆滑块受力过大。你可以针对升到顶、缩帆两个位置，在主帆上分别打补丁，避免摩擦撑臂。

爬到桅顶进行保养，你能看到一个独特的帆船视角。

绳索操作的知识与技巧

绳子的类型

不同类型的绳子具有不同的特点，适用于特定的用途。一些绳子是由区别明显的多股绳子绞缠在一起的，称为捻绳（laid rope）；另一些绳子是分缕编织在一起的，称为编织绳（braided rope）。

捻绳一般要比编织绳有更大的延展性。

升帆索和缭绳不应该延展，因此它们是用低延展量的涤纶绳制作，或者是用延展量更小的高科技纤维制作。

锚缆和泊缆应该具有延展性，以吸受冲击力量，因此最好用尼龙绳。

每种类型的绳子都有其特定的优点和缺点，专门适合帆船上的某些特定用途，但是不适合其他的用途。优秀的水手应熟悉每种绳子的特点，知道它们最适合哪些用途。

绳子的受力

受力的升帆索或者缭绳承受了巨大的力量，因此要小心对待。受力的绳子一定要先在羊角或者绞盘上挽一下。头发、首饰和手指要远远地避开羊角和绞盘。

如果升帆索穿过了夹绳器，那么最好还是把受力的升帆索系到绞盘上。这样能控制住绳子的滑动，方便调节升帆索，而且也增加了升帆索的使用寿命，因为它不再是点受力。

在绞盘上收紧绳子时，先在绞盘上绕两圈绳子，然后随着受力的增加再加两三个绳圈。开始绳圈太多会导致交叉缠绕，卡住绳子。在往绞盘上绕绳圈时，用一只手，正手握住绳子，指尖避开绳子。

控制绳子的一种方法是，用手掌抵着绞盘鼓轮压住绳子。假设要放松几英寸绳子，左手握住绳子的自由端，右手掌压住绞盘鼓轮，把绳子送出去。

要完全放掉绳子，放松一臂之长的绳子，然后把绳子直接从绞盘顶上提起来，让绳子从手里放出。

处理绞盘缠绕

如果绞盘上缠了两圈以上的绳子，绳子受力时，一圈绳子就可能骑在另一圈绳子上，从而卡住绳子。要想清除轻微的绞盘缠绕，可以把绞盘前方的力量卸掉，理顺绳圈。比如，你可以转向上风或者飘帆，卸掉前缭的力量。

对于更严重的绞盘缠绕，系上另一根缭绳，用另一个绞盘收紧；或者使用一根备用绳索[称作“短缭绳（short sheet）”]，在被卡住的绳子上系一个轮结，拉紧短缭绳，使卡住的绳子卸掉受力。

在巡航帆船上，电力绞盘变得越来越流行；它们能辅助升起沉重的帆，承受很大的力量。但是如果操作不谨慎，它们也会造成巨大的损坏，因为它们的力量足以破坏器材、撕裂帆，造成非常紧的绞盘缠绕。

第十章
回到岸边

锚泊

锚的分类

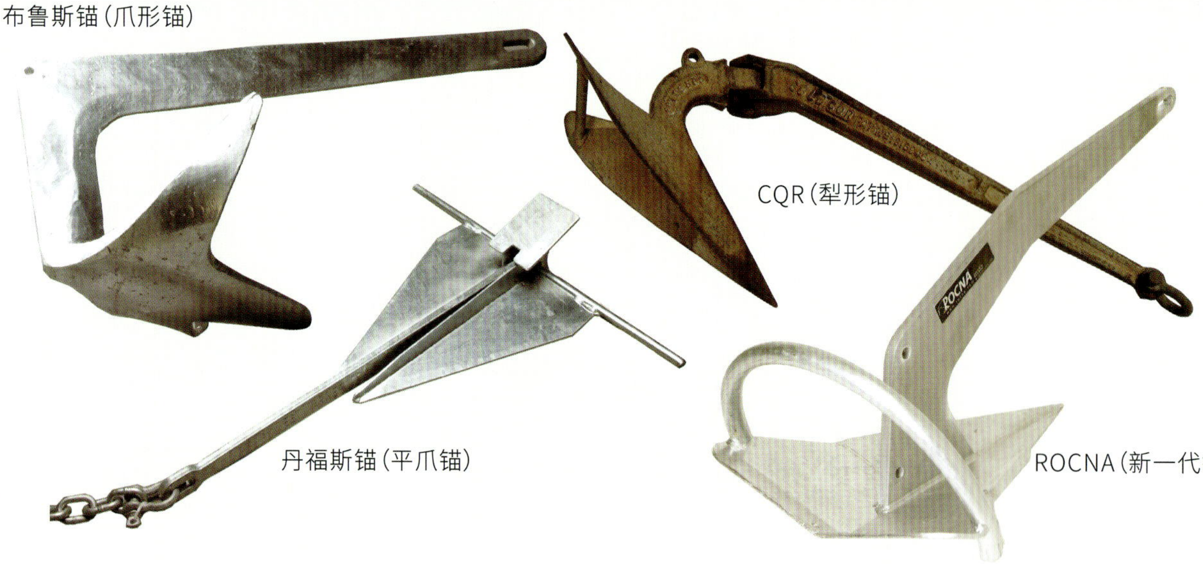

所有的巡航最终都要回到岸边——可能是为了休息，为了躲避一场风暴，或者是为了探索周边，欣赏美丽的港湾。在任何情况下，你都要保证船已经牢固地锚泊、系泊或者停靠码头。系牢之后，小艇就成了你在港湾里的主要交通工具。

锚泊是最重要的巡航技能之一。它能让你探索偏远的港湾，或者安全、放心地躲避一场风暴，因为你知道船已经系牢了。随着你巡航得越来越远，在更有挑战的环境下锚泊，这时正确的锚具和锚泊技术就成了一个非常好的保险。锚具对于“固定不动”的重要性，就相当于帆对于向前行驶的重要性。我们这里会在基本锚泊技术的基础上（前边等级的课程中讲过），讲解锚泊在高级巡航中的应用。

锚的分类

在为你的巡航帆船选择锚时，主要的考虑因素不是锚的大小或重量，而是抓地力。在很多情况下，这取决于锚的设计和强度，而不是它的重量。

巡航水手使用的锚大体上分为两类：（1）重量轻的平爪锚；（2）重量重的大型犁锚或爪锚。有时候，锚的品牌名字更广为人知，因此下面我们会提到一些熟悉的例子。重量轻的平爪锚，比如丹福斯（Danforth）锚或“城堡”（Fortress）锚——只要能够穿透海底，它们的抓地力良好，而且锚缆的拉力越大，锚在海床上就扎得越深。它们不适合岩石、水草或软泥底质，但是它们的重量轻，非常适合用作船尾锚或者小锚（kedge）。沉重一些的爪锚（布鲁斯锚）或犁锚（Delta或CQR锚）能够更深地扎地，在更困难的底质条件下提供抓地力。

21世纪带来了“新一代”的游艇锚，它们在各种情况下都有非常好的抓地力。易于辨认的新一代锚的品牌有Bügel、Spade、Bulwagga、Manson、Rocna。这些锚的设计能够：

- 在海床上自动地调整到正确姿态；
- 随着风和潮汐转动，但不会把锚拔出海床；
- 提供相对大的抓地力；
- 即使拖锚也不会拔出海床；
- 在各种不同类型的海床上都能抓地。

至于“哪一种锚最好”，不同人会有不同的观点，而且往往会引发热烈的讨论。但事实上，并不存在一种所谓最好的锚，能够适用于所有的船、所有的应用场景。然而，从工业检验和用户体验的角度出发，现代设计的锚明显是更好的选择。在装配巡航帆船的时候，你要多做研究，务必要携带至少两种类型的锚，以覆盖所有的锚泊场景。

船对锚的拉力，取决于船的风阻（来自船体和桅杆系统）、对浪的阻力，还有排水量。针对不同的船，锚的制造商会给出推荐的尺寸和重量。若是不放心，就选更大型号的锚。

大部分锚是用镀锌钢制造，但是也有不锈钢和铝制造的锚。不锈钢看起来漂亮，但是强度要比镀锌钢更低。铝作为主锚，重量可能会太轻，但是非常适合用作备用锚或小锚。

新一代Rocna锚的滚杆（roll-bar），保证锚以正确的角度接触海床，并扎入海底。

锚缆

锚只会与它的锚缆（rode）一样结实，通常全铁链的锚缆最为结实。铁链更耐摩擦，而且它的重量会产生悬链效应，可以吸收冲击力量，对锚形成水平的拉力。它还能防止船拖着锚缆乱跑，或者是前后来回摆荡。

放在锚舱里的铁链的重量，会影响船的前后平衡（trim），因此巡航水手愿意折中选择绳子与铁链组成的“混合”锚缆。这种混合锚缆上有一段铁链（至少等于船的长度），直接连到锚上，可以增加重量，承受海床的摩擦；而较轻的绳子更易于操作。绳子应该选用尼龙绳，因为它有更大的延展性，还能吸收冲击受力。

锚具（ground tackle）的强度，取决于它最脆弱的一环连接，这可能是锚与锚缆之间的连接。使用结实的卸扣把锚和锚缆连接在一起，卸扣销子应该缠上铁丝，防止松脱。旋转接头（swivel）有助于减少链子或绳子的扭转，而且能够容许锚在回收时转动。一定要保证卸扣或者旋转接头的受力规格配得上链子的断裂强度。

船上应该携带多长的锚缆呢？首先要把滚轴（anchor roller，安装在船头）离开水面的干舷高度考虑进来，我们假设它是4英尺。对于全链锚缆，一般5：1的放链比例就足够了，200英尺长的锚链可以良好地用于35英尺的水深。对于强风天气，或者是混合锚缆，7：1的放链比例是合适的。这种情况下，200英尺的锚缆适合大约25英尺的水深。

锚缆上每隔一段已知距离，应当做一个标记，简便的方法包括对链环染色，或者是在相应的间距上系一根带颜色的扎线带（比如每隔25英尺或50英尺系一根）。

选择锚地

锚地应当远离来往船舶和潮汐水流，能遮挡盛行的风和海浪。锚地要有合适的放链比例（包括高潮和低潮）对应的摆动空间，低潮时也要有足够的深度。

检查海图，避开有限制的区域，比如水下电缆和架空电力线。海图上还标明了海底的类型（沙子、淤泥、岩石、珊瑚），这决定了该下哪一种类型的锚，或者是需要换个锚地。

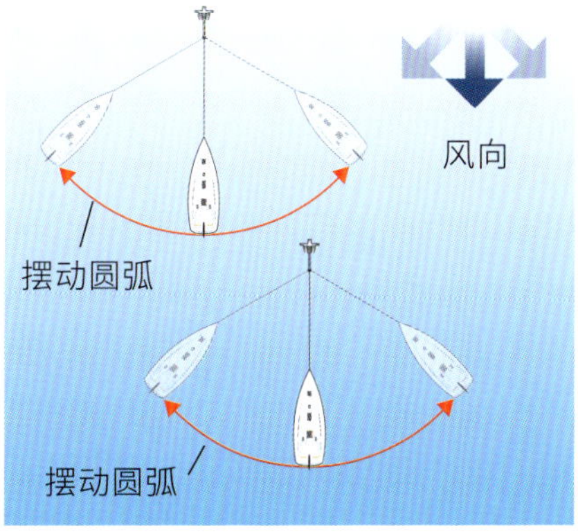

进入锚地区域时，你要保持敏锐的瞭望。记住，已经锚泊好的船拥有特权，因此你要主动避开他们。仔细考虑好深度和摆动空间，因为这些因素决定了要放出多长的锚缆。同你船类似的其他船很可能会与你同步摆动。你还要考虑到风向或水流发生180° 转向的情况。

锚泊步骤复习

在机动力驶入选好的锚泊地点之前，检查锚机的断路器是打开状态，检查锚缆已经系在了船上。

向船员描述锚泊的步骤。记下水深，计算理想的放链比例对应多长的锚缆。（一般原则，全链锚缆5：1，混合锚缆7：1。）

确认前甲板与舵手之间的交流方式。无线耳机或者手势信息都可以，但两者都需要练习。

船头单锚锚泊，采用以下步骤：

- 选择你要停泊的地点，然后把船停在该地点上风或者上游，偏离距离等于计划的放链长度。
- 如果锚要连接浮球，把浮球系在锚冠上，绳子的长度应超过高潮时的水深数英尺。
- 停船并下锚（还有浮球）。利用风让船向后漂移，放出一半的放链长度。必要时可以轻轻地挂倒挡，但是不要把锚拔起来。
- 一直等到你感觉锚已经抓地并扎进水底，然后放出剩余的锚缆，系住。
- 挂倒挡，慢慢地加油门，加到中等转速，让锚扎进水底。利用正横方向的物体作为叠标，确定锚已经扎牢。
- 用手或脚触摸锚缆，如果感觉到颤振或者摇晃，说明拖锚了。放出更长的锚缆，然后测试，或者是起锚、重新下锚。

- 如果你是过夜锚泊，试着寻找发光的物体，这样你就可以在夜里检查它的方位。
- 如果你是用全链锚缆，设置一根缓冲绳（snubber），用它卸掉锚机上承受的力量。
- 设置锚泊警报（有很多这样的手机应用），定期检查抓地。
- 如果水域条件允许，可以浮潜到锚的上方，观察扎地的效果。
- 日落时，确保打开锚灯，考虑为驾驶舱增加额外的照明，让你的船更容易被其他人发现。
- 慢慢来。如果你不满意，就重新下一次锚或者是离开。

小知识：使用锚机时，遵守所有的安全注意事项。知道怎样使用手动超越控制（manual override），在紧急情况下松开绞缆筒（gypsy）。学会在锚机故障时手动回收锚的方法。操作时你要小心手指和脚。

值锚更

即使有了足够的放链比例，但是如果锚抓地不良，或者是锚不适合当时的条件，或者是扎地不够，还是会出现拖锚的现象。如果你是在拥挤或者可疑的锚地锚泊，或者是预计有坏天气，考虑安排值锚更。设定一个值班时间表轮换船员，让每个人都有时间休息。

锚更值班的工作是确认船没有拖锚，而且没有其他拖锚的船朝你靠近。夜间，船的位置可以通过测量岸上物体的方位或者叠标的方位来确认，最好选择正横方向的物体。检查深度计，确认读数与潮汐一致。在GPS或者手机应用上设置锚泊报警。在警报作响之前，你或许能够先感觉到船的运动的变化。留意船相对于周围船舶的位置。

压锚重物（kellet）与传递绳（sentinel）

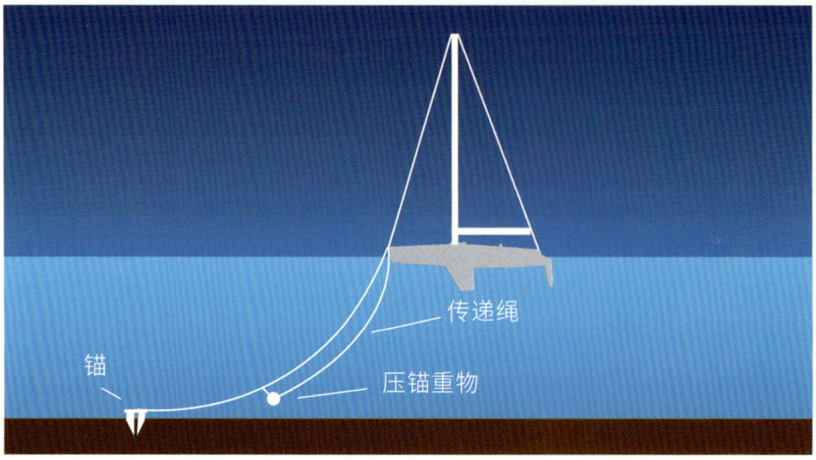

如果你想要更大的放链比例，但是摆动空间又不允许，这时候可以在锚缆上增加一个重物，重物上连接一根传递回收绳，以改善锚缆到达海底的角度，增加锚的抓地力量。在考虑购置一个20~30英磅的压锚重物之前，先考虑投资一个性能更好或者型号更大的锚。

如果情况发生了变化，需要帮助，在局面恶化之前，值班的水手要叫醒船长。如果另一条船正在拖锚向你靠近，用空气号发出5短声的警告，然后准备防碰球。

! 拖锚

让你觉察到船正在拖锚的第一个迹象，很可能就是邻居的叫喊！你赶忙登上甲板，发现叠标已经不再对齐；你走到前甲板，用手触摸锚缆，感觉到它正在振动——这说明锚正在海床上拖动。

- 必须立即采取补救措施。
- 如果船尚且有移动的空间，放出更长的锚缆，再给锚一次扎地的机会。
- 如果这样做不管用，发动引擎，准备起锚，这样你可以重新下锚。
- 如果锚地很拥挤，而且存在碰撞其他船舶的危险，命令船员拿好防碰球待命。

并舷锚泊

与朋友一起巡航时，只下一只锚，然后把多条船并舷停靠在一起很有趣。安全的并舷锚泊要求谨慎操作。推荐的方法是，最大/最重的船、配备最结实锚具的船，先下锚。然后其他船并舷系靠在这条船上，分别从左右两舷交替并靠。

并舷之前，先征求对方的许可，以保证安全地并靠，并且两条船上的船员都能准备好。多用防碰球，系好船头缆、船尾缆和倒缆，把船系在一起。调节倒缆，错开桅杆（一根在前，一根在后），防止它们在船摇晃时相互“击剑”。

因为这里只用一只锚固定住了所有的船，在风阻过大，还有天气变坏时，存在拖锚的可能性，因此要准备好在短时间内就把船分开。

绝对不要从并舷停靠的船上再下额外的锚；在风和水流的摆动作用下，它们很容易纠缠在一起。

不推荐在夜间并舷锚泊。为了安全起见，在天黑之前最好把并靠的船分开，分别独立锚泊。之后你可以乘坐小艇拜访巡航伙伴。

设置两只锚

主锚的大小，应该足以单凭自身的力量，在各种条件下都能提供牢固的抓地力。然而，在有些情况下，下两只锚是更好的主意。记住，当风速加倍时，船承受的力量（对锚具的力量）会变为原来的4倍。恶劣天气、拥挤的环境、反向变化的水流，都要求采用不同的锚泊方法。下面是一些基本的锚泊方法，还有一些注意事项。

分叉锚泊

恶劣天气下，或者需要减少摆动圆周，以避开礁石或其他障碍物时，与第一只锚分开60°的角度，设置第二只锚，形成一个V形。这样设置两只锚可以分担受力，减少船围绕锚移动或者摆荡的趋势。在第一只锚上系上浮球，有助于你在下第二只锚时看清第一只锚的位置。

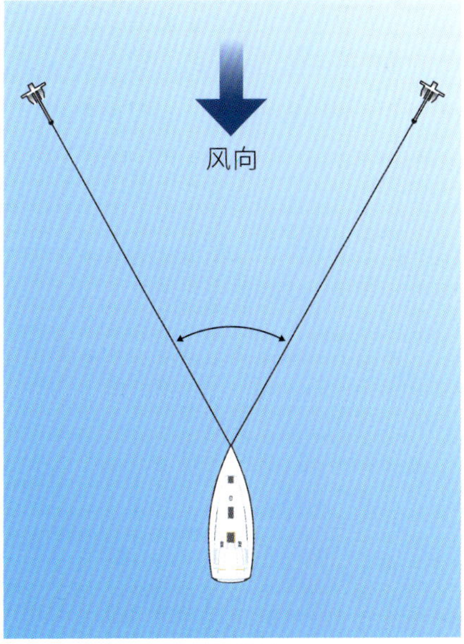

分叉锚泊

串联锚泊

在应对来自同一方向的极端强风时，你可以在船头的一根锚链上串联两只锚，以增加抓地力。第二只串联锚通过一段锚链（大约等于船长）连接到主锚上。很多新式的锚带有专门的连接点；如果没有，你可以用卸扣把副锚（secondary anchor）链连接到主锚链上。先下副锚（串联锚），然后倒船，放出锚缆，然后再下主锚，串联锚的锚链要有一定的松弛量。放出主锚链，然后按照通常的方式使主锚扎地。测试显示，使用串联锚，可以使总抓地力增加30%（相较于两锚各自独立下锚）。注意，这种方法并不能减少摆动的圆周。

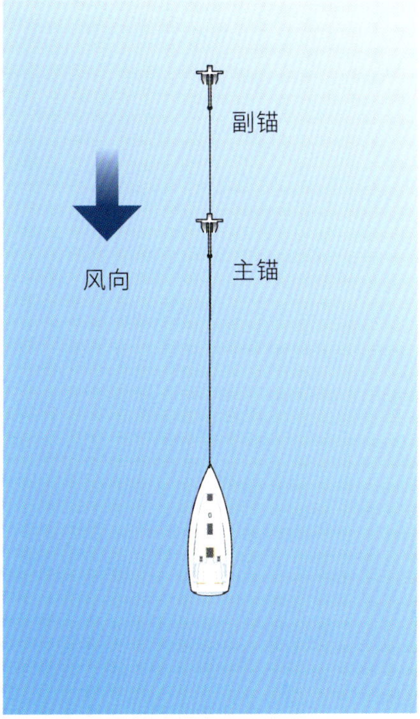

串联锚

巴哈马式锚泊

这种方法适合在存在相反潮汐流的地区锚泊（比如巴哈马海峡），它容许船随着水流摆动，但是位置基本保持不变。船头设置两只锚，角度相差180°，与水流的方向平行。当水流转向时，另一只锚会交替受力，就仿佛只用了一只锚。两个锚之间要保证有足够的松弛量，这样松弛的锚缆就不会纠缠到龙骨或者舵；在锚缆的绳子段上压重物可以提高抓地效果。

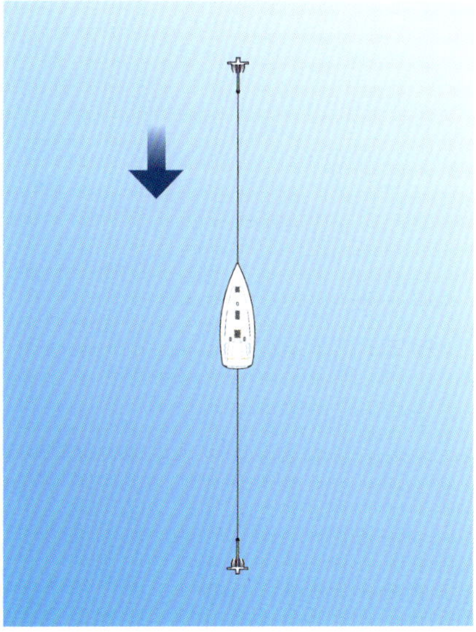

前后锚

前后锚

当摆动空间有限，但是风向稳定且风力不大时，这种技术非常有用。如果你预期风会变化时，不建议使用这个方法，因为船最终可能会横对着风浪。以普通的方式下船头的锚，但是在倒船时，多放出锚缆，然后再下船尾方向的锚。船改为前进，同时收起船头锚的多余锚缆。目标是让两只锚都能牢牢抓地。在一些地区，你可以把船尾的锚（或者绳子）使用小艇带到岸上，然后系在树上。

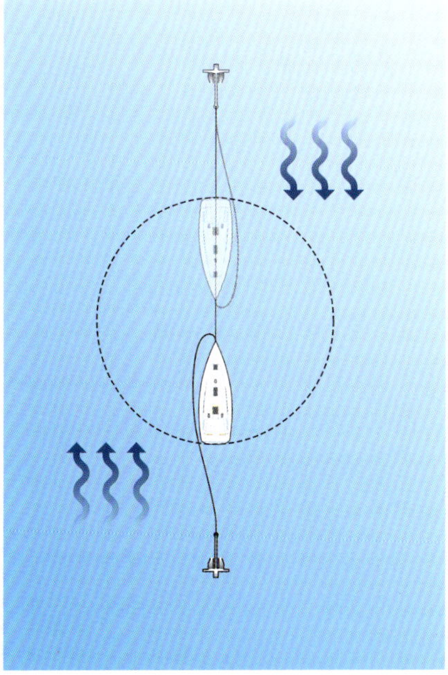

巴哈马式锚泊

小艇可以用于设置第二只锚。

警告：记住，两只锚会改变你船相对于邻船的摆动圆周，这可能会导致锚缆缠绕或者碰撞。用锚球标记你下的锚（一只锚或两只锚），向别人声明你的锚泊方法。在副锚缆（绳子）上悬挂压锚重物，可以改善锚的效果，同时减少缠绕龙骨或者舵的风险。

起锚

起锚时，良好的计划和船员配合可以保证一切顺利进行。前甲板和舵手之间使用手势信号或者无线耳机交流，遵循以下步骤。

前甲板船员手指着锚的方向。

机动力缓慢驶向锚，前甲板船员同时用锚机收起锚缆。要使用发动机的力量推着船前进，而不是锚机的力量。理想情况下，起锚时，锚链应当是垂直悬着的。

如果船上有冲刷锚的水管，在吊起锚时，用水冲刷掉锚链或者锚上的泥沙。没有的话，也可以用桶和海水清洗。

如果船驶过了锚的位置，停止拉绳。等待船向后漂，直到锚缆重新垂直悬挂，然后接着拉绳。

当前甲板船员示意锚已经脱离海床时，缓慢继续向前行驶，保持舵效；同时船员完成起锚的工作。一定要把锚固定在甲板上，这样锚就不会意外落水。

回收卡住的锚

有时锚扎得太好了，以至于锚机都无法把它拔起来。遇到这种情况，把锚缆系到船上，然后轻轻地驶过下锚位置，把锚从海床上“绊”起来。

如果锚是被卡在什么东西的下方，你可以试着缓慢地绕着锚转圈，从不同的角度拉锚。如果这还不管用，条件安全适合游泳时，可以戴上潜水面具，下水查看锚卡在了什么地方。你或许可以用手把它取出来，或者是在锚冠上系一根提绳。

锚机的设计，只是用来提起锚和锚缆的重量。如果使用锚机硬拉卡住的锚，可能会损坏机器。如果你需要有更大的力量来提起卡住的锚，可以在锚缆上系一根绳子，把绳子引到绞盘。

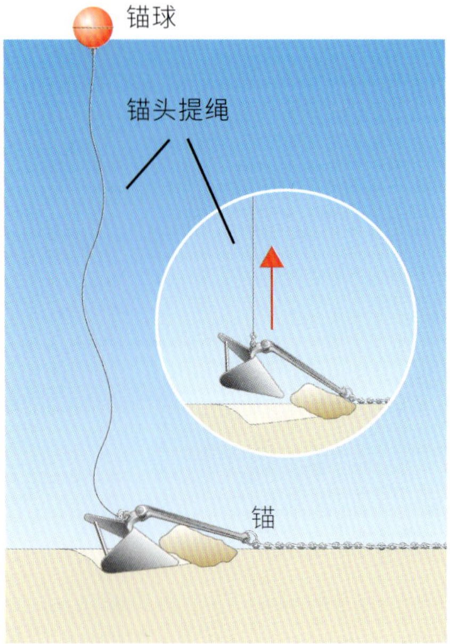

锚球标记了锚的位置，便于你和邻居看到，锚头提绳帮助回收卡住的锚。

系泊

相比停进泊位或者锚泊，系泊是一种很好的替代方法。在一些巡航地点，码头提供的系泊浮球要比停船泊位还要多。你既能享受码头的便利设施，又能享受系泊带来的私密和清新空气，而且花费的钱只是泊位价格的几分之一。系泊还能让你第二天清晨提早起航前往下一个目的地。一些地区的政府部门可能会禁止锚泊，防止损伤海床上的珊瑚，这时候系泊就成了唯一的选择。

尽管你在租船巡航时，或许已经系泊过很多次了，但是这里有必要再次强调几个基本要点，还有一些变形系泊方法。

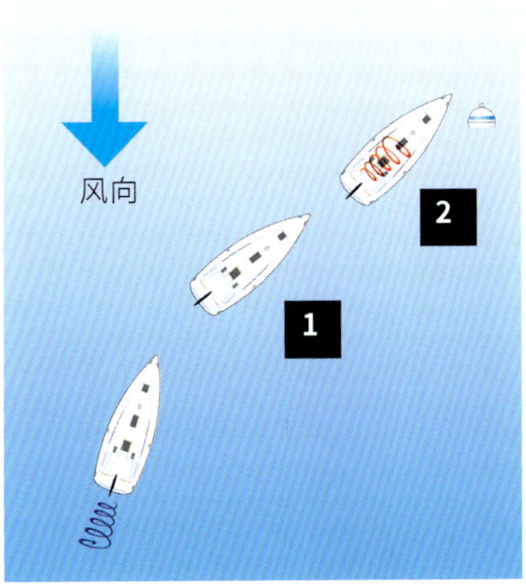

以45°~60°的角度驶近系泊浮球，(1)保持浮球位于下风舷，当它与船头平齐时停船(2)。

系泊的惯例

系泊浮球一般是由码头、私人或者当地政府拥有和维护的。大部分情况下，你要交纳系泊费，而且对船的种类和大小也有限制。很多系泊浮球是提前预订的，你可以直接同拥有者预订，或者是在线预订。务必要咨询系泊浮球的管理者——这些信息可以在巡航指南上找到。

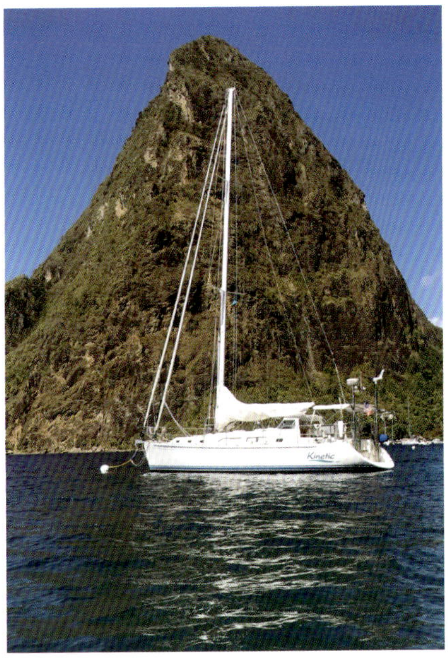

使用系泊浮球可以保护海床，也为当地带来收入。

驶近和拾起系泊浮球

到达系泊场地时，找到你的系泊浮球。你或许可以现场选择，也可能已经被指定好了浮球。计划以偏离风向45°的角度驶近浮球，浮球位于下风舷。这样，在停船时，船头虽然会朝下风“掉”，但是风还是把你推向浮球。

进场的步骤

1.命令船员在前甲板理好绳子，船钩拿在手里。

2.拖带小艇时，小艇要离船近一些，防止拖缆缠住螺旋桨。

3.舵手与前甲板船员建立联系。

4.目视辨认出你的系泊浮球，还有系船的方法。浮球上有没有系缆（一根还是两根）？还是要在浮球的孔环上穿进绳子？

5.以偏离风向45°的角度驶近系泊浮球，浮球位于下风舷，当船头与浮球相平时停船。要记得螺旋桨致偏效应——挂倒挡很可能会让船尾向左偏。

6.在风把船头吹向浮球的同时，前甲板船员拾起系泊缆，或者把绳子穿过浮球的孔环。

7.舵手继续留在操舵位置，提供机动力辅助，或者是机动力摆脱，直到系好至少一根系泊缆绳。

8.系好之后，浮潜或者乘坐小艇，目视检查系泊浮球。

利用手势信号在船头和舵手之间交流。

多种多样的系泊浮球

系泊浮球怎样连接到船，有许多种配置方法。插图展示了使用拾起浮球的方法，拾起浮球连着一根系泊缆，系泊缆最终系到船上。照片还显示了系泊浮球的其他几种变形。注意，一定要从系泊浮球向船上连两根缆绳，形成拢头绳。

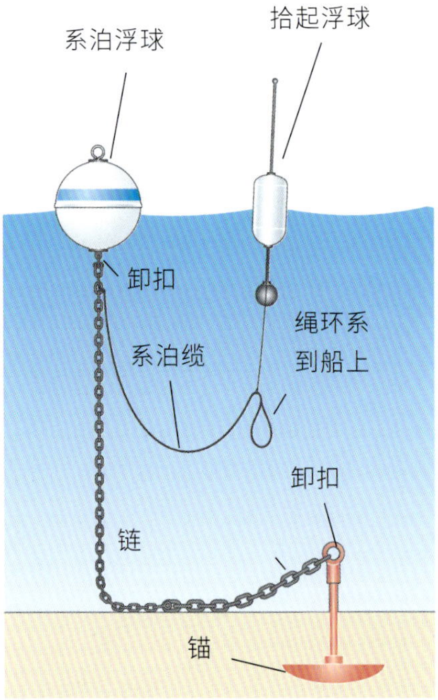

这是一个典型的系泊浮球，浮球支撑着一段连接到锚的链子。船和链之间的连接是多种多样的。

这个锚球上有一根短的系泊缆，缆绳上有一个尼龙环眼。把你的缆绳穿过这个绳环，做成一根连接到船头羊角的拢头绳。

这些系泊浮球上带有拾起浮球，拾起浮球下面连着系泊缆。

棍棒上的环眼更容易抓取和穿进绳子。环眼保持贴近你船头的锚。

一些系泊浮球带有两根系泊缆，自动形成拢头绳。

穿进你的缆绳，做成拢头绳，然后使用防碰球，使金属环远离船体。

安全地系泊好了。拾起浮球留在前甲板上。

离靠码头

很多水手巡航时喜欢锚泊或者系泊，尤其是在进行长时间的巡航时。然而，停靠码头非常便于补给、维修和探索岸上的景观，还能享受到岸电和长时间的淋浴。你已经学习过和实践过机动力操纵和码头停靠了。若是想再进一步提高，最好的投资就是学习ASA 118 离靠码头课程，尤其是如果能在你自己的船上上课、带着你的船员一起学习的话。现在，我们先来复习一些基础知识，回顾几个离靠码头场景。

协调地使用倒缆、防碰球、挂挡和油门，把船尾弹离码头。

风和水流

风和水流会影响所有船舶的操纵。重量轻的船，还有那些干舷高的船，要比排水量重的船更容易受风的影响，在大风中也更难以操纵 。

在帆船上，桅杆后方的风阻一般比前方更大，而龙骨前方的船体又比较光滑。横向阻力中心一般是刚好位于桅杆的后方，而舵和螺旋桨又提供了抵抗转弯的力量。结果就是，当帆船没有舵效时，它就会围绕自身的横阻中心转动，风会把船头吹向一侧——这种现象称为“失去船头（losing the bow）”。根据这个原理，我们知道船可以很好地朝着风向倒退，因为风会让船头保持在下风。

水流则有完全不同的影响；水流只是推着船前进，不会改变船的朝向。

在尝试任何操纵之前，一定要先评估风和水流的强度和方向，既用眼睛，也用仪表。

螺旋桨的影响

螺旋桨排出流是从螺旋桨流出的水流。挂前进挡时，螺旋桨排出流会向后流，流经舵。转动舵就能改变排出流的方向，进而转动船——即使船当时是静止的。挂倒挡时，排出流朝前流，流过船体的水下部分和龙骨，而不是舵——此时，螺旋桨排出流无法帮助控制船的方向。

螺旋桨致偏是由于螺旋桨排出流与船之间的相互作用产生的，即船尾有向左或者向右移动的趋势。右手螺旋桨（大部分帆船都是）在前进挡时顺时针转动，在倒挡时逆时针转动。挂前进挡时，螺旋桨致偏几乎难以察觉，因为这时候很容易用舵去改变螺旋桨排出流方向，加以抵消。

倒挡时，螺旋桨致偏非常明显，而且与油门量的大小成正比。螺旋桨排出流现在是向前流，流向船体水下部分的右侧，从而把船尾向左推。你要先知道螺旋桨致偏对船的影响，这样就可以选择合适的位置，利用好螺旋桨致偏效应（或者减少它的不利影响）。

螺旋桨短冲（prop blast），就是把螺旋桨排出流对准已经偏转的舵叶，用前进挡油门短促地冲刷舵叶，从而把船尾朝与舵轮相反的方向推。螺旋桨短冲可以把船尾朝左或朝右推，而船几乎不会前进。把舵轮向右打到底，稍微有一点前进运动，同时利用螺旋桨短冲和螺旋桨致偏的组合，你可以让船做一个半径非常小的“原地转向”。

思考、操舵和油门

所有的离靠码头情景，最好都制订一个计划。记住上面的基础理论，下面是离靠码头计划的执行步骤。

首先，你必须理解机动力操纵时，船会怎样运动，尤其是在离靠码头时的低速条件下。想要做到这一点，唯一的办法就是练习——在开阔水域和有限水域，练习前进挡和倒挡（参考《光船巡航入门》中的操纵练习）。

评估各种因素的影响——风、水流和螺旋桨致偏，理解在特定场景下，它们会怎样影响到船。要考虑到码头或者泊位的情况，以及周围的船艇。

思考一下泊缆的用法，你是要用它们系住船，还是用它们把船“弹”到理想的姿态？注意要使用合适的绳子，“弹”船的绳子可能要与船一样长。

把你的计划告诉船员，确保每个船员都理解自己在整个计划中的角色。强调安全事项——不能跳下船，不能用手阻止碰撞。

准备好工具——泊缆、防碰球、船钩。根据计划设置好缆绳。在船上保持对绳子的控制，比如做成回头缆，这样你可以根据需要，在船上收紧或者放松缆绳。如果你要把缆绳递给岸上的帮手，要讲礼貌，但是必须要坚持按照你想要的方式放置缆绳。最好是派出自己的船员带着缆绳上岸。

计算好时间和空间，要利用好这两者。通过计划和准备创造出时间，然后以安全的速度操作。利用好风和水流，绕着船的轴点转弯（而不是抄近路），使用好倒缆，优化对空间的利用。

开始执行计划时，要记住下面的顺序：思考、操舵，然后是油门。先思考清楚，然后转动舵轮，把舵转到正确的位置，然后再挂挡、加油门。这个步骤能让螺旋桨排出流和推力只出现在你需要的时间，而避开效果不好的转舵和快速换挡。

离靠码头时，要把空挡当成是默认的挡位，然后根据需要挂前进挡或者倒挡。速度要慢，油门要短促。

配合风

有些时候，风可以帮助你毫无压力地把船停靠码头或者离开码头。这些情景下，记住船要以45°的角度驶近码头，船头要顶着风或者水流（看哪个最强），帮助船减速。把船转到与码头平行；用船舷并靠码头时或者进入泊位时，要考虑到转动轴点和螺旋桨致偏的影响。记住，船头会先被吹向下风。左舷并靠码头的时候，用倒挡把船尾推向码头。如果是右舷并靠码头，以较浅的角度缓慢贴上码头，避免用倒挡，因为螺旋桨致偏会把船头推向码头。

弹入/弹出码头

当风不配合时，你还可以借助倒缆，轻松地完成操纵。下面是附带插图的两个基本场景。尽管图中只画出了侧舷离靠码头的情景，但是该原理也同样适用于离开或停靠泊位。记住，放置防碰球要讲究策略，注意船的转动轴点。

弹出船头，舵轮居中，从船尾向前引一根回头倒缆，轻轻地顶着倒缆挂倒挡。当船头穿过风向之后，收回缆绳，机动力向前行驶。

弹出船尾，舵轮转向码头，从船头向后引一根回头倒缆，轻轻地顶着倒缆挂前进挡。当船尾远远地离开码头之后，舵轮居中，收回缆绳，倒船离开码头。

当风吹离码头时停靠码头，从船中羊角上系一根缆绳，绳子的活动端带上岸，系在你希望船尾最终停在的大概位置上。

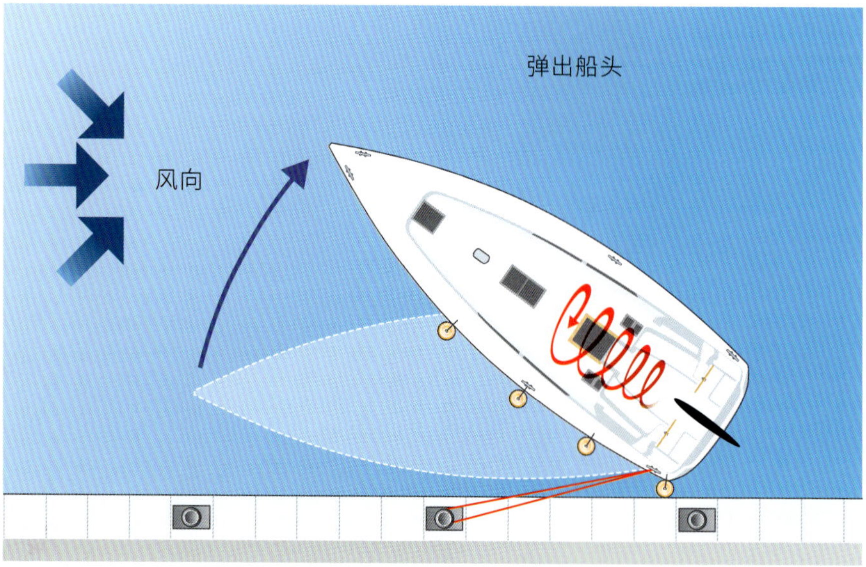

要想把船头弹出码头，从船尾向前引一根回头缆。引擎挂倒挡，轻轻着抵着倒缆倒船 。在接触点放置一个防碰球。

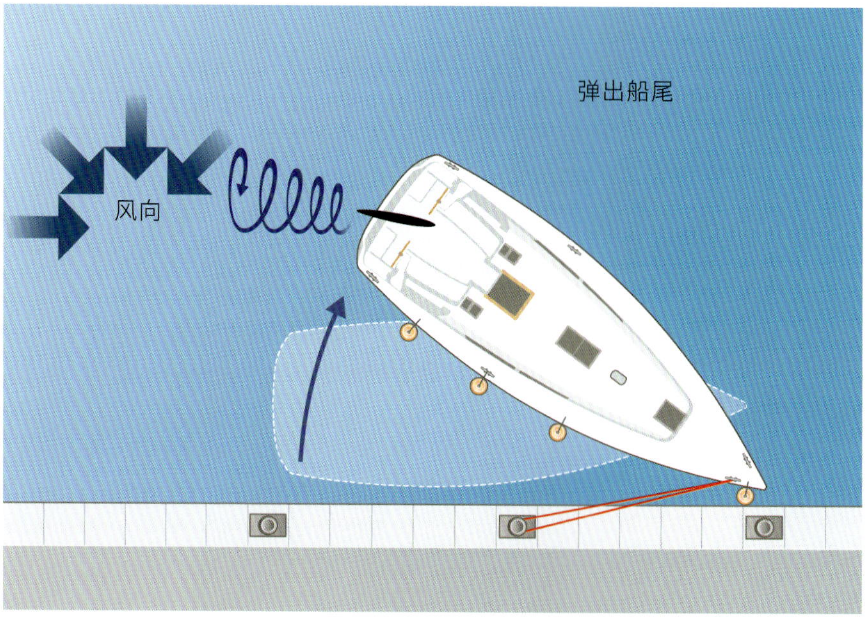

想要弹出船尾，从船头向后引一根回头倒缆。引擎挂前进挡，轻轻地顶着倒缆开船。接触点放一个防碰球。

让风把船推离码头，然后在船头转向码头时，舵轮朝远离码头的方向转，就这样保持船平行于码头。在船被平推向码头时，保持挂前进挡，直到你系好船头缆、船尾缆和倒缆。

带缆绳上岸的方法

- 以45°的角度驶近码头，指派一名船员从侧支索位置迈上岸。
- 倒船贴上码头（船尾对着风），从船尾迈上码头。
- 使用上述方法中的一种，把缆绳抛给岸上的帮手。

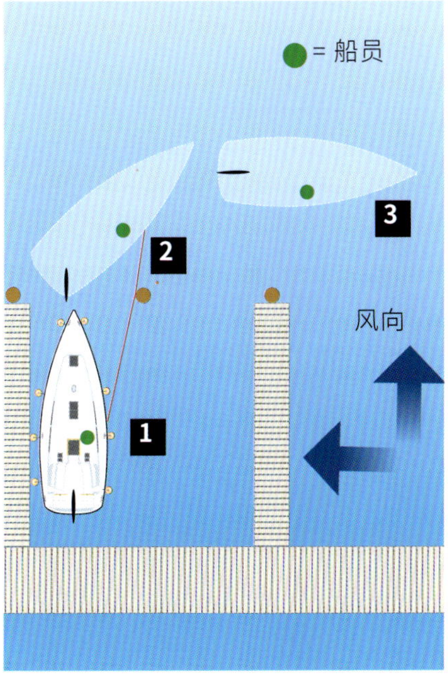

弹出泊位

船头先出，弹出泊位

从泊位靠前的桩子，到你的船中羊角系一根缆绳。使用前进挡和空挡，轻轻地机动力向前行驶，舵轮居中，船保持与泊位平行，放松倒缆（现在倒缆是向后引到桩子），直到船尾让清泊位桩。缆绳在羊角上绕一圈，转舵指向出路，绕着倒缆转弯。对准离开码头的航道之后，松开绳子，机动力向前行驶。

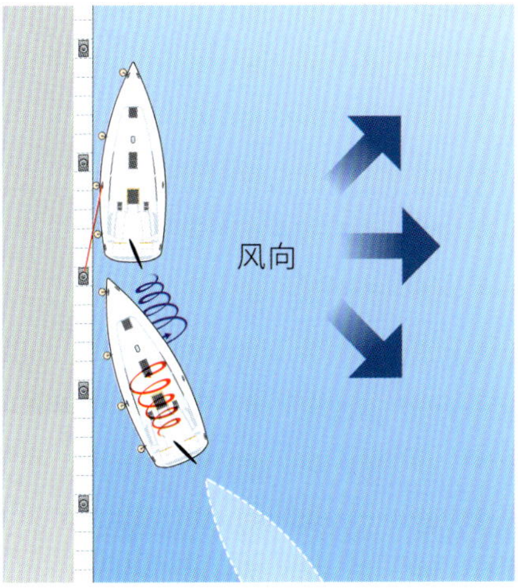

靠上码头：风吹离码头

倒船进入码头

倒船进入泊位时，需要谨记的要点有：

- 船尾对准风向，更好地控制住船。无法做到时，也要选择风把船头朝正确方向吹的姿势。
- 利用好螺旋桨致偏——可以的话向左倒船。这可能意味着需要先机动力驶过泊位，然后再倒船。如果你必须向右倒船，那么就以缓慢但是稳定的速度移动，刚好有舵效即可。如果你让船停下，然后再次倒船，螺旋桨致偏会把你朝错误的方向推。
- 不要抄近路——留出围绕轴点转弯的空间。

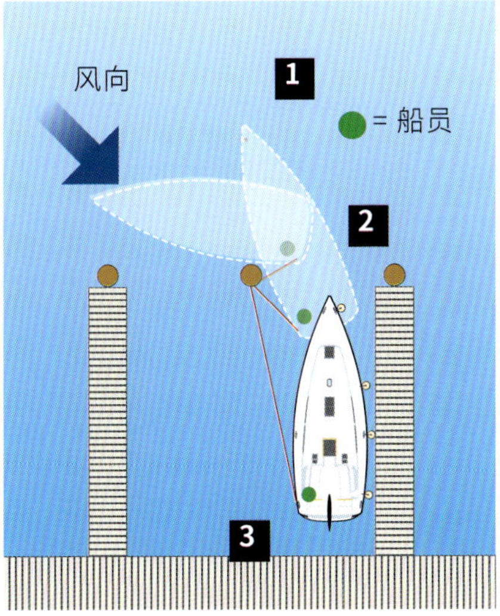

弹入泊位：船尾先进

如果单凭倒船不足以对齐泊位，从船尾羊角系一根缆绳，把船“弹入”泊位。

系好船

一定要系好适合泊位的船头缆、船尾缆和倒缆。如果你要离开船一段时间，或者是预计会有风暴，所有泊缆都要系两根，安装防磨器材。驾驶舱留下一捆备用的缆绳，方便好心人帮忙。

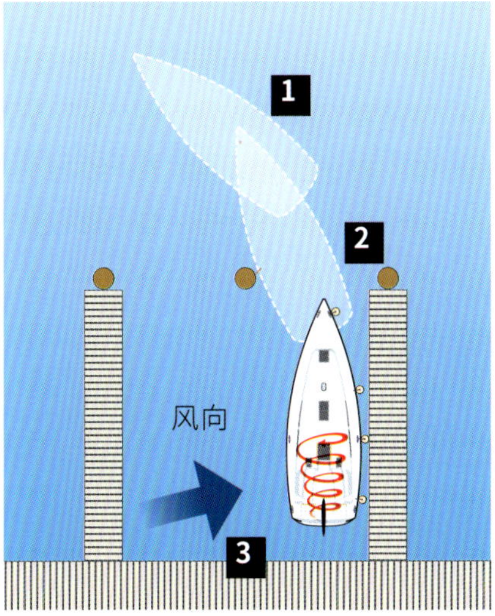

倒船进入泊位：利用引擎和螺旋桨致偏

在码头并舷停靠其他船

在拥挤的码头，有时你需要并舷停靠在另一条船的旁边。这里有个几个注意事项：

- 并舷停靠另一条船之前，要先征求对方允许，然后把所有防碰球放在船的内侧船舷。
- 就像驶近码头一样，驶近另一条船，系好船头缆、船尾缆和倒缆。
- 调节倒缆，错开桅杆；防止撑臂“击剑”。
- 从你的船走上码头时，要讲礼貌，轻步走过邻居的前甲板，不能走驾驶舱。
- 如果你内侧的邻居需要先于你离开码头，解除并靠，然后重新停靠码头。

地中海式锚泊

地中海式锚泊是一种结合了锚泊与码头停靠的停船方法，一般是船身垂直于码头或者堤岸，用船尾靠上码头。“地中海式锚泊”起源于地中海，但在整个加勒比海地区都广泛流行。

地中海式锚泊的基本步骤是，在离码头几倍船长距离的地点下锚，然后倒船靠上码头，系好船尾。与所有停靠动作一样，先要摸清码头的情况。给你的团队讲解一遍停靠计划，并约定好交流使用的手势。选择好目标船位，看一下缆绳是要系在羊角上，还是要系在柱子上。在船尾放置好防碰球，必要的话，在两侧船舷也系好防碰球。设置两根船尾缆，理顺并准备把它们递到岸上。

检查风和水流，并据此选好船的位置。把船开到比你打算下锚的地点稍远的地方。在大多数港口，你需要的放链比例比正常锚泊时要小，因为锚不需要承受所有的力量，3∶1应该就足够了。

补偿螺旋桨致偏效应，让船尾朝着码头的方向直线倒船，要有足够的倒船速度保持舵效。下锚，一边放出锚缆，一边朝你的停船泊位倒船。

船采用地中海式锚泊法停泊时，船员通过登船梯上下岸。

当你的船尾距离堤岸有一倍船长时，开始用挽桩滞缆的方法拉紧锚缆，让锚扎地，但是不要用锚机锁住锚缆（不要使用锚机的力量，而是使用羊角的力量挽桩滞缆）。锚缆上的拉力有助于让船保持与岸垂直。

停船，同时船员把船尾缆递到岸上。船尾放好防碰球，以防你不得不贴近码头，才能让船员上岸。泊缆系好之后，收起锚缆的松弛部分。调节锚缆和船尾缆，使船停稳，以便你能安全地从船尾上下船。经常采用地中海式锚泊法的船，通常会自带一个称为“登船梯（passerelle）”的船尾跳板。

为了代替船头锚，许多码头现在使用系泊浮球或者拾起缆绳，这根缆绳被恰如其分地称为“黏黏”的缆绳（slime line）。这样可以简化停船的过程，而且减少了卡锚的可能，但是你仍然需要在有限空间内巧妙地操纵帆船。在使用这套系统之前，先向码头工作人员咨询最好使用哪种方式系住船头。

1. 在足够远的距离上下锚，保证有足够的放链比例。

2.倒船，当船尾距离码头有一倍船长时，开始挽桩停滞锚缆。

3. 将船尾缆递给岸上的帮手。

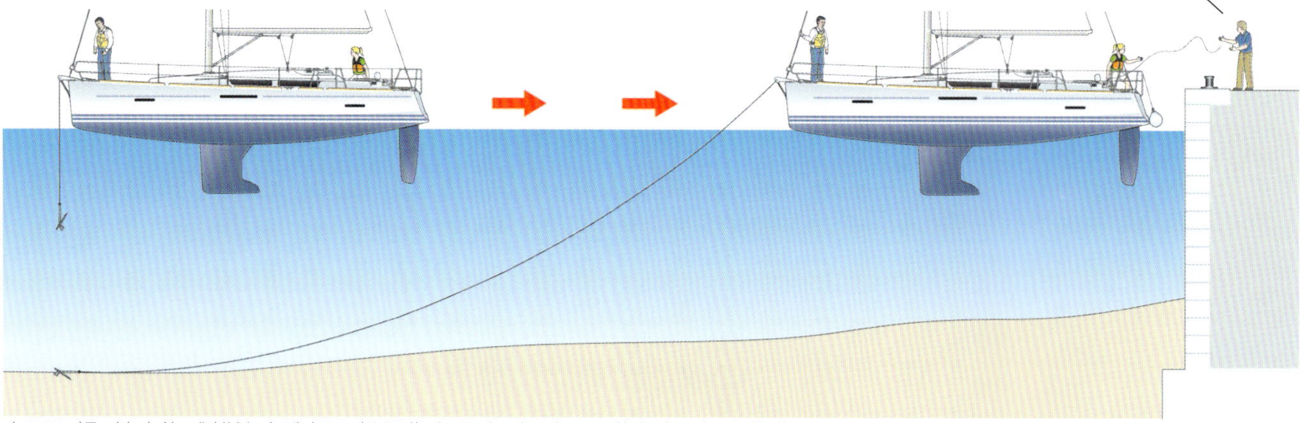

出于习惯，地中海式锚泊会选择用船尾靠上码头，但对于一些帆船，船头停靠码头可以保护隐私，或者是让船舵远离码头水底的杂物

小艇巡航

小艇是巡航水手在港口的基本装备，它的作用和汽车类似，也可以当作一个安全备份。小艇也被称为“补给船（tender）”，因为它能照顾母船的需求。你可以乘坐小艇上岸锻炼、探险、补给，或者摆渡客人和洗衣服。有了小艇，你可以探索周围的海湾，测量水深，去珊瑚礁浮潜，把小锚载运到更深的水域，甚至可以用小艇拖带大船。正是因为小艇有这么多的功能，所以明智地选择和照料你的小艇是件很值得的事。

这个国家公园提供了牢固的系泊浮球，巡航者可以乘小艇上岸。

小艇的分类

小艇有三种基本类型——硬体型，充气型和硬底充气型(RIB)。

- 硬体小艇拥有坚硬的外壳，传统上是用木材制作，现在一般使用玻璃纤维。有些小艇被设计成需要划桨，其他一些小艇可以携带一台小型舷外马达。硬体小艇有时也配有帆具，变成了帆船小艇。
- 充气橡皮艇拥有巨大的浮力管，使用合成PVC或者海巴伦橡胶（Hypalon，氯磺酰化聚乙烯合成橡胶）制作。这些管子的存在，让它们比硬体小艇稳性更好，但是也更容易被刺穿，或者被紫外线伤害。充气艇的另一个优点是，它可以卷起来，航行时收纳在巡航帆船上。
- 如果你租赁过帆船，可能曾经驾驶过硬底充气小艇（Rigid Inflatable Boat，RIB）。它把硬体小艇的强度和船底形状，还有充气艇的稳性和浮力，结合到了一起。硬质船底通常是用玻璃纤维或者金属铝制作，便于在沙滩或石子上坐滩。硬底充气小艇可以容纳更强大的舷外马达，这使得小艇可以滑行——能够做到快速、干燥地上岸。它是一种很受巡航者欢迎的小艇。

舷外马达

许多巡航水手为他们的小艇配备了舷外马达，其中大多数是四冲程汽油发动机；你可能已经在之前的帆船课上或者租船时使用过了。操作舷外机时，应当参考制造商给出的操作建议；你也可以在ASA的《沿岸巡航入门》课本上找到很好的操作汇总，包括安全知识。

电动舷外机和丙烷舷外机现在越来越流行。虽然它们的购买价格比汽油舷外机更高，但是它们更环保，也更容易维护。

在选择舷外机时，要考虑橡皮艇制造商给出的额定马力和额定重量，你的预期用途，以及在巡航地区是否有燃料供应（汽油、丙烷，或者充电）

确保你有办法从小艇上安装和拆卸舷外机。有些舷外机可以很轻松地用手搬运；其他机器则需要使用吊带和滑轮组搬运（与Lifesling的用法一样），还可以用舷外机吊架或升帆索吊起。

小知识：随船携带小艇的工具和备件：火花塞、修补工具、小艇泵。

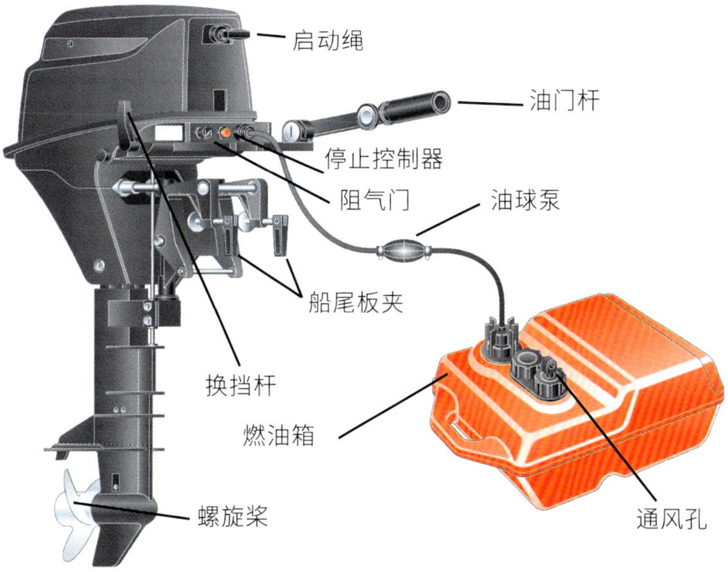

无论是什么品牌，舷外马达大都遵循相同的一般配置。

安全器材

安全器材对于小艇来说是很有必要的。除了政府规定的注册要求装备，还要有：

- 桨
- 舀水桶
- 船尾板排水孔塞子
- 救生衣和可抛投漂浮装置
- 哨子
- 锚
- 手电筒
- 航行灯（如果有要求）
- 额外的安全钥匙和安全拉绳
- 船头和船尾的系艇索

小知识：为小艇配备防盗钢缆和锁是一个好主意。把钥匙和安全拉绳（一根像弹簧的绳子，挂着用于熄火的安全钥匙）一起系在一个漂浮的钥匙链上。当你到岸上给小艇上锁时，随身带走安全拉绳。

航行中收纳橡皮艇

在大多数航行中，一直拖带着小艇是自找麻烦，更好的做法是把它吊在船上。巡航帆船在航行时，把橡皮艇收纳在船上的方法有很多种，具体的方法取决于小艇的种类、可用的器材，以及海况。我们这里讨论的是三种方法：把橡皮艇吊在前甲板上，吊在吊艇架上，以及拖带。

这个倒置的硬底充气小艇被固定在前甲板上，用于远洋航行。

用升帆索将橡皮艇和舷外机悬吊在船舷。

吊上甲板

大多数小艇（硬体、硬底充气式和充气式）都可以被吊上巡航帆船，卸下器材和舷外机之后，倒置在前甲板上。吊上船的步骤是（包括舷外机）：

1.将小艇带到船的侧舷，卸下所有器材。

2.如果有舷外机的话，用手或滑轮组吊起舷外机。使用安全绳。

3.在船头的系艇索上系一根空闲的升帆索，然后把小艇吊到船上，利用艇尾的系艇索作为引导，放置在合适的位置。

4.把倒置的小艇降到前甲板上，船头朝前。如果有必要，可以对橡皮艇的浮力管进行部分放气，以防止其干扰索具。

5.将橡皮艇牢牢地系紧在附近的五金件上，比如眼板或者扶手上。

注意：充气小艇被吊起之后，就可以放气、卷起，然后存放在船舱里。卷起的小艇还可以收纳在船尾的储物柜里，这样就不会干扰绳索、索具，或者视线。

使用吊艇架

吊艇架（davit）通常是坚固的不锈钢结构，从船尾板向后延伸，并且安装有起重滑轮。在航行中（或者锚泊时），吊艇架是将小艇吊上船并保持固定的最简单方法，它可以用于硬体小艇、硬底充气式小艇，还有充气式小艇。

在大多数情况下，直接把小艇和舷外机一起吊起来就可以了，不必拆卸舷外机。对于距离长或者风浪大的航行，你可能会先把舷外机拆下来，然后把它收纳在船上（见上文的步骤）。

吊艇架有多种变形，下面是常见吊艇架的起吊步骤：

1. 把小艇停在吊艇架下方。

2. 小艇内部应该会有结实的起吊点（船头和船尾各2个），并配有拢头绳，以分散重量并提供平衡。

3. 将起吊滑轮连接到小艇船头和船尾的拢头绳上，吊起小艇。

4. 如果小艇里有水，拔出塞子，抬起船头，把水放掉。不要忘记在下水前重新塞紧塞子。

5.利用吊艇架将小艇吊起，然后将小艇船头和船尾的缆绳系在船尾的护栏或者羊角上。

6.系上额外的绳索（或者棘轮拉紧带）作为交叉固定，防止小艇在航行中摆动，或者是摩擦吊艇架。

这条硬底充气小艇被吊艇架高高地吊起，能保持干燥，而舷外机则被固定在护栏上的外机架上。

拖带小艇

对于沿岸航行，除非是天气条件非常良好，而且你不介意有额外的阻力，否则不建议拖带小艇。淹水或倾覆的小艇会带来真正的危险——进水小艇的重量会拉断拖缆，或者撕裂小艇上的连接点。若是小艇真的进水，你需要用船舷并靠小艇，用绳子系住它，抬起船头，将水排出。然后最终你还是需要把它吊上船。

如果你选择拖带小艇，可以采取以下预防措施。

- 确保整个航行中的天气条件非常适合拖带小艇。
- 卸下舷外机——舷外机会增加额外的重量，而且如果小艇翻了，舷外机可能会损坏或是丢失。
- 拆下或绑紧松散的器材。
- 在小艇的连接点上系一根拖带用的拢头绳，拢头绳上系一个浮球；将拖缆系到帆船的船尾羊角上。拖缆要收短，防止其缠绕螺旋桨。
- 起航之后，向外放拖缆，直到与小艇保持一个安全的距离，且两船与波浪保持同步。如果海浪是从后方来，小艇可能会被冲到船尾板上。

! 安全提示

如果舷外机意外地落入海水中，立即用淡水将其冲洗干净，并将水彻底排干。

锚泊时的固定方法

锚泊或系泊之后，你就需要把小艇推下水，这样你就可以用它来登岸了。当小艇系在船的旁边时，把它系得离船近一点，这样就不会对其他在锚地行驶的人造成危险，特别是在晚上。放置好防碰球，防止摩擦或撞击。

把小艇系牢——把船头缆系在你的船上，如果条件允许，把船尾缆也系在船上。在夜间，用安全钢缆和挂锁将小艇锁在你的帆船上

这样既能防盗，也是对可能出现的缆绳松动、绳结解脱的保护。

“不吊就丢（Lift it or lose it）”，这是巡航者们常说的一句话。在晚上，为了防止意外或者蓄意盗窃，可行的话，把小艇吊起来。有了吊艇架，这个过程就变得非常容易，而且不需要在夜晚使用交叉捆绑。如果你没有吊艇架（或者你想在船尾板上烧烤或者下水游泳），你可以使用一根备用的升帆索和拢头绳，将小艇吊在船舷旁边。吊起的高度要足以使螺旋桨不受波浪的影响。吊起小艇的另一个好处是，它可以防止小艇底部滋生海洋生物。

在巡航帆船的小艇扎堆的地方，一般的礼节是“放下马达”，这样螺旋桨不会伤害别人。

小知识：“谁的小艇？”一些小艇是注册过的，并且小艇上标记了T/T（tender to，T/T）和帆船的名字。这样做有一些好处，但是也带来一个安全隐患：当坏人看到小艇停在岸上时，他们就知道现在哪艘帆船是无人看管的。

小艇系在岸上

如果你把小艇带到海滩上，下面有几种方法可以防止它漂走。倾斜舷外机，把小艇拖到岸上之后，把它拉到高潮水位线以上；如果可能的话，把它系在树上。你也可以把小艇的锚设在沙滩上很高的位置。重新下水时，调转小艇，先将它的船头拖入水中。这样更容易拖动，而且这要比先拖船尾更不容易淹水。

当小艇无法上岸时，可以将小艇留在深度只有几英尺的水里，并将船头锚牢牢地固定住。注意要确保小艇不会被冲刷到岸上，要小心潮汐和水流。一些热门地区会有专门用来系泊小艇的浮球。

在码头上岸时，尽量找到小艇专用码头，并把小艇安全地系在那里。使用一条长长的缆绳，这样其他船舶也能够到码头，然后将舷外机放到水里，这样螺旋桨就不会损坏邻近的小艇。如果海浪将船推到码头上，或者是有其他船使用了船尾锚来固定船尾，那么你也应该同样设置船尾锚。这有点像地中海式锚泊法，只不过锚是下在船尾。

有时候可能找不到适合停泊小艇的低矮码头。这种情况下，就让小艇远离码头，只把缆绳系在码头上，确保小艇在潮水上涨时不会被压到码头的下方。(是的，这种情况真的会发生，特别是小艇在这里过夜时。)

! 小艇丢失

小艇确实会丢失，有时是被借走，有时是被偷走，有时是因为别人认错了小艇。但是大多数情况下，小艇丢失是因为绳结打滑松脱。用可以识别的标记或注册号码、牢固的绳结，以及安全钢缆和锁来保护小艇。如果小艇失踪了：检查下风向，并通过VHF，在当地的巡航者无线电网络上公布丢失的情况。在当地的小艇码头检查岸上的小艇，看是不是有人借走了你的小艇，或者是被好心人发现后又送了回来。

特殊用途

小艇对巡航水手来说有许多用途。除了锻炼、娱乐和后勤保障外，小艇还有一些创造性的用途。

人工测量水深

在把船开到一个深度不明的区域之前，如果你想先“试一下水深”，可以派小艇过去，用测深绳测量深度。在绳子上系一个重物，每隔大约3英尺在绳子上做一个标记。从小艇上放下绳子，直到重物触底，并记录深度。你可以配合手机上的导航应用，验证海图上标注的水深是否准确。

游泳浮标

当你从船上下水游泳时，把小艇放在下游距离稍远的地方。这样就创造了一个游泳区域，保护你免受往来船舶的影响。若是水流比你预期的更强，你也有可以抓住的东西。

检查船锚

在锚的上方浮潜观察是一个好主意，因为你可以直观地查看锚的情况。如果天气太冷不能游泳，你可以把小艇开到锚的上方，把潜水面罩或者“观察桶”（带有透明亚克力底板的桶）按进水里几英寸的深度，用眼睛观察一下锚的情况。

拜访邻居

乘坐小艇在锚地周围观赏各种船舶，去认识新的朋友。如果他们船上悬挂着你所在的巡航俱乐部的旗帜，那就是在邀请你去打招呼。很少有巡航水手不会主动帮助另一个有需要的人——如果你有问题要问或者想借用工具，乘小艇过去，礼貌地问询，而且一定要答谢。尊重邻居的隐私，并且要理解：对一些巡航者来说，在自己驾驶舱里度过的夜晚，就是最完美的夜晚。

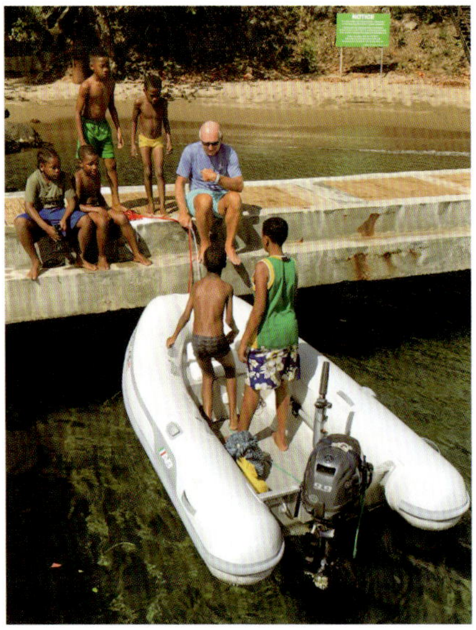

乘小艇去和当地的孩子们打招呼。

尾舷拖带（hip tow）

希望你不会碰上这样的情况，但如果有必要紧急推动帆船，你可以将小艇并舷系在帆船的尾舷上（船尾的侧舷），然后用舷外机进行操

纵。与船尾拖带相比，尾舷旁推（从船舷推船）能为你带来更多的控制权和操纵灵活性，并减少了绳子绞缠螺旋桨的可能。

结语

在准备写这本书的时候，我们向巡航的朋友们征求过建议，请他们列出在现实世界中遇到过的问题清单。首先是一些常规的问题，比如“燃油管中有空气”“升帆索跑到桅顶下不来”“电池无法充电”，或者“拖带的小艇淹水”，诸如此类。除此之外，他们还提出了其他的问题，一些经常被忽视的问题：

- 你已经巡航了一个星期了，然后突然意识到今天是星期六，而你才刚刚开始真正适应船上的生活，但是周一就要回去上班了。现在该怎么办？
- 结束了一段长时间的巡航旅行之后，你回到了办公室，但是似乎找不回工作的热情了。“我知道我把热情留在了那里的某个地方……”

我们现在就要出发，进一步研究各种非常真实的巡航挑战。你也应该这样做。去巡航吧！做好准备，好好航行。不要迟迟等待那个完美的时刻，那样你永远都不会踏出第一步。现在就出发！享受友情，享受挑战，还有给我们寄一张明信片。

出发吧！

Bill Gladstone

在合适的天气条件下，无人机和小艇可以用来侦察和探索陌生的锚地和沙滩。

附录

美国助航标志

西部河流除外

绿色助航标志

当从海上进入一片水域时，将绿色助航标志置于左舷。绿色助航标志是奇数编号。

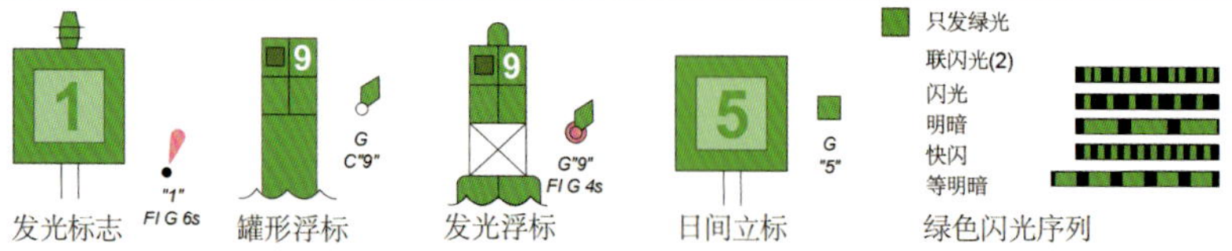

红色助航标志

当从海上进入一片水域时，将红色助航标志置于右舷，红色助航标志是偶数。

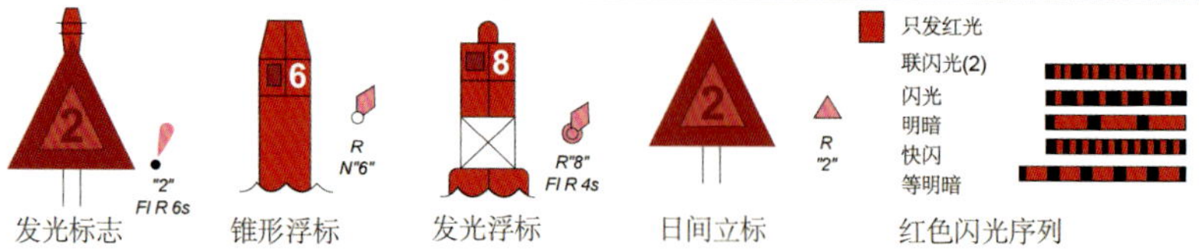

推荐航道

位于通航航道的分叉处，表示从海上进入时的推荐（主要）航道。它们没有编号，但可能用字母来区分。

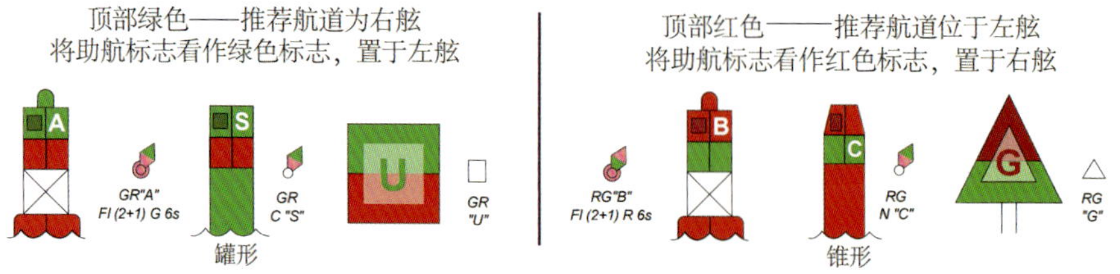

叠标和日间板

用作叠标的日间板常常成对地使用，目视让两个标志对齐成一条直线，一个在另一个的前方，然后跟随它们驶入并通过航道。叠标也可能发光。

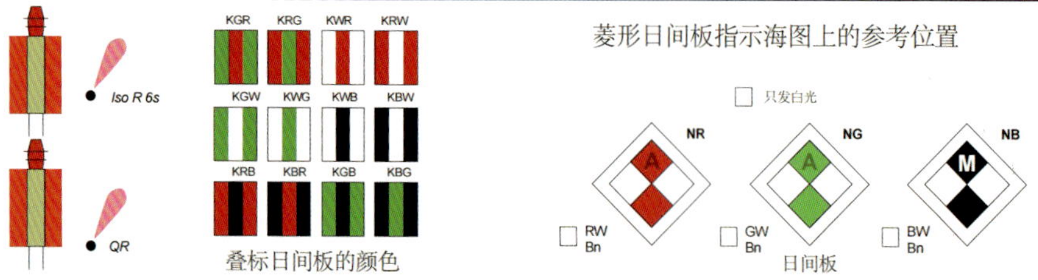

安全水域标志和孤立危险物标志

安全水域标志用于标记航道、航道中央和出海点，四周都是无障碍的水域。它们通常用来标记航道的起点。

孤立危险物标志用于指示孤立危险，但可以从四周绕过。在接近时需要保持警惕。

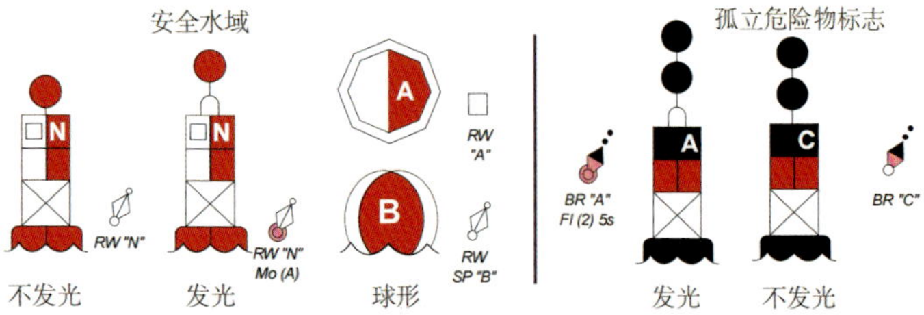

特殊标志

不是为了协助导航，这些标志是为了标识特殊的区域，如锚泊区域、分道通航区、渔网区、电缆或者管道、军事活动区域和防波堤。

用于近岸内航道(ICW)的特殊标志：

在近岸内航道（ICW）航行时，主航道往往会与入海航道汇合。为了避免混淆，这些地区的助航标志上标有特定的黄色符号，以明确用于ICW导航。

黄色正方形：置于左舷 黄色三角形：置于右舷；黄色长方形：标志用于近岸内航道（ICW）导航。

置于左舷　置于右舷　标识ICW

信息与管制标志

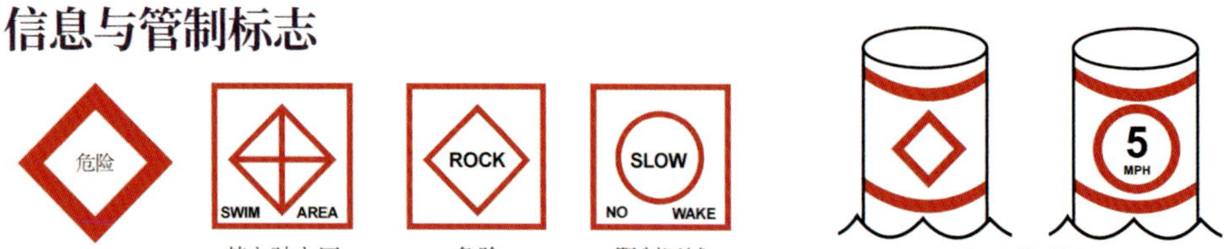

禁入驶入区　危险　限制区域　用于浮标的例子

系泊

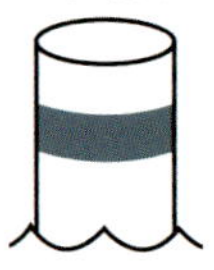

系泊浮标

Rev 0315

IALA A/B助航标志系统与非侧面标志

侧面标志系统

全世界总共使用两种浮标系统。它们背后的原理是非常类似的，但是浮标和标志的颜色有区别，形状也有差异。

在IALA B区（包括美洲、加勒比海、菲律宾和日本），适用“红右回（Red-Right-Return）”的原则，如上图：当船从海洋返回陆地时，红色标志要置于你的右舷。

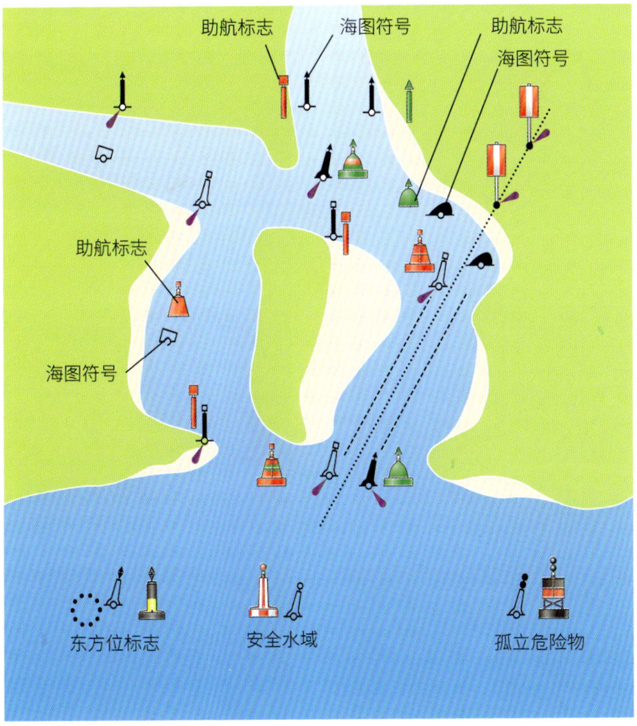

在IALA A区（除B区外的世界大部分地区），当船从海洋返回陆地时，绿色标志要置于你的右舷。在A、B两个区域，右侧的立标都带有三色形的顶部标志。

非侧面标志系统

有一些助航标志没有侧面边界的意义，但是对于航行安全非常重要。它们没有数字编号，但可能会标有字母。

IALA B区　　IALA A区

安全水域标志（又称为“航道中央标志”），表示船舶通航区域的入口，可以从此标志的任意一侧通过。红色和白色的竖直色条，顶上有一个红色的圆球。

孤立危险物标志，表示此处有一个单个危险物，但周围都是安全水域。
红色和黑色的色条，顶部有两个黑球。

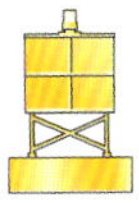

特殊标志，用于各种用途，包括用作气象浮标和标识武器靶场，因此一定要在海图上核实它的用途。黄色，没有特定形状。

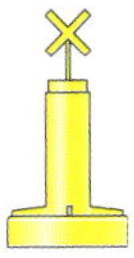

叠标日间板，是带有竖直色带的竖直矩形板。当两个叠标板从船上观察对齐时，船舶当前就处于安全航道中。颜色是为了在背景中醒目。

信息与管制标志，表示操作受限、危险，或者禁止驶入。
白色的浮标或日间板，标有橙色的形状和黑色的字母。

方位标志

在IALA A区和B区中，孤立的水上危险物都用方位标志来表示。黄色和黑色的色带排布，还有顶部标志的形状，都指向安全水域所在的罗经点方位（N、E、S、W）。灯光是快闪或者超快闪的白光，每个周期的闪烁次数对应着时钟上的小时指针：N=12（实际上是连续闪）；E=3，S=6（再加1次长闪）；W=9。

船舶识别

航行灯（除另有说明外，均是从右舷观察）

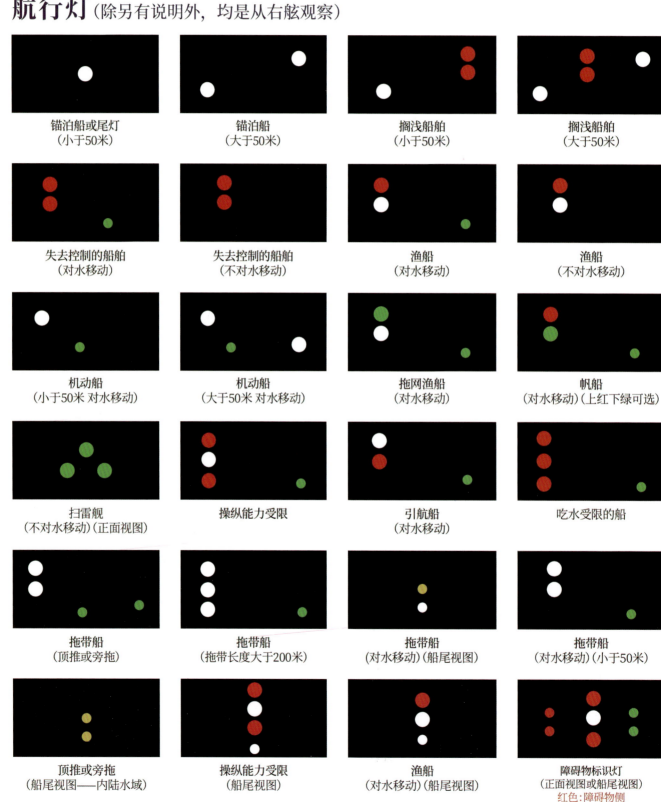

锚泊船或尾灯
（小于50米）

锚泊船
（大于50米）

搁浅船舶
（小于50米）

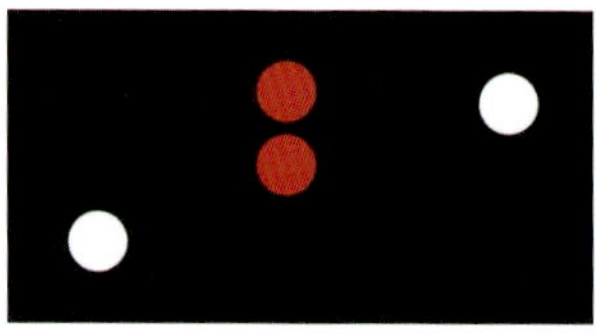
搁浅船舶
（大于50米）

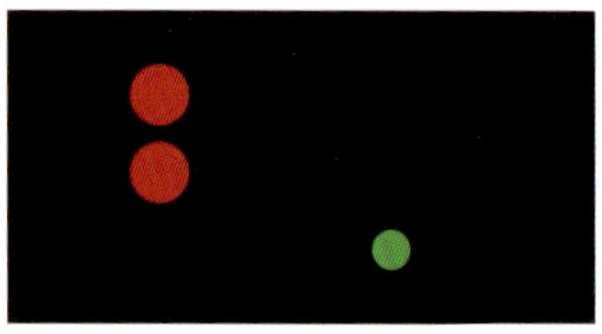
失去控制的船舶
（对水移动）

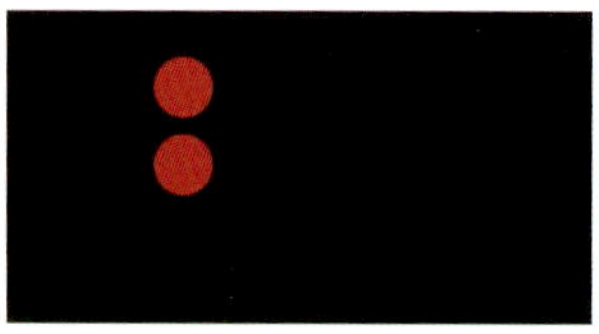
失去控制的船舶
（不对水移动）

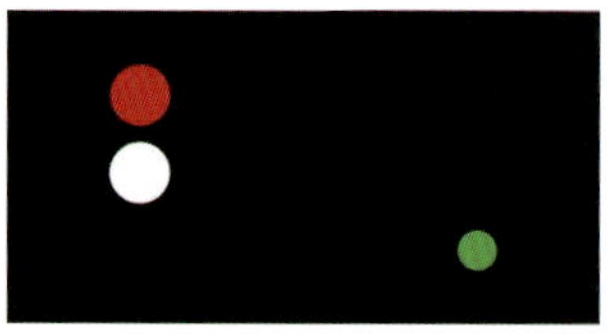
渔船
（对水移动）

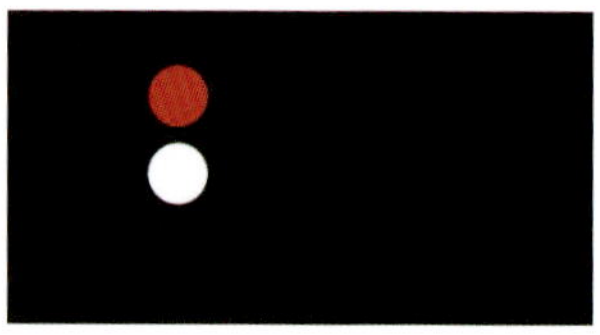
渔船
（不对水移动）

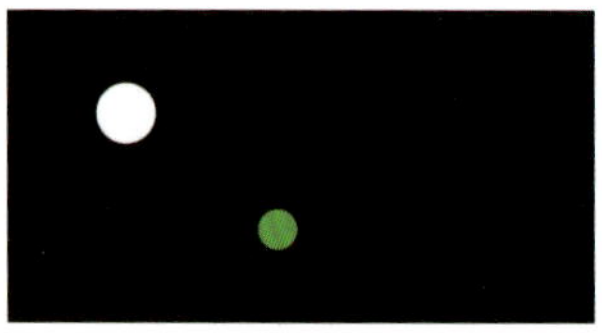
机动船
（小于50米 对水移动）

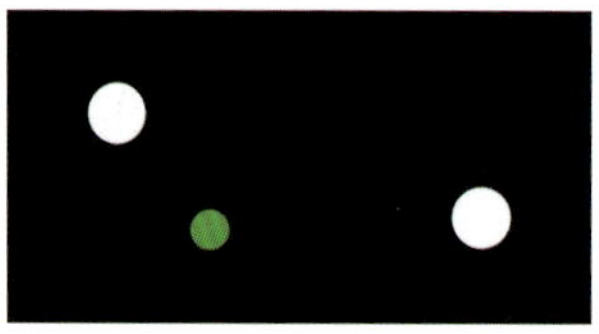
机动船
（大于50米 对水移动）

拖网渔船
（对水移动）

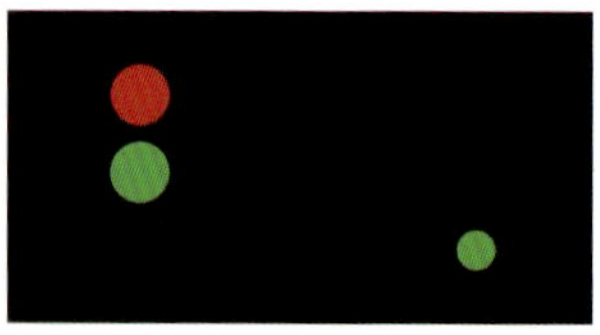
帆船
（对水移动）（上红下绿可选）

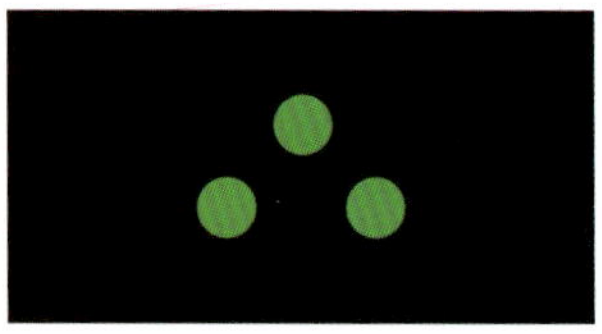
扫雷舰
（不对水移动）（正面视图）

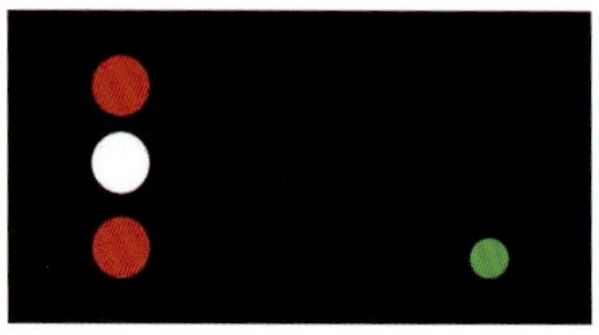
操纵能力受限

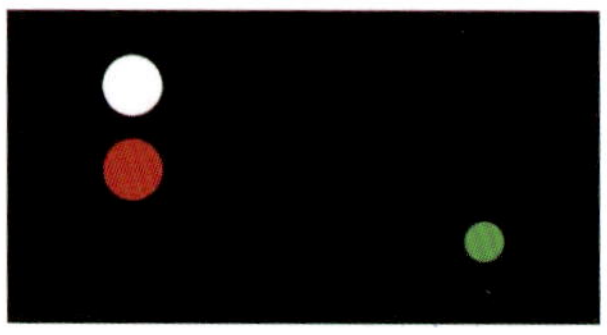
引航船
（对水移动）

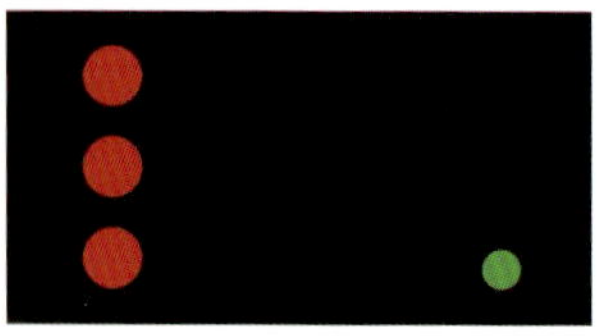
吃水受限的船

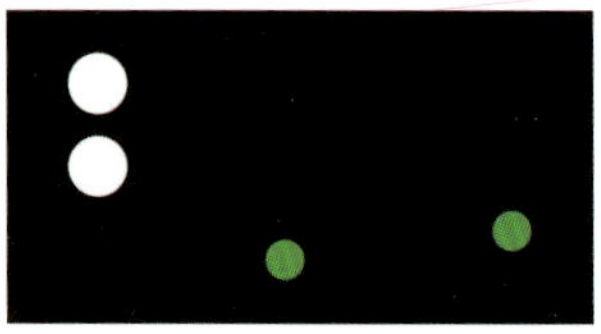
拖带船
（顶推或旁拖）

拖带船
（拖带长度大于200米）

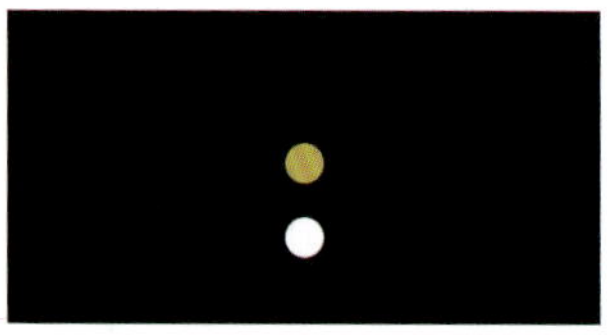
拖带船
（对水移动）（船尾视图）

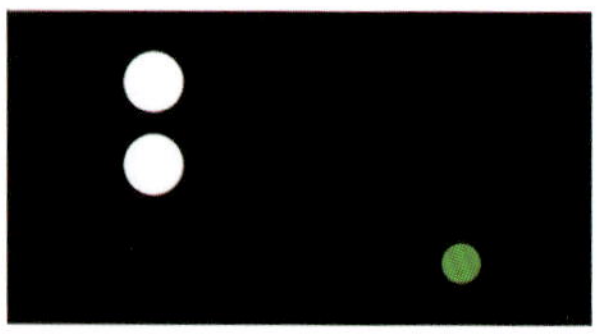
拖带船
（对水移动）（小于50米）

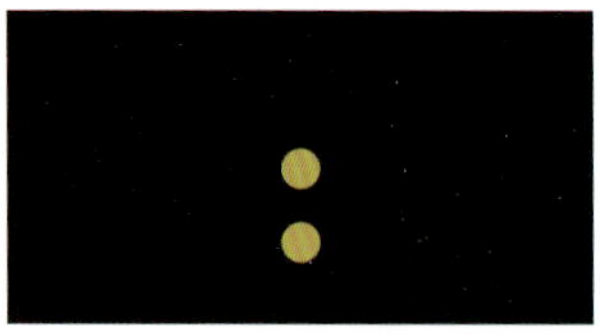
顶推或旁拖
（船尾视图——内陆水域）

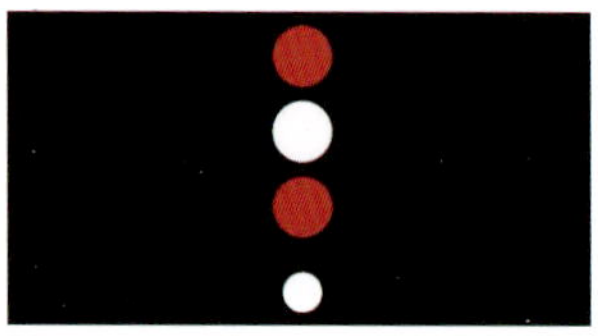
操纵能力受限
（船尾视图）

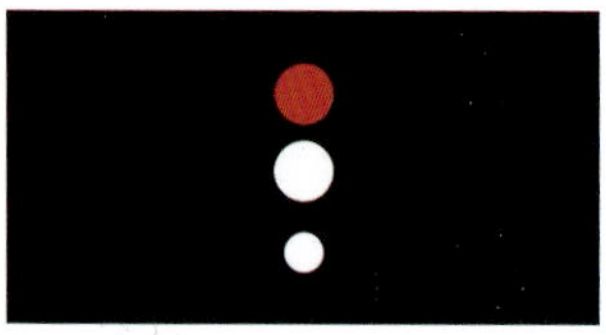
渔船
（对水移动）（船尾视图）

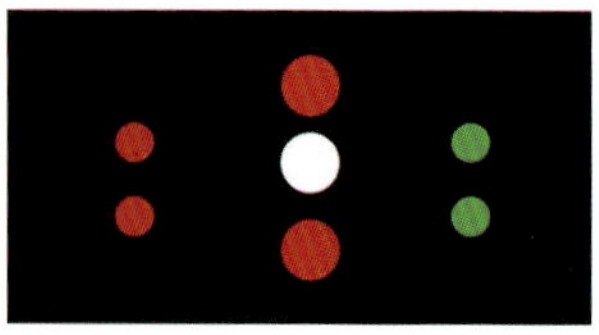
障碍物标识灯
（正面视图或船尾视图）
红色：障碍物侧
绿色：可以安全通行侧

航行规则和避碰规则

一般规则与定义

- 这些规则适用于美国内陆水域、公海以及与海洋相连的可航行水域。
- 运用良好的船艺技术，注意所有危险情况和特殊情况，以避免紧迫危险。
- 始终使用包括视觉、听觉在内的一切有效手段保持正确的瞭望。
- 以适合所处条件的安全速度航行。
- 用所有可用的方法来判断是否存在碰撞危险。
- 让路船应尽可能及早地采取大幅度的行动，改变航向或速度，宽裕的避让直行船。
- 直行船应保持航向和航速。
- 如果发现让路船没有采取合适的行动，那么直行船应该采取行动避免碰撞。
- 在狭窄的航道上，在安全和可行的情况下，让你的船舶尽量靠近右舷的航道边界（靠右航行）。
- 在穿越分道通航区时，尽可能垂直地穿越。

船舶相遇规则总结

当有碰撞的危险时，要准备采取适当的行动，并观察对方船舶的行动。一般来说，操纵能力更好的船舶，会给操纵能力较不好的船舶让路。

这个总结涵盖了大多数休闲船艇的情况。

1. 操纵能力受到限制 直行船
   操纵能力不受限制 让路船
2. 被追越船 直行船
   追越船 让路船
3. 帆船 直行船
   机动船 让路船
4. 右舷受风船 直行船
   左舷受风船 让路船
5. 下风帆船 直行船
   上风帆船 让路船
   （如果同舷受风）
6. 交叉相遇（机动船）
   在对方右舷的船 直行船
   在对方左舷的船 让路船
7. 对遇（机动船）
   各向右转，从而双方均从对方船的左舷通过。

两船互见情况下

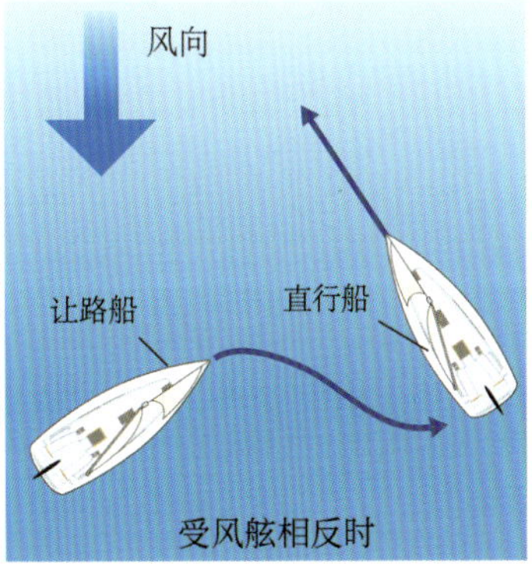

规则12：当两艘帆船受风舷相反时，左舷受风的是让路船。

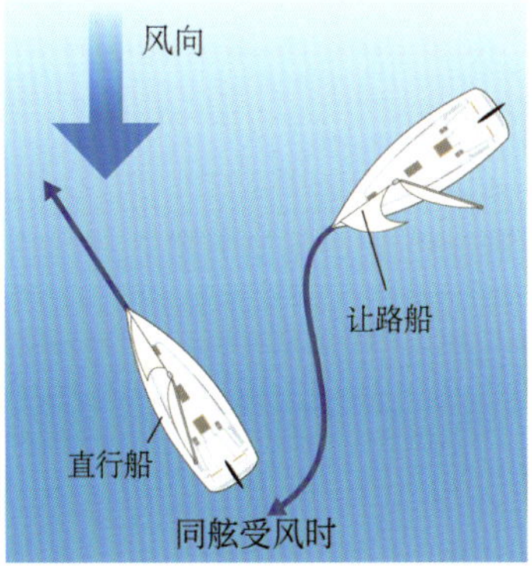

规则12：当两艘帆船同舷受风时，上风船是让路船

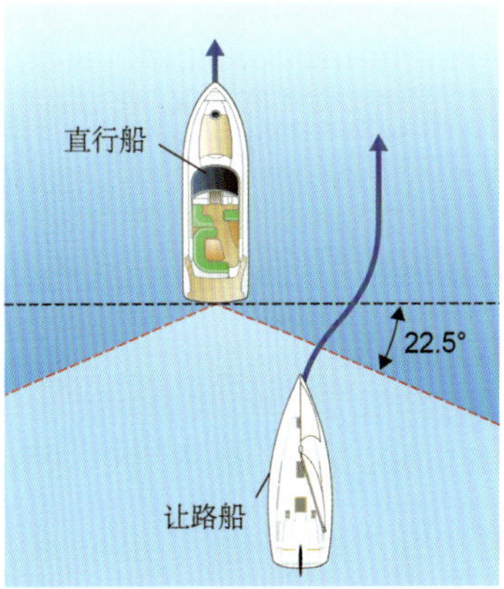

规则13：帆船或机动船在追越他船的情况下，应当给被追越船让路。

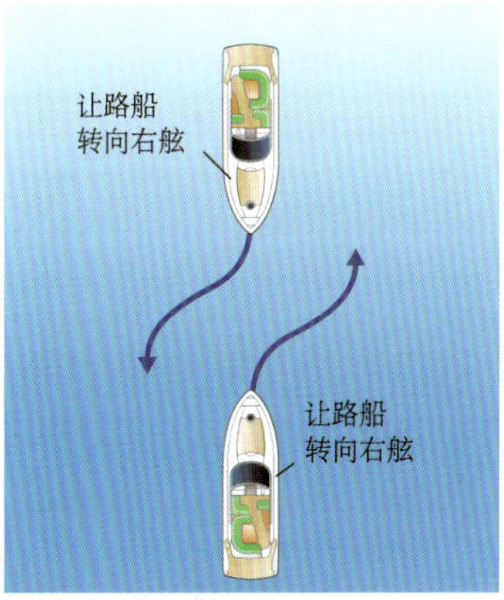

规则14：当两艘机动船在相对航向上相遇，两艘船应各自向右转，从而从对方船的左舷通过。

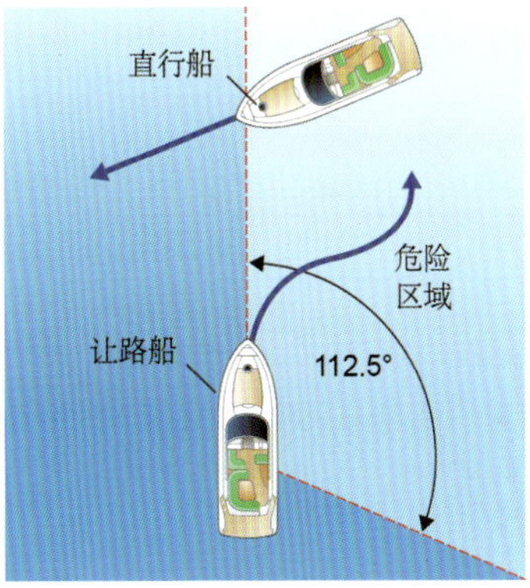

规则15：当两机动船交叉相遇时，对方船在自己右舷的船需要让路。

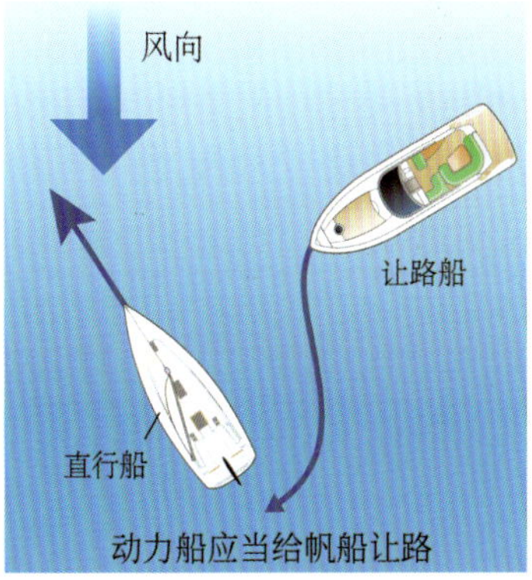

规则18：动力船应当给帆船让路，除非帆船正在追越。

航行规则和避碰规则

避免碰撞

方位与距离

上图： A船看到B船在一个恒定的方位上，距离越来越小：这是一个碰撞航线。根据规则第15条，A是直行船，B是让路船，且B必须采取避让行动。

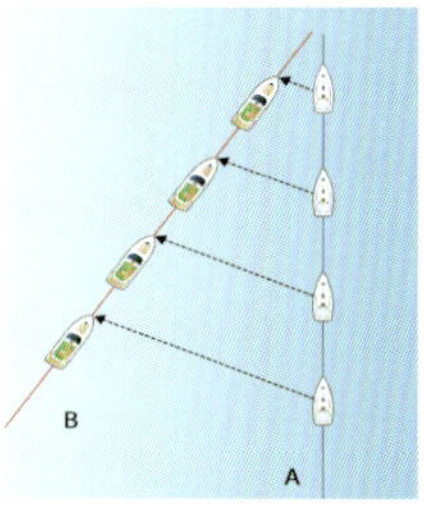

下图： 从A船来看，C船的方位角度正在增加，所以C船会从A船的船尾通过，不需要改变航线或航速。

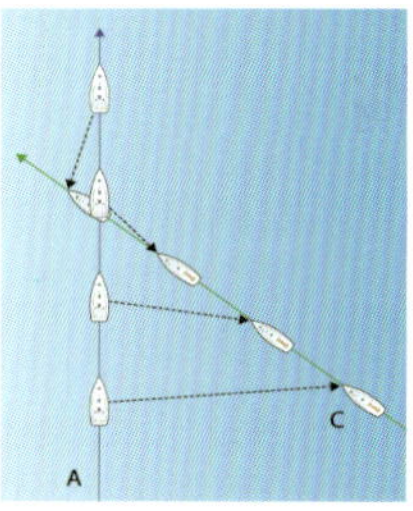

航行灯

灯光可以用来识别船舶的类型和接近的区域。所有的船舶都有舷灯和尾灯，机动船舶装有桅灯。超过50米的船舶或有限制的船舶或从事特殊活动的船舶需要额外的灯光。

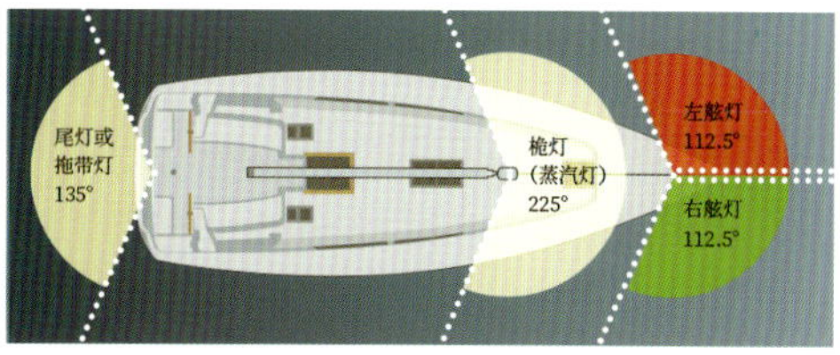

优先等级-第18条规定

优先等级-第18条规定，船舶应按此等级排列与其他船舶保持距离，其中不受控制的船舶是操纵能力最受限的船舶，因此具有最高优先权（表明特殊状态的灯光是独立于舷灯、尾灯和桅灯之外的）。

船的状态	灯光	号型
1. 失去控制- 因缺少推进力或操纵力而无法操纵。	RED RED	● ●
2. 操纵能力受到限制 - 因其工作性质而无法操纵。	RED WHITE RED	● ◆ ●
3. 限于吃水的船舶（国际） 吃水深度严重地限制其无法离开航线。	RED RED RED	■ 圆柱号型
4. 从事捕鱼的船 - 商业渔船船从事捕鱼。 **用拖网捕鱼的船** - 商业渔船从事拖网捕鱼。	RED WHITE GREEN WHITE	▼ ▲
5. 帆船 - 只靠风帆推进的船舶。	RED GREEN	N/A
6. 机动船 - 不属于上边所有类别的机动力推进的船舶，包括“机帆船”。	N/A	▼ 机帆航行

能见度不良时使用的声号 - 第35条

● 短声　　—— 长声

船的状态	声号
在航的机动船	—— 每两分钟
不在航的机动船	—— —— 每两分钟
锚泊	每分钟 🔔 鸣钟5秒 可以添加 ● —— ●
领航船	如上所述 另加 ● ● ● ●
帆船 失去控制的船 限于吃水的船 渔船 拖带船	—— ● ● 每两分钟
被拖带的船	—— ● ● ●

操纵和警告信号 - 第34条

● 短声　　—— 长声

两艘动力船在互见的情况下进行操作时，应以声号表示其操作或意图，帆船应该注意倾听并理解该声号。

相互可见时	国际	美国境内
相遇	我船正在向右/左转 右 ● / 左 ● ●	我船试图从你船的右舷/左舷驶过 左舷 ● / 右舷 ● ●
追越	我船企图从你船的右舷/左舷追越 右舷 —— —— ● / 左舷 —— —— ● ●	我船企图从你船的右舷/左舷追越 右舷 ● / 左舷 ● ●
向后推进	● ● ●	● ● ●
意图不明/危险	● ● ● ● ●	● ● ● ● ●
被遮蔽的弯道/离开泊位	——	——

观云指南

云的高度

根据云的类型，云的底部的高度很重要，因为它们可以预示不同类型的天气。降水（雨云）最常在低云中形成。高大的积雨云穿过多层高度，能产生强烈的雷暴。一般来说，云层越厚，风暴就越强。

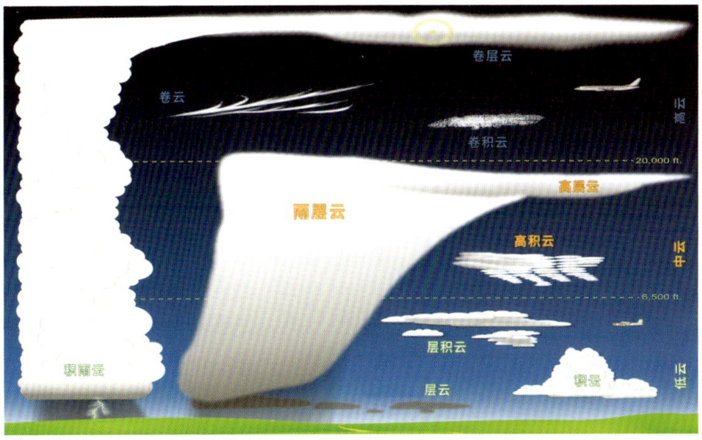

llustration Courtesy of NOAA

云的分类

卷 - 位置高，像卷发

高 - 位于中间高度

层 - 形成云层

积 - 如同堆积起来

雨 - 降水

常见的云的类型

卷云

成缕、羽毛状，完全由冰晶组成。通常是暖锋来临的最早迹象。

卷层云

广布的、如面纱般云层。随着暖锋的到来，卷云往往会增厚为卷层云。

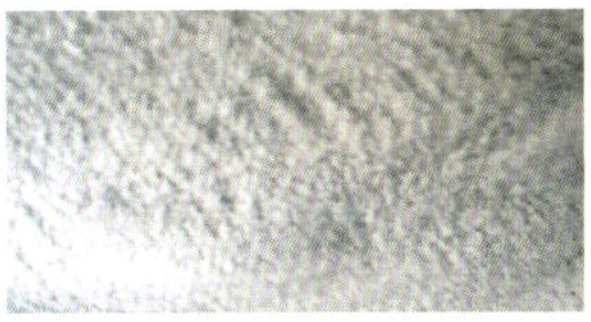

卷积云

稀薄的白色斑块、片状或分层的云。由众多的小单元组成，通常以颗粒状或波纹的形式排列。

高层云

平坦、纹理均匀的中层云。常表示暖锋正在接近。可以变厚并降低变为层云。

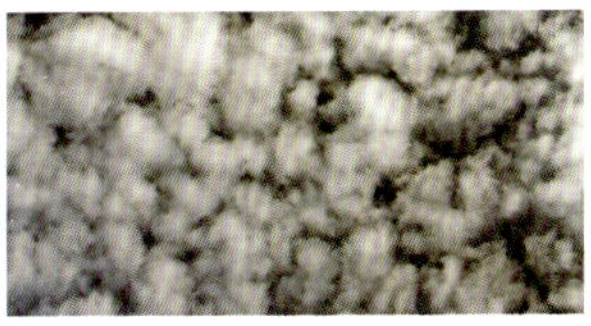

高积云

由众多对流单元组成的堆状云，可能是风暴的前兆。有时可以排成列，通常表示大气的垂直不稳定性。

层云

均匀、水平分层的云，可以形成毫无纹理的“灰色”天空。通常是在有低层冷空气流过时形成。

层积云

层积云可以被看作是一层有薄有厚的云团，通常出现在锋面前后。

雨层云

无明确形状的云层，几乎是均匀的深灰色，伴随降雨。沿着暖锋出现，可带来全天的降雨。

积云

成朵的云，可能会独自出现，成行或成簇排列，可以发展成较大的积雨云。

浓积云

聚集的积云是大气不稳定的信号，需要仔细观察，有进一步发展成为暴风雨的可能。

积雨云

雷暴 - 从远处观察，可以看到其标志性的“铁砧”形顶部。能带来大雨、大风、闪电与冰雹。寻找安全的海港或缩帆。

云墙

云墙是无雨的雷暴云的底部，一般形成于大型积雨云的下方，常带来强风和闪电。

绳结

单套结

每个水手都应该知道的绳结就是单套结。它在绳索的末端形成一个眼，或者说是一个环，而且在受力之后也很容易解开。

常见用途：
- 将缭绳系在帆上
- 将主帆后拉索系在主帆上
- 将绳索系在滑轮系统上

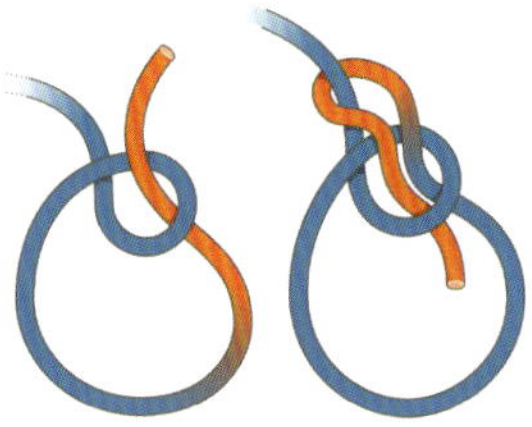

8字结

8字结是最容易记忆的绳结之一，这种结是用于防止绳索从滑轮、导缆以及夹绳器中脱出。

常见用途：
- 主缭滑轮系统末端
- 防止升帆索跑到桅顶上
- 防止缭绳脱出夹绳器

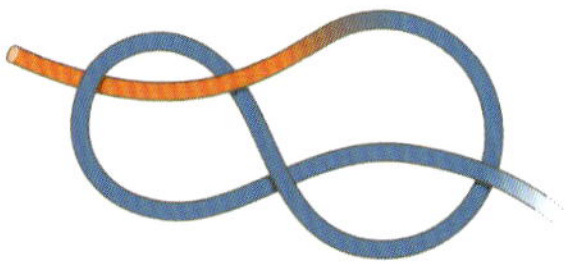

羊角结

常常被打错的一种绳结，羊角结最常见的用法是将绳子系在T形羊角上。如果系对了的话，它应该和图上展示的一模一样。无需在T形羊角上多绕圈，因为这并没有实质作用。

常见用途：
- 系泊缆
- 系锚缆
- 将升帆索系在桅杆羊角上

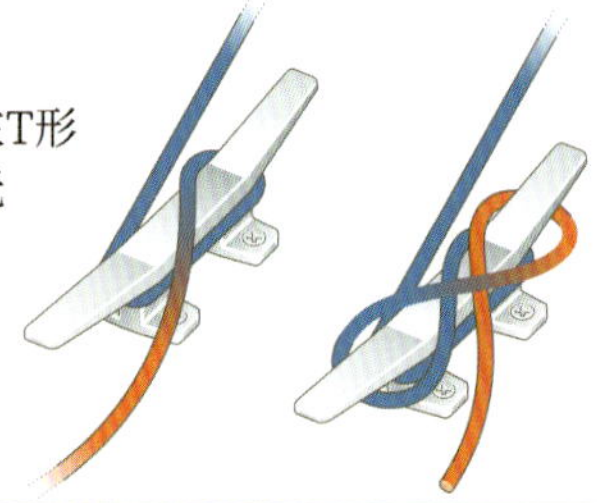

丁香结

这种较为简单的绳结常用于临时将绳索系在杆、柱或是另一根绳索的固定部分上。它很容易活动松脱，而且在受力后很难解开，所以使用丁香结的时候需要当心。

常见用途：
- 将防碰球系在救生索或护栏上
- 临时将缆绳系在系泊桩上

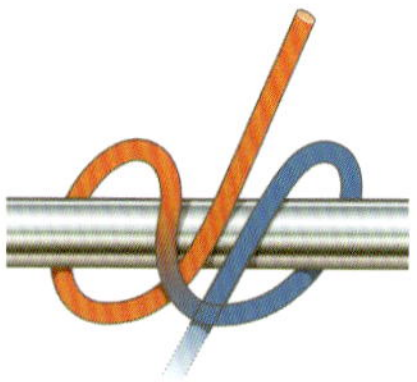

旋圆双半结

这是最有用的一种绳结，很容易打，而且非常结实，但是在受力时较容易解开。

常见用途：
- 固定甲板上的零散物品
- 系住活动索具
- 长时间停泊时，系防碰球

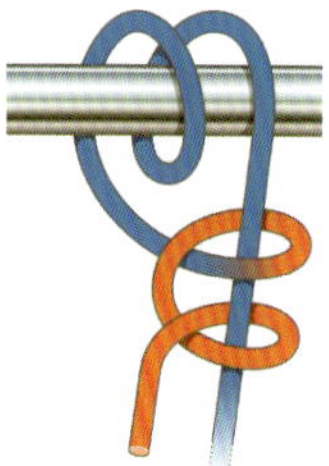

平结（缩帆结）

这种基本绳结常用于将两根绳子系在一起。两根绳子的尺寸和材质应当相近，否则它容易失效。

常见用途：
- 在缩帆后将松散的帆布收在一起
- 临时用另一根绳子来取代一根受力的绳子

航海旗帜

参考符号 ●红点表示每个旗帜的传统意义
●蓝点表示每个旗帜的竞赛意义
OCS：在航线一侧或者抢航

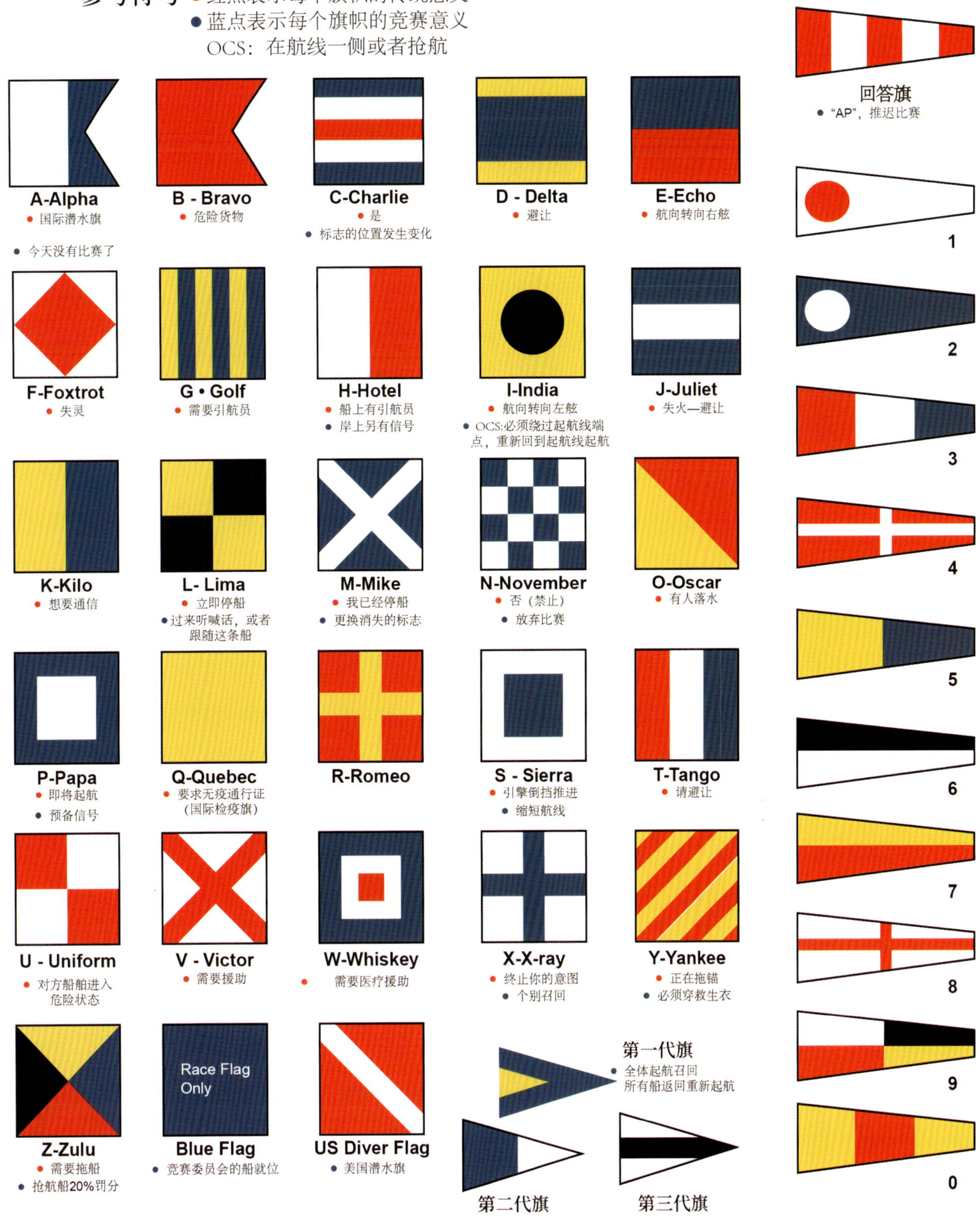
A-Alphа
• 国际潜水旗
• 今天没有比赛了
B - Bravo
• 危险货物
C-Charlie
• 是
• 标志的位置发生变化
D - Delta
• 避让
E-Echo
• 航向转向右舷
回答旗
• "AP"，推迟比赛
1
F-Foxtrot
• 失灵
G • Golf
• 需要引航员
H-Hotel
• 船上有引航员
• 岸上另有信号
I-India
• 航向转向左舷
• OCS:必须绕过起航线端点，重新回到起航线起航
J-Juliet
• 失火—避让
2
3
K-Kilo
• 想要通信
L- Lima
• 立即停船
• 过来听喊话，或者跟随这条船
M-Mike
• 我已经停船
• 更换消失的标志
N-November
• 否（禁止）
• 放弃比赛
O-Oscar
• 有人落水
4
5
P-Papa
• 即将起航
• 预备信号
Q-Quebec
• 要求无疫通行证（国际检疫旗）
R-Romeo
S - Sierra
• 引擎倒挡推进
• 缩短航线
T-Tango
• 请避让
6
7
U - Uniform
• 对方船舶进入危险状态
V - Victor
• 需要援助
W-Whiskey
• 需要医疗援助
X-X-ray
• 终止你的意图
• 个别召回
Y-Yankee
• 正在拖锚
• 必须穿救生衣
8
9
Z-Zulu
• 需要拖船
• 抢航船20%罚分
Race Flag Only
Blue Flag
• 竞赛委员会的船就位
US Diver Flag
• 美国潜水旗
第一代旗
• 全体起航召回
所有船返回重新起航
第二代旗
第三代旗
0

词汇表

A

Aback （帆）反受风，当帆靠前的（错误的）一面朝向风时。

Afterguy 后牵绳，球帆的上风“缭绳”，它穿过球帆杆末端的钳口，系在船尾。

Angle of attack （帆的）迎角，风吹向帆的角度。

Angle of heel 侧倾角度，船偏离直立状态的角度。

Apparent wind 视风，真风和船移动产生的风的结合，即在移动的船上实际感受到的风。

Apparent wind speed 视风风速，当我们逆风航行时，视风风速会比真风快。在侧顺风或正顺风时，视风风速会比真风慢。

Apparent wind angle 视风角度，总是要比真风角度更加靠前（更接近船头的方向）。

Asymmetric cruising spinnaker 不对称球帆，又名“gennaker”，不带球帆杆，有一根帆前角绳系在船头。

B

Backstay 后支索，连接桅杆顶端和船尾的支撑索具。

Balance of the helm 舵性的平衡，指向上风的上风舵，和指向下风的下风舵之间的平衡。

Bernoulli's Principle 伯努利定律，帆外侧移动较快的空气，比帆内侧移动较慢的空气，对帆产生的压强更小。

Boat speed 船速，船的对水速度。

Boomvang 斜拉索，一种活动索具，通常是一个滑轮组，用来把横杆向下拉。

Bow line 船头缆，将船头系在什么东西上的缆绳。

Broach 横船翻覆，由于失去了对方向的控制，船的航向突然变化（常会导致翻船）。

C

Camber 拱度，在帆船术语中，拱度可以指帆的最大弧深（draft），但它真正的含义是指翼形的曲率：观察从帆前缘到帆后缘的横截面，远离弦拱度为正，朝向弦拱度为负

Catenary 悬链，悬挂的链条在其自身重量下所呈现出来的曲线。

Center of Effort 帆力中心，船帆的几何中心。

Center of Lateral Resistance 横向阻力中心，船的水下部分的几何中心。

Chord 弦，帆前缘和帆后缘之间连成的直线。

Close-hauled 近迎风，船能行驶的最贴近风向的帆向角。

Close-reach 远迎风，近迎风和正横风之间的帆向角。

Coastal navigation 沿岸导航，当一侧是开阔海域而另一侧是陆地时，所使用的安全航行方法。

Cunningham （主帆）下拉索，用于拉紧帆前缘的绳索。

D

Depth （帆的）深度，弦线上任意一点与吃满风的帆之间的距离。

Draft （最大）弧深，弦线上的一个点，该点与吃满风的帆之间的距离最大，这个点和对应的最大深度统称为弧深。

Drag 阻力，平行于视风，在帆上产生的摩擦力。

E

Eye of the wind 风眼，直接正对风向。

F

Fin keel 鳍龙骨，一块由木材、金属或其他材料构成的实心板，固定在船中间的龙骨位置，以提供横向的阻力。它的目的是为了稳定船的行驶方向，更容易控制船的方向。

Foot (1) 帆脚，帆的底边。

Foot (2) 跑低角度，跑比正常迎风航向更低的角度，目的是为了获得更大速度。

Foreguy 前牵绳，系在球帆杆外端的绳索，防止球帆杆向上提起和向后摆动。

Full keel 全龙骨，龙骨（从船头到船尾的龙骨）的垂直延伸，通常带压舱物。

G

Genoa 热那亚帆，大型三角前帆，向后延伸到桅杆的后方。

Gooseneck 横杆桅杆连接器，一个连接横杆和桅杆的铰接装置。

GRIB 网格二进制，一种用于获取天气预报和历史天气信息的简明数据格式。

H

Halyard 升帆索，用于升起和降下帆的绳索。

Header 压头风，导致船头远离原来风向的风摆。

Headstay sag 前支索凹陷，前支索的活动（松动）量，一般是朝下风和朝后凹陷。

Heeling force 侧倾力，垂直于船舶前进方向的推力。

Helm 舵，用于操作船的手柄或者轮盘。

Hydrodynamics 水动力学，关于液体的运动和浸在液体中的物体的受力的物理学。

J

Jackline 甲板安全带，沿前后方向延伸的绳索，可以将安全绳扣在上面。

Jib depth 前帆的深度，从帆前缘到帆后缘的弧度大小。

Jib leads 前缭滑车，沿着前帆缭绳的活动轨道滑动的组件，用于改变前帆缭绳位置（也被称为fairlead）。

K

Keel（or centerboard） 龙骨(或者稳向板），沿着船体前后方向安装的主要结构部件：在帆船上通常是一个附加的鳍状结构，内有压舱物。

L

Lead position 前缭滑车位置，前缭滑车在甲板滑轨上的位置。

Leech 帆后缘，帆的后边缘或者说“下风边缘”。

Leeway 风压差，船朝下风向的横向漂移。

Lift （1）升力，空气在帆的外侧比在帆的内侧移动得更快而引起的作用力。

Lift （2）抬升，让船行驶得更贴近原风向的风摆。

Luff （1）帆前缘，帆的前边缘。

Luff （2）飘帆，当船行驶得离风太近时，帆摆动拍打。

Luff （3）转向上风飘帆，转向上风使帆飘帆。

M

Mainsheet 主帆缭绳（主缭），用于控制横杆和收紧主帆的绳索。

Mast rake 桅杆倾斜（后倾），桅杆通常被设置成垂直或者稍向后倾斜。这个倾斜度就是桅杆倾斜。前倾是非常少见的。

N

Nun buoy 锥形浮标，有锥形顶的浮标，用作助航标志。

O

Outhaul 后拉索，用于拉紧主帆帆脚的绳索。

P

Pinch 跑高角度，行驶得过于贴近风向，导致飘帆。

Plotting position 标绘船位，在海图上确定船的位置，使用方位、航迹推算、助航标志等。

Point of sail 帆向角，船相对于风的航行角度。

Preventer 防止横杆意外顺风换舷的保险索。

Q

Quarter 尾舷，位于船的正横之后、船尾之前的两侧船舷。

R

Reaching 横风（包括远迎风、正横风和侧顺风），近迎风和尾风之间的所有帆向角。

Reduce power from angle of attack 通过减少迎角减少帆力，稍微跑高角度，向下风放滑车。

Reduce power from sail depth 减少帆的深度减少帆力，用控帆绳索减少帆的深度。

Reduce power from twist 通过扭曲减少帆力，放松缭绳，减小帆力。

Release the preventer 松开防止意外顺风换舷保险索，准备顺风换舷时，先松开防止意外顺风换舷保险索。

Reef the main 缩主帆，通过降帆并系好帆角的方式，减少主帆的面积。

Righting moment 扶正力矩，船抵抗侧倾、恢复水平的力量。

Roll or change jibs 卷起或者更换前帆，卷起一部分前帆，或是更换一面尺寸更小的前帆。

S

Sextant 六分仪，用于天文导航的航海仪器。

Shake 放出缩帆，用来增加帆的尺寸的术语，通过放出部分或者全部缩帆来增加帆的尺寸。

Shoal keel 浅吃水龙骨，吃水深度比深龙骨小的龙骨。

Shrouds 侧支索，为桅杆提供横向支撑的索具。

Spinnaker sock or snuffer 球帆套筒，为人手短缺的水手提供的升降球帆的装置。

Spring lines 倒缆，从船上以足够小的角度对角延伸出来的、前后方向的泊缆，作用是限制船的前后移动。

Stalled 气流分离，帆外侧的气流在到达帆后缘之前就与帆面分离，造成了升力的损失。

Stern line 船尾缆，从船尾延伸到码头的泊缆，使船尾贴紧码头，防止船向前移动。

T

Tack patch 帆前角加强补丁，帆前角的加强区域。

Telltales 气流线，系在帆前缘上的布条或者其他材料，用于指示气流的方向。

Topping lift 吊索，当横杆或球帆杆没有被帆支撑时，用吊索来支撑。

Traveler 主帆滑车，一种滑车/轨道系统，可以让主缭与甲板的连接点在船上横向移动。

Twist 扭曲，帆脚和帆顶的迎角的差异。

V

Vacuum 真空，气流分离所产生的真空。

Vang 斜拉索，用于限制杆具活动的活动索具，比如横杆斜拉索。

W

Waypoint （航）路点，路线上两个主要点之间的一个位置。

Wing-and-wing 蝴蝶帆，航行时，前帆和主帆打到不同的方向。

Winged-keel 翼龙骨，普通鳍龙骨的底部两侧有突出的翅膀。